레벨업이 필요할 땐

토익 부스터 LC

레벨업이 필요할 땐
토익 부스터 LC

지은이 박혜영, 전지원, Joseph Bazil Manietta
펴낸이 정규도
펴낸곳 (주)다락원

초판 1쇄 발행 2019년 2월 11일
초판 3쇄 발행 2023년 8월 31일

책임 편집 홍인표, 조상익
디자인 윤지영, 박선영

다락원 경기도 파주시 문발로 211
내용 문의 (02)736-2031 내선 500
구입 문의 (02)736-2031 내선 250~252
Fax (02)732-2037
출판 등록 1977년 9월 16일 제406-2008-000007호

값 14,500원 (본책 + 해설집 + MP3 파일 무료 다운로드)

ISBN 978-89-277-0965-7 14740
978-89-277-0964-0 14740 (set)

http://www.darakwon.co.kr

다락원 홈페이지를 방문하시면 상세한 출판 정보와 함께 MP3 자료 등의
다양한 어학 정보를 얻으실 수 있습니다.

레벨업이 필요할 땐

토익 부스터 LC

다락원

머리말

"실전 토익, 어떻게 준비해야 할까요?"

토익 시험이 개정된 이후에, 토익이 부쩍 어려워 졌다는 말을 학생들로부터 많이 듣곤 합니다. 또한, 기초 단계의 교재를 학습한 다음 시중에 나와 있는 실전 토익 교재로 공부하려고 할 때, 방대한 내용에 부담을 느껴 포기하게 되는 학생들도 많이 보았습니다. 이와 같이, 토익의 기초를 다지기는 했지만, 여전히 실전 토익에 대비하는 데 어려움을 느끼는 학생들을 위해 이 책이 개발되었습니다. 이 책을 학습하고 나면, 막연했던 토익이 손에 잡히는 느낌이 들 것입니다.

이 책은 다음과 같은 특징을 갖고 있습니다.

- 토익 LC에 자주 나오는 핵심적인 어휘와 표현들을 챕터마다 연습할 수 있도록 하였습니다.
- 실전 토익에 대비하기 위해 쉬운 유형부터 실전 문제에 이르기까지 단계적으로 접근할 수 있도록 다양한 연습 문제들을 수록하였습니다.
- 듣기 파트를 단순한 문제 풀이만이 아닌, 꼼꼼하게 청취 훈련을 할 수 있도록 교재에 수록된 모든 문제를 받아쓰기할 수 있는 코너를 구성하였습니다.
- Half Test가 수록되어 있어서, 교재를 모두 학습하고 난 다음 자신의 실력이 얼마나 향상되었는지 측정해 볼 수 있습니다.

교재의 집필에 합류해 주신 한국외국어대학교 외국어연수평가원의 Joseph Bazil Manietta 선생님께 특별한 감사의 말씀을 전합니다. 마지막으로, 이 책으로 공부하는 모든 학생 여러분들이 눈에 띄는 실력의 향상을 경험할 수 있기를 기원합니다.

박혜영 · 전지원

목차

이 책의 구성

PART 1

유형 연습

해당 유형의 사진을 보고 음원을 들으면서 예제를 풀어 봅니다. 예제를 풀고 나서, '핵심 포인트' 학습을 통해 유형을 더욱 확실히 파악할 수 있습니다. 예제에 제시되어 있는 사진과 관련된 O/X 문제를 풀어 보면서 해당 유형과 관련된 표현을 다시 한 번 학습할 수 있습니다.

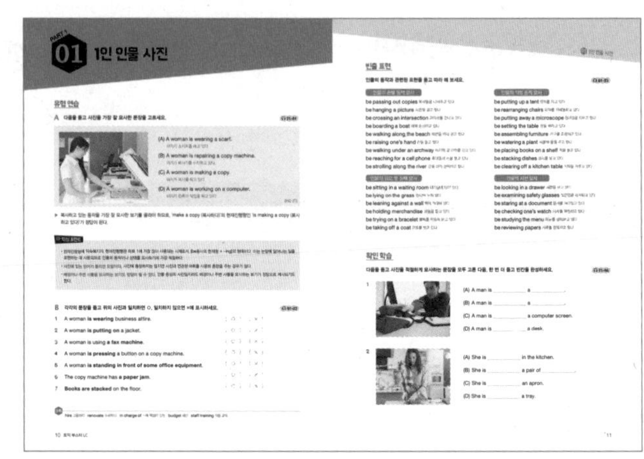

빈출 표현

해당 유형과 관련하여 자주 출제되는 표현들이 정리되어 있습니다. 어이지는 '확인 학습'에서 이러한 표현들이 활용되어 있으므로, 실제 문제를 풀며 해당 표현들을 학습할 수 있습니다.

확인 학습

연습 문제를 풀어 보며 해당 유형을 정리한 다음, 받아쓰기를 통해 관련 표현들을 확실히 자신의 것으로 만들 수 있습니다.

PART 2

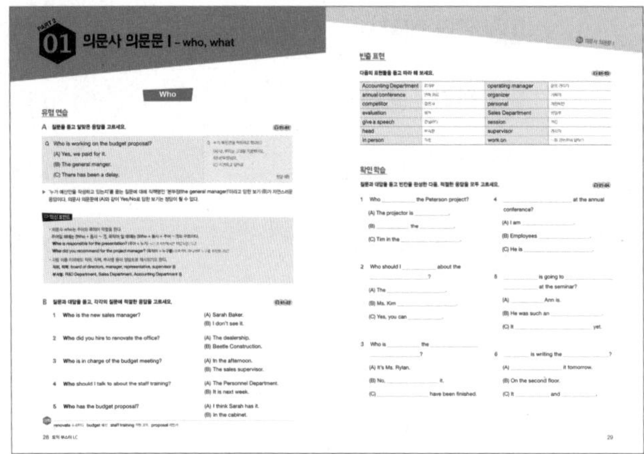

유형 연습

학습하게 되는 유형의 문제를 풀고, '핵심 포인트'를 통해 주요 학습 내용을 정리합니다. 이어서 해당 유형의 다양한 문제와 답변이 제시되어 있습니다.

빈출 표현

자주 출제되는 어휘 및 표현들이 정리되어 있습니다. Part 1과 마찬가지로 이러한 표현들은 이어지는 '확인 학습'에서 활용됩니다.

실력 쌓기

6문항의 예제들을 풀어 보며 학습한 내용을 정리할 수 있습니다. 문제를 풀어 본 다음, 음원을 다시 들으면서 받아쓰기를 통해 다시 한 번 해당 유형과 표현들을 학습할 수 있습니다.

Part 3 · 4

유형 연습

간략한 대화문/담화문을 듣고 문제를 풀며 해당 유형을 파악할 수 있습니다. '핵심 포인트'를 학습한 다음, 대화문/담화문을 다시 듣고 추가적인 문제들을 풀어볼 수 있습니다.

빈출 표현

해당 유형과 관련되어 자주 출제되는 어휘 및 표현들이 정리되어 있습니다. Part 1, 2와 달리, 해당 표현들을 활용한 문장을 듣고 빈칸을 채우는 코너가 제시되어 있습니다.

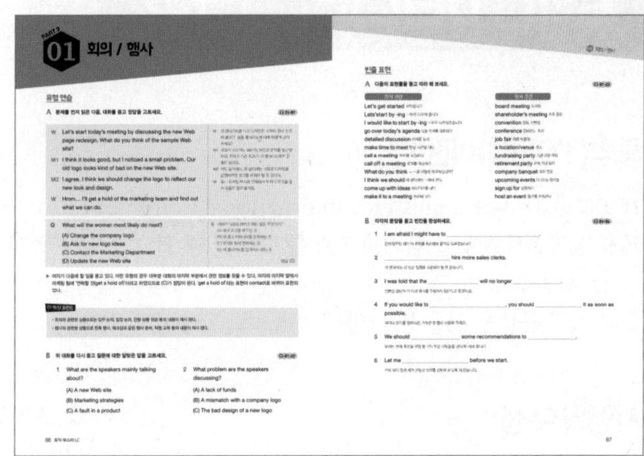

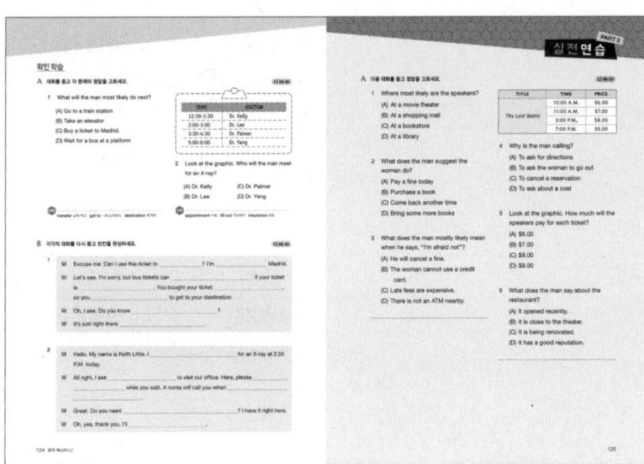

확인 학습

두 세트의 대화문/담화문을 듣고 문제들을 풀어볼 수 있습니다. 문제를 풀고 나서, 대화문/담화문을 다시 듣고 받아쓰기를 하면서 관련된 표현들을 정리할 수 있습니다.

실전 연습

모든 파트마다 유닛의 마지막 부분에 학습한 내용을 최종적으로 정리할 수 있는 '실전 연습'이 제공되어 있습니다. 실전과 똑 같은 문제들을 풀어 보면서 실제 토익 시험에 대비할 수 있습니다. 문제를 풀고 나서 음원을 다시 듣고 받아쓰기를 해볼 수 있습니다. 이를 통해 보다 확실하게 학습한 내용을 자신의 것으로 만들 수 있습니다.

Half Test

교재의 내용을 모두 학습하고 난 다음, 자신의 실력을 측정해 볼 수 있는 Half Test가 수록되어 있습니다.

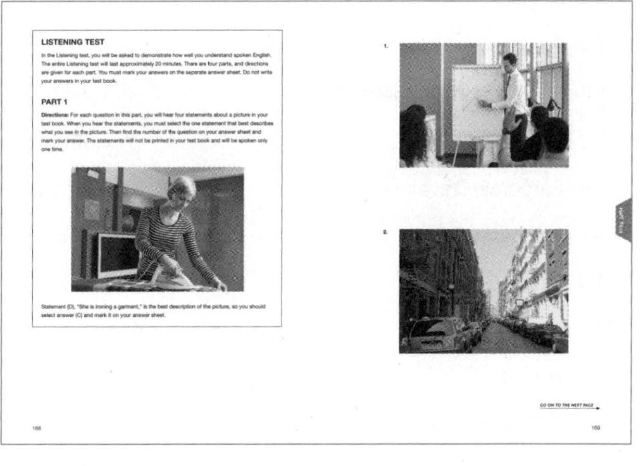

토익(TOEIC)에 관하여

토익(TOEIC)이란?

TOEIC은 Test of English for International Communication의 약자로서, 영어를 모국어로 사용하지 않는 사람이 국제 환경에서 생활을 하거나 업무를 수행할 때 필요한 실용 영어 능력을 평가하는 시험이다. 현재 한국과 일본은 물론 전 세계 약 60개 국가에서 연간 4백만 명 이상의 수험생들이 토익에 응시하고 있으며, 수험 결과는 채용 및 승진, 해외 파견 근무자 선발 등 다양한 목적으로 활용되고 있다.

시험의 구성

<table>
<tr><th>구성</th><th>PART</th><th colspan="2">내용</th><th>문항수</th><th>시간</th><th>배점</th></tr>
<tr><td rowspan="4">Listening Comprehension</td><td>1</td><td colspan="2">사진 묘사</td><td>6</td><td rowspan="4">45분</td><td rowspan="4">495점</td></tr>
<tr><td>2</td><td colspan="2">질의 응답</td><td>25</td></tr>
<tr><td>3</td><td colspan="2">짧은 대화</td><td>39</td></tr>
<tr><td>4</td><td colspan="2">짧은 담화</td><td>30</td></tr>
<tr><td rowspan="4">Reading Comprehension</td><td>5</td><td colspan="2">단문 공란 채우기</td><td>30</td><td rowspan="4">75분</td><td rowspan="4">495점</td></tr>
<tr><td>6</td><td colspan="2">장문 공란 채우기</td><td>16</td></tr>
<tr><td rowspan="2">7</td><td rowspan="2">독해</td><td>단일 지문</td><td>29</td></tr>
<tr><td>복수 지문</td><td>25</td></tr>
<tr><td colspan="4">TOTAL</td><td>200</td><td>120분</td><td>990점</td></tr>
</table>

출제 분야

토익의 목적은 일상 생활과 업무 수행에 필요한 영어 능력을 평가하는 것이기 때문에 출제 범위도 이를 벗어나지 않는다. 비즈니스와 관련된 주제를 다루는 경우라도 전문적인 지식을 요구하지는 않으며, 아울러 특정 국가나 문화에 대한 이해도 요구하지 않는다. 구체적인 출제 범위는 아래와 같다.

분야	내용
일반적인 비즈니스 (General Business)	계약, 협상, 마케팅, 영업, 기획, 콘퍼런스 관련
사무 (Office)	회의, 편지, 회람, 전화, 팩스 및 이메일, 사무 기기 및 사무 가구 관련
인사 (Personnel)	구직, 채용, 승진, 퇴직, 급여, 포상 관련
재무 (Finance and Budgeting)	투자, 세금, 회계, 은행 업무 관련
생산 (Manufacturing)	제조, 플랜트 운영, 품질 관리 관련
개발 (Corporate Development)	연구 조사, 실험, 신제품 개발 관련
구매 (Purchasing)	쇼핑, 주문, 선적, 결제 관련
외식 (Dining Out)	오찬, 만찬, 회식, 리셉션 관련
건강 (Health)	병원, 진찰, 의료 보험 관련
여행 (Travel)	교통 수단, 숙박 시설, 터미널 및 공항에서의 안내 사항, 예약 및 취소 관련
엔터테인먼트 (Entertainment)	영화, 연극, 음악, 미술, 전시 관련
주택 / 법인 재산 (Housing / Corporate Property)	건설, 부동산 매매 및 임대, 전기 및 가스 서비스 관련

사진 묘사

Picture Description

01 1인 인물 사진

02 2인 인물 사진 / 3인 이상 인물 사진

03 사물 묘사 사진

04 배경 묘사 사진

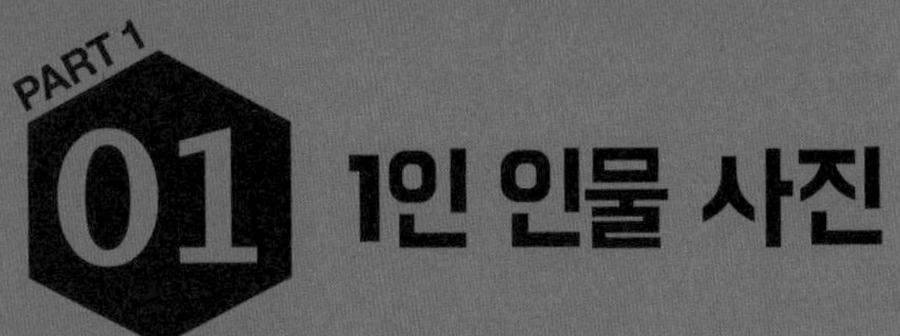

1인 인물 사진

유형 연습

A 다음을 듣고 사진을 가장 잘 묘사한 문장을 고르세요. 01-01

(A) A woman is wearing a scarf.
여자가 스카프를 매고 있다.

(B) A woman is repairing a copy machine.
여자가 복사기를 수리하고 있다.

(C) A woman is making a copy.
여자가 복사를 하고 있다.

(D) A woman is working on a computer.
여자가 컴퓨터 작업을 하고 있다.

정답 (C)

▶ 복사하고 있는 동작을 가장 잘 묘사한 보기를 골라야 하므로, 'make a copy (복사하다)'의 현재진행형인 'is making a copy (복사하고 있다)'가 정답이 된다.

핵심 포인트

- 현재진행형에 익숙해지자. 현재진행형은 파트 1에 가장 많이 사용되는 시제로서, [be동사의 현재형 + -ing]의 형태이다. 이는 눈앞에 일어나는 일을 표현하는 데 사용되므로 인물의 동작이나 상태를 묘사하기에 가장 적절하다.
- 사진에 없는 단어가 들리면 오답이다. 사진에 등장하지는 않지만 사진과 연관된 어휘를 사용해 혼란을 주는 경우가 많다.
- 배경이나 주변 사물을 묘사하는 보기도 정답이 될 수 있다. 인물 중심의 사진일지라도 배경이나 주변 사물을 묘사하는 보기가 정답으로 제시되기도 한다.

B 각각의 문장을 듣고 위의 사진과 일치하면 ○, 일치하지 않으면 ×에 표시하세요. 01-02

1 A woman **is wearing** business attire. (○) (×)

2 A woman **is putting on** a jacket. (○) (×)

3 A woman is using **a fax machine**. (○) (×)

4 A woman **is pressing** a button on a copy machine. (○) (×)

5 A woman **is standing in front of some office equipment**. (○) (×)

6 The copy machine has **a paper jam**. (○) (×)

7 **Books are stacked** on the floor. (○) (×)

hire 고용하다 renovate 수리하다 in charge of ~에 책임이 있는 budget 예산 staff training 직원 교육

빈출 표현

인물의 동작과 관련된 표현을 듣고 따라 해 보세요. 01-03

인물의 손발 동작 묘사

be passing out copies 복사물을 나눠주고 있다
be hanging a picture 사진을 걸고 있다
be crossing an intersection 교차로를 건너고 있다
be boarding a boat 배에 승선하고 있다
be walking along the beach 해변을 따라 걷고 있다
be raising one's hand 손을 들고 있다
be walking under an archway 아치형 길 아래를 걷고 있다
be reaching for a cell phone 휴대폰에 손을 뻗고 있다
be strolling along the river 강을 따라 산책하고 있다

인물의 외모 및 상태 묘사

be sitting in a waiting room 대기실에 앉아 있다
be lying on the grass 잔디에 누워 있다
be leaning against a wall 벽에 기대어 있다
be holding merchandise 상품을 들고 있다
be trying on a bracelet 팔찌를 착용해 보고 있다
be taking off a coat 코트를 벗고 있다

인물의 작업 동작 묘사

be putting up a tent 텐트를 치고 있다
be rearranging chairs 의자를 재배열하고 있다
be putting away a microscope 현미경을 치우고 있다
be setting the table 상을 차리고 있다
be assembling furniture 가구를 조립하고 있다
be watering a plant 식물에 물을 주고 있다
be placing books on a shelf 책을 놓고 있다
be stacking dishes 접시를 쌓고 있다
be clearing off a kitchen table 식탁을 치우고 있다

인물의 시선 묘사

be looking in a drawer 서랍을 보고 있다
be examining safety glasses 보안경을 검사하고 있다
be staring at a document 문서를 쳐다보고 있다
be checking one's watch 시계를 확인하고 있다
be studying the menu 메뉴를 살펴보고 있다
be reviewing papers 서류를 검토하고 있다

확인 학습

다음을 듣고 사진을 적절하게 묘사하는 문장을 모두 고른 다음, 한 번 더 듣고 빈칸을 완성하세요. 01-04

1

(A) A man is ____________ a ____________.

(B) A man is ____________ a ____________.

(C) A man is ____________ a computer screen.

(D) A man is ____________ a desk.

2

(A) She is ____________ in the kitchen.

(B) She is ____________ a pair of ____________.

(C) She is ____________ an apron.

(D) She is ____________ a tray.

실전 연습

A 다음을 듣고 사진을 가장 적절하게 묘사하는 문장을 고르세요.

01-05

1

(A) (B) (C) (D)

2

(A) (B) (C) (D)

3

(A) (B) (C) (D)

4

(A) (B) (C) (D)

B 문장을 다시 듣고 빈칸을 완성한 다음 정답을 한 번 더 확인하세요. 01-06

1

(A) He is ____________________.

(B) He is ____________________.

(C) He is ____________________.

(D) He is ____________________.

2

(A) A woman is ____________________.

(B) A woman is ____________________.

(C) A woman is ____________________.

(D) A woman is ____________________.

3

(A) A man is ____________________.

(B) A man is ____________________.

(C) A man is ____________________.

(D) A man is ____________________.

4

(A) She is ____________________.

(B) She is ____________________.

(C) She is ____________________.

(D) She is ____________________.

2인 인물 사진 / 3인 이상 인물 사진

유형 연습

A 다음을 듣고 사진을 가장 잘 묘사한 문장을 고르세요. 02-01

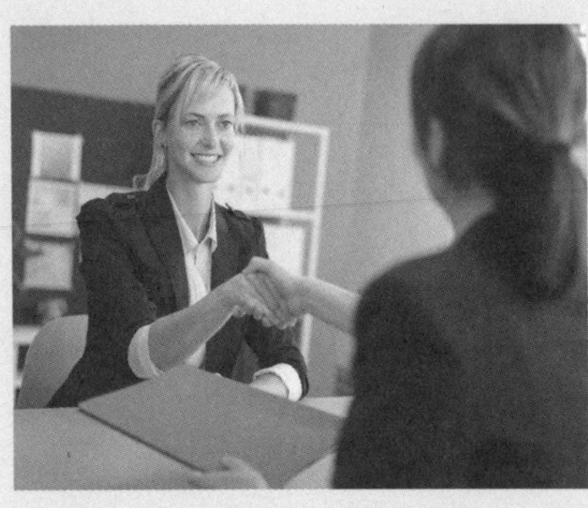

(A) The women are shaking hands.
여자들이 악수하고 있다.

(B) One of the women is wearing a scarf.
여자들 중 한 명은 스카프를 착용하고 있다.

(C) They are working on a project.
그들은 프로젝트 관련 일을 하고 있다.

(D) One of the women has her hand on her hair.
여자들 중 한 명은 손을 머리에 올리고 있다.

정답 (A)

▶ 두 사람이 공통적으로 하고 있는 동작을 잘 묘사한 보기를 골라야 한다. '악수 하다'라는 표현인 'shake hands'의 진행형 (A)가 정답이 된다.

핵심 포인트

- **두 사람의 공통적인 동작에 집중해서 듣자.** 두 사람이 공통적으로 하는 동작을 빠르게 파악하고, 해당되는 표현에 집중하며 듣는다.
- **주어에 집중하며 듣자.** 보기의 주어에 집중하여 they, the men, both 등과 같이 여러 사람을 묘사하는 것인지, one of them, some people 등과 같이 한 명이나 일부의 사람들을 묘사하는 것인지 구분하자.
- **인물의 동작이나 상태를 묘사하는 표현을 미리 떠올려 본다.** 음원을 듣기 전에 미리 사진 속 인물들의 동작이나 상태와 관련된 표현들을 생각해 보도록 한다.

B 각각의 문장을 듣고 위의 사진과 일치하면 ○, 일치하지 않으면 ×에 표시하세요. 02-02

1 One of the women is **holding a file**. (○) (×)

2 They are **smiling at each other**. (○) (×)

3 The women are **having a conference call**. (○) (×)

4 **Both of them** are wearing **formal clothes**. (○) (×)

5 **They are seated** right next to each other. (○) (×)

6 A woman is **taking notes out of** her pocket. (○) (×)

7 **The women** are sitting across **from each other**. (○) (×)

document 문서 have a conference call 화상 회의를 하다 formal clothes 정장 be seated 착석 하다 across from ~의 건너편에

빈출 표현

인물의 동작과 관련된 표현을 듣고 따라 해 보세요. 02-03

인물의 동작 묘사

be shaking hands 악수하고 있다
be greeting each other 서로 인사하고 있다
be smiling at each other 마주 보며 웃고 있다.
be talking on the phone 전화 통화를 하고 있다
be working on the computer 컴퓨터 작업을 하고 있다
be packing up boxes 상자를 싸고 있다
be stacking boxes 상자를 쌓고 있다
be mopping the floor 바닥을 걸레질하고 있다

인물의 시선 묘사

be staring at the screen 화면을 보고 있다
be looking at some figures 수치를 보고 있다
be watching a performance 공연을 관람하고 있다
be looking out the window 창 밖을 보고 있다
be looking at the bulletin board 게시판을 보고 있다
be going over some documents 문서를 검토하고 있다
be reviewing a document 문서를 검토하고 있다
be examining a machine 기계를 검사하고 있다
be studying the menu 메뉴를 살펴보고 있다

인물의 외모 및 상태 묘사

be wearing uniforms 유니폼을 입고 있다
be wearing a tie 넥타이를 착용하고 있다
be wearing glasses 안경을 쓰고 있다
be putting on a pair of shoes 신발을 신어보고 있다
be buttoning a coat 코트의 단추를 채우고 있다
be taking off their shoes 신발을 벗고 있다

인물의 자세 묘사

be seated around the table 테이블 주변에 앉아 있다
be standing at the counter 카운터에 서 있다
be jogging along the river 강을 따라 조깅하고 있다
be holding onto the railing 난간을 잡고 있다
be bending over to pick up something 무엇인가를 잡기 위해 구부리고 있다

확인 학습

다음을 듣고 사진을 적절하게 묘사하는 문장을 모두 고른 다음, 한 번 더 듣고 빈칸을 완성하세요. 02-04

1

(A) The people are ________ the ________.

(B) They are ________.

(C) Some people are ________.

(D) The ________ is ________ now.

2

(A) They are ________ in a ________.

(B) They are ________.

(C) They are ________ in the shelf.

(D) They are ________.

PART 1

실전 연습

A 다음을 듣고 사진을 가장 적절하게 묘사하는 문장을 고르세요. 02-05

1

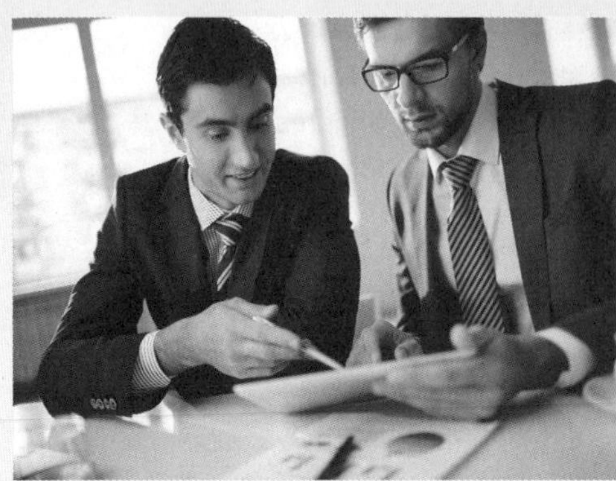

(A) (B) (C) (D)

2

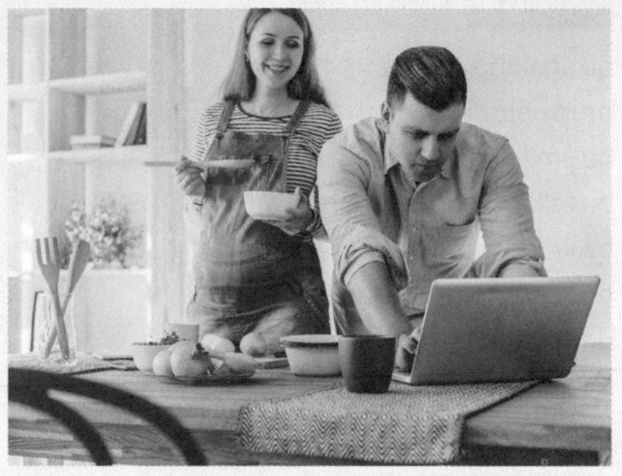

(A) (B) (C) (D)

3

(A) (B) (C) (D)

4

(A) (B) (C) (D)

B 문장을 다시 듣고 빈칸을 완성한 다음 정답을 한 번 더 확인하세요. 02-06

1

(A) The men ______________.

(B) The men ______________.

(C) They ______________.

(D) They ______________.

2

(A) They ______________.

(B) A man ______________.

(C) A woman ______________.

(D) They ______________.

3

(A) The men ______________.

(B) They ______________.

(C) They ______________.

(D) One of the men ______________.

4

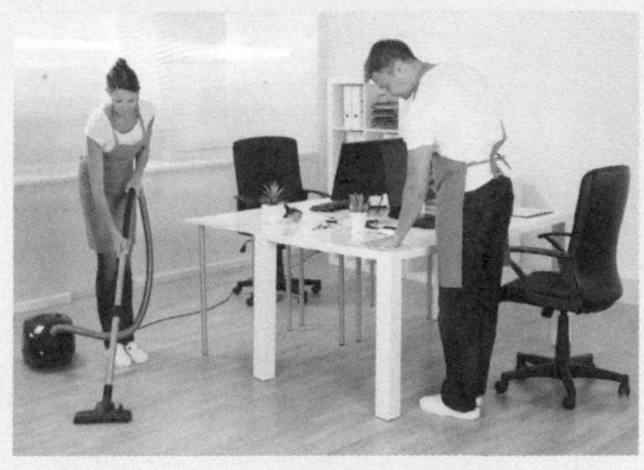

(A) The people ______________.

(B) One of the people ______________.

(C) Both of them ______________.

(D) The man ______________.

PART 1

03 사물 묘사 사진

유형 연습

A 다음을 듣고 사진을 가장 잘 묘사한 문장을 고르세요. 03-01

(A) Drinks have been left on a table.
음료수가 탁자에 놓여 있다.

(B) A sitting area is lit up by lamps.
조명이 응접실을 밝히고 있다.

(C) The armchairs are being cleaned.
안락의자가 청소되고 있다.

(D) Cushions have been placed on a sofa.
소파에 쿠션이 놓여 있다.

정답 (B)

▶ 사진속의 사물을 적절하게 표현한 보기를 선택해야 하는데, 조명이 켜져 있는 응접실을 수동태로 묘사한 보기 (B)가 정답이다. (C)와 같이 현재진행형 수동태가 들리면 사람의 행동을 묘사하는 것이 아닌지 확인해야 한다.

핵심 포인트

- **수동태의 형태를 알아 두자.** 사물의 위치나 상태를 표현할 때 현재시제의 수동태(is/are + p.p.)와 현재완료의 수동태(have/has + been + p.p.)가 사용된다.
- **'being'이 들리면 사진에 사람이 있어야 하는 경우가 많다.** 현재진행형 수동태(is/are + being + p.p.)는 '(…에 의해) ~이 되어지고 있다'로 해석될 경우 '(사람이) 어떤 동작을 하고 있다'는 의미이다. 따라서 현재진행형 수동태가 사용된 문장이 들리면 사람의 동작을 묘사하는 것은 아닌지 주의해야 한다.

B 각각의 문장을 듣고 위의 사진과 일치하면 ○, 일치하지 않으면 ×에 표시하세요. 03-02

1 Flowers **have been left** on a table. (○) (×)

2 Lamps **have been turned on** in the room. (○) (×)

3 Refreshments **have been placed** on a table. (○) (×)

4 Flowers **are being arranged** in a vase. (○) (×)

5 The sofa is facing **the clock**. (○) (×)

6 **Workers** are vacuuming the carpet. (○) (×)

7 Refreshments **are being served**. (○) (×)

어휘
refreshment 다과 turn on (불 등을) 켜다 vase 화병 face 마주하다 vacuum 진공청소기로 청소하다

빈출 표현

사물 묘사와 관련된 표현을 듣고 따라 해 보세요. 03-03

상점, 창고

Containers are stacked up on the floor.
용기가 바닥에 쌓여 있다.

Some boxes are lined up in a warehouse.
상자가 창고에 일렬로 놓여 있다.

Some vegetables have been placed in a shopping cart.
야채가 쇼핑 카트 안에 놓여 있다.

Merchandise has been displayed. 상품이 진열되어 있다.

Some shelves are being assembled. 선반이 조립되고 있다.

Groceries are being scanned. 식료품이 스캔되고 있다.

꽃, 식물, 정원

There is a vase on the table. 테이블 위에 꽃병이 있다

There are potted plants in the garden. 정원에 화분이 있다.

Flowers have been arranged in vases.
꽃들이 꽃병들에 꽂혀 있다.

Trees have been planted in a garden.
나무가 정원에 심어져 있다.

Plants are being watered. 식물에 물이 주어지고 있다.

A picnic table is being cleared off.
피크닉용 테이블이 치워지고 있다.

사무용/실험용 기기

A microscope has been placed on a table.
현미경이 탁자에 놓여 있다.

A whiteboard is propped against a door.
칠판이 문에 기대어져 있다.

A printer has been stored in a box.
프린터가 상자 안에 보관되어 있다.

Binoculars have been left on a table.
쌍안경이 탁자에 놓여 있다.

Some laboratory equipment is being moved.
실험실 장비가 이동되고 있다.

Some objects are being examined. 물체가 검사되고 있다.

거실, 서재, 주방

A framed picture is facing the sofa.
액자에 넣은 사진이 소파를 마주하고 있다.

Books are piled on a desk. 책이 책상에 쌓여 있다.

Some furniture is being rearranged.
가구가 재배치되고 있다.

The kitchen is being mopped. 주방이 대걸레로 닦아지고 있다.

Chairs are being stacked. 의자가 쌓여지고 있다.

Food is being removed from an oven.
음식이 오븐에서 꺼내지고 있다.

확인 학습

다음을 듣고 사진을 적절하게 묘사하는 문장을 모두 고른다음, 한 번 더 듣고 빈칸을 완성하세요. 03-04

1

(A) A laptop ____________.

(B) Some books ____________ on the floor.

(C) A potted plant ____________ on the table.

(D) Glasses ____________ next to a cell phone.

2

(A) Groceries ____________ in a cart.

(B) Fruit is ____________ in a store.

(C) A customer ____________ some fruit on a scale.

(D) Some food ____________ into a basket.

PART 1

실전 연습

A 다음을 듣고 사진을 가장 적절하게 묘사하는 문장을 고르세요. 03-05

1

(A) (B) (C) (D)

2

(A) (B) (C) (D)

3

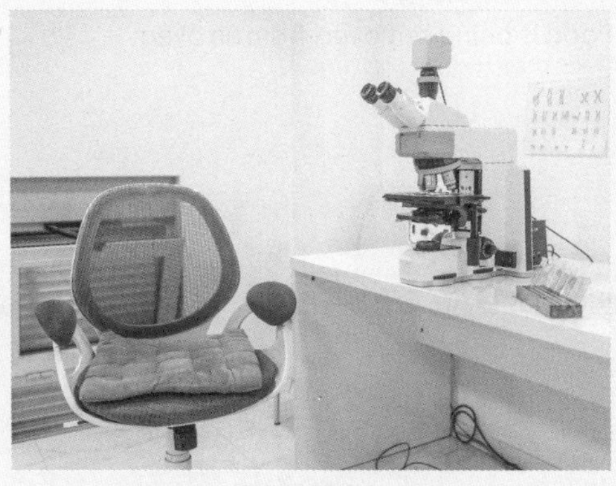

(A) (B) (C) (D)

4

(A) (B) (C) (D)

B 문장을 다시 듣고 빈칸을 완성한 다음 정답을 한 번 더 확인하세요. 03-06

1

(A) ______________ in the park.

(B) A picnic basket ______________ on the grass.

(C) A gardener is ______________.

(D) Dishes ______________.

2

(A) Kitchen pots ______________ on the stove.

(B) Vegetables ______________.

(C) Dishes ______________ on the countertop.

(D) ______________ a knife on the chopping board.

3

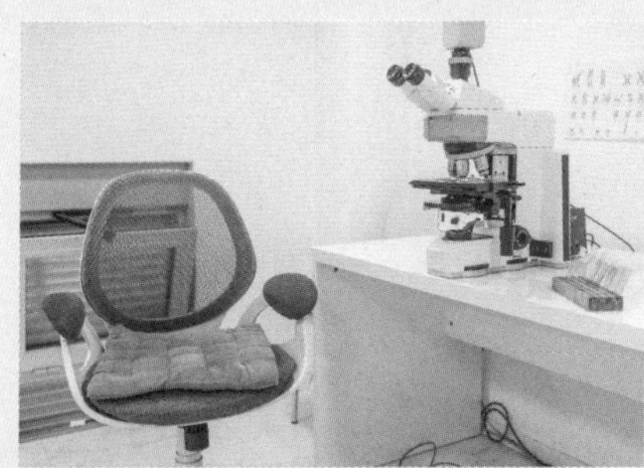

(A) Office equipment ______________.

(B) A microscope ______________ on the table.

(C) A round table ______________ in the room.

(D) Lights ______________ on the ceiling.

4

(A) ______________ at a cash register.

(B) Products ______________ on the shelves.

(C) A clerk ______________ the shelves with cans.

(D) A shopping cart ______________ with groceries.

PART 1

04 배경 묘사 사진

유형 연습

A 다음을 듣고 사진을 가장 잘 묘사한 문장을 고르세요. 04-01

(A) A house is being built.
집이 지어지고 있다.

(B) There are some trees near a house.
집 주변에 나무가 몇 그루 있다.

(C) The houses have been renovated.
집들이 수리가 되었다.

(D) Snow is being cleaned.
눈이 치워지고 있다.

정답 (B)

▶ 집 주변에 나무들이 있는 풍경을 묘사한 (B)가 정답이 된다. 현재진행형 수동태인 (A)와 (C)는 사람의 동작을 묘사하는 내용이다.

핵심 포인트

- **'There is/are + 명사' 구문을 알아 두자.** 사물의 위치나 상태를 묘사할 때에는 '~이 있다'라는 의미의 'There is/are + 명사' 구문이 사용된다.
  There is a flowerpot in front of the house. 집 앞에 화분이 있다.
  There are some cars traveling along the river. 강변을 달리는 자동차들이 있다.
- 배경이나 풍경을 묘사할 때에는 **'be동사 + 전치사구'**가 사용되는 경우가 많다.
  The logs are under the table. 통나무들이 탁자 아래에 있다.
  Some paintings are on the shelf. 선반 위에 그림들이 있다.

B 각각의 문장을 듣고 위의 사진과 일치하면 ○, 일치하지 않으면 ×를 고르세요. 04-02

1 The ground **is covered with** snow. (○) (×)

2 Some trees **have been planted** near the house. (○) (×)

3 The house **is being cleaned**. (○) (×)

4 Snow **has been cleaned** away. (○) (×)

5 **There are** some trees **between the two houses**. (○) (×)

6 All of the windows **are open**. (○) (×)

7 The windows **are being wiped**. (○) (×)

be covered with ~로 덮여 있다 plant 심다 clean away 치우다 wipe 닦다

빈출 표현

배경 및 풍경 묘사와 관련된 표현을 듣고 따라 해 보세요. 04-03

차량/도로 묘사

Cars are running on the road.
차들이 도로에서 달리고 있다.

Vehicles are traveling in both directions.
차들이 양방향에서 달리고 있다.

Cars are parked along the street.
차들이 길을 따라 주차되어 있다.

There are lampposts alongside the road.
길가에 가로등이 있다.

집/건물 주변 묘사

A car has been parked in the driveway.
자동차가 진입로에 주차되어 있다.

The roof of the house is being fixed.
집의 지붕이 수리되고 있다.

Plants have been placed in front of the house.
식물들이 집 앞에 놓여 있다.

There is a flowerpot near the door.
문 근처에 화분이 놓여 있다.

숲/자연/공원 묘사

Trees have been planted along the road.
나무가 길을 따라 심어져 있다.

There are some benches in the park.
공원에 벤치가 있다.

Boats are docked in a harbor.
배들이 항구에 정박해 있다.

Boats are sailing in the sea.
배들이 바다에서 항해 중이다.

There is a bridge over the river.
강 위에 다리가 있다.

Trees are reflected in the water.
나무들이 물에 반사되고 있다.

A path winds through the woods.
숲에 길이 나 있다.

Mountains can be seen in the distance.
멀리서 산이 보인다.

A monument overlooks the pathway.
기념물이 길을 바라보고 있다.

확인 학습

다음을 듣고 사진을 적절하게 묘사하는 문장을 모두 고른 다음, 한 번 더 듣고 빈칸을 완성하세요. 04-04

1

(A) A boat ______ in a ______.

(B) There is a ______ the ______.

(C) The boat is ______.

(D) ______ over the water.

2

(A) Some cars ______ in the ______.

(B) There is a ______.

(C) There is ______ the house.

(D) The road ______ the house.

PART 1

실전연습

A 다음을 듣고 사진을 가장 적절하게 묘사하는 문장을 고르세요.

04-05

1

(A) (B) (C) (D)

2

(A) (B) (C) (D)

3

(A) (B) (C) (D)

4

(A) (B) (C) (D)

B 문장을 다시 듣고 빈칸을 완성한 다음, 정답을 한 번 더 확인하세요.

04-06

1

(A) ______________ at the traffic light.

(B) ______________ in both directions.

(C) The buildings ______________.

(D) Some cars ______________.

2

(A) The trees ______________.

(B) A ______________ the woods.

(C) A hiking trail ______________.

(D) The road ______________.

3

(A) There are shelves ______________.

(B) The garage ______________.

(C) The tires ______________ away.

(D) ______________ scattered on the floor.

4

(A) ______________ in the sky.

(B) Some people ______________.

(C) ______________ the square.

(D) The gate is ______________.

토익 실전 어휘 PART 1 UNIT 01 - 04

A 다음 표현의 우리말 뜻을 고르세요.

1 cross an intersection (a) 교차로를 건너다 (b) 교통 정리를 하다
2 mow the lawn (a) 마당을 쓸다 (b) 잔디를 깎다
3 lean against the bench (a) 벤치에 기대다 (b) 벤치를 청소하다
4 arrange flowers (a) 꽃꽂이를 하다 (b) 꽃을 구매하다
5 renovate the house (a) 집을 부수다 (b) 집을 수리하다

B 다음 우리말에 맞는 어휘를 고르세요.

1 주차장에 있는 트럭이 견인되고 있는 중이다.
→ A truck in the parking lot is being (towed / loaded)

2 사무실에 있는 모든 사람이 서류를 검토하고 있다.
→ Everyone in the office is (putting on / reviewing) papers.

3 키가 큰 나무들이 기찻길을 따라 심어져 있다.
→ Tall trees are (mowed / planted) along the train tracks.

4 상자들이 바닥에 가지런히 쌓여 있다.
→ Boxes are (stacked / examined) neatly on the floor.

5 상점 밖에 많은 모자들이 전시되어 있다.
→ A lot of hats have been (stared / displaced) outside the shop.

C 각 문장의 괄호 안에 있는 단어들을 올바른 순서로 배열하세요.

1 The old lady ______________. (potted / is / plants / watering)
노부인이 화분에 물을 주고 있다.

2 The man ______________ in the living room. (taking / is / a coat / off)
남자는 거실에서 코트를 벗고 있다.

3 A woman ______________ in a department store. (on / trying / is / a necklace)
여자가 백화점에서 목걸이를 착용해 보고 있다.

4 Cars ______________ the street. (have / along / parked / been)
자동차들이 길을 따라 주차되어 있다.

5 The young boy ______________ on the shelf. (for / reaching / is / a cell phone)
어린 소년이 선반에 있는 휴대폰에 손을 뻗고 있다.

질의 - 응답

Questions & Responses

01 의문사 의문문 I - who, what

02 의문사 의문문 II - which, when

03 의문사 의문문 III - why, how

04 be동사 의문문

05 조동사 의문문

06 간접의문문 / 선택의문문

07 부가의문문 / 부정의문문

08 제안의문문 / 요청의문문

09 평서문

PART 2

01 의문사 의문문 I – who, what

Who

유형 연습

A 질문을 듣고 알맞은 응답을 고르세요. 01-01

Q Who is working on the budget proposal?

(A) Yes, we paid for it.

(B) The general manger.

(C) There has been a delay.

Q. 누가 예산안을 작성하고 있나요?

(A) 네, 우리는 그것을 지불했어요.

(B) 본부장님요.

(C) 지연되고 있어요.

정답 (B)

▶ '누가 예산안을 작성하고 있는지'를 묻는 질문에 대해 직책명인 '본부장(the general manager)'이라고 답한 보기 (B)가 자연스러운 응답이다. 의문사 의문문에 (A)와 같이 Yes/No로 답한 보기는 정답이 될 수 없다.

핵심 포인트

- 의문사 who는 주어와 목적어 역할을 한다.
  주어일 때에는 [Who + 동사 ~ ?], 목적어 일 때에는 [Who + 동사 + 주어 ~?]의 구조이다.
  Who is responsible for the presentation? (주어 = 누가) 누가 프리젠테이션 책임자인가요?
  Who did you recommend for the project manager? (목적어 = 누구를) 프로젝트 매니저로 누구를 추천했나요?
- 사람 이름 이외에도 직위, 직책, 부서명 등이 정답으로 제시되기도 한다.
  직위, 직책: board of directors, manager, representative, supervisor 등
  부서명: R&D Department, Sales Department, Accounting Department 등

B 질문과 대답을 듣고, 각각의 질문에 적절한 응답을 고르세요. 01-02

1 **Who** is the new sales manager?
(A) Sarah Baker.
(B) I don't see it.

2 **Who** did you hire to renovate the office?
(A) The dealership.
(B) Beetle Construction.

3 **Who** is in charge of the budget meeting?
(A) In the afternoon.
(B) The sales supervisor.

4 **Who** should I talk to about the staff training?
(A) The Personnel Department.
(B) It is next week.

5 **Who** has the budget proposal?
(A) I think Sarah has it.
(B) In the cabinet.

어휘 renovate 수리하다 budget 예산 staff training 직원 교육 proposal 제안서

빈출 표현

다음의 표현들을 듣고 따라 해 보세요. 01-03

Accounting Department	회계부	operating manager	운영 관리자
annual conference	연례 회의	organizer	기획자
competitor	경쟁사	personal	개인적인
evaluation	평가	Sales Department	영업부
give a speech	연설하다	session	기간
head	부서장	supervisor	관리자
in person	직접	work on	~와 관련하여 일하다

확인 학습

질문과 대답을 듣고 빈칸을 완성한 다음, 적절한 응답을 모두 고르세요. 01-04

1 Who ______ the Peterson project?

(A) The projector is ______.

(B) ______ the ______.

(C) Tim in the ______.

2 Who should I ______ about the ______?

(A) The ______.

(B) Ms. Kim ______.

(C) Yes, you can ______.

3 Who is ______ the ______ ______?

(A) It's Ms. Rylan.

(B) No, ______ it.

(C) ______ have been finished.

4 ______ at the annual conference?

(A) I am ______.

(B) Employees ______.

(C) He is ______.

5 ______ is going to ______ ______ at the seminar?

(A) ______ Ann is.

(B) He was such an ______.

(C) It ______ yet.

6 ______ is writing the ______?

(A) ______ it tomorrow.

(B) On the second floor.

(C) It ______ and ______.

What

유형 연습

A 질문을 듣고 알맞은 응답을 고르세요. 01-05

Q What time are we meeting with the new supplier?

(A) Right after lunch.

(B) The general manager.

(C) A month ago.

Q. 새로운 공급 업체와 몇 시에 만나죠?

(A) 점심 시간 직후에요.

(B) 부장님요.

(C) 한 달 전요.

정답 (A)

▶ 의문사 의문문의 첫 부분인 'what time(몇 시)'을 잘 들어야 한다. '몇 시에 새로운 공급 업체와 만나는지'를 묻는 질문에 '점심 시간 직후(Right after lunch)'라는 특정한 때를 알려준 보기 (A)가 정답이다.

핵심 포인트

- 의문사 what은 주어, 목적어 역할을 한다.
  What happened in the meeting? 회의에서 무슨 일이 있었나요? (주어 = 무엇이)
  What did you bring here? 여기로 무엇을 가져왔나요? (목적어 = 무엇을)
- 'What do you think of'는 의견을 묻는 질문으로서, '~에 대해서 어떻게 생각해요?'로 해석된다.
  What do you think of the new sales manager? 신임 영업부장에 대해 어떻게 생각해요?
- 'What + 명사'로 시작하는 의문문은 의문사와 명사를 함께 들어야 한다.
  What project are you working on? 어떤 프로젝트를 하고 있어요?

B 질문과 대답을 듣고, 각각의 질문에 적절한 응답을 고르세요. 01-06

1 **What** did the Marketing Department ask for?
(A) Last year's sales records.
(B) They had a lot of questions.

2 **What** is the best way to contact Mr. Han?
(A) I don't have his contact details.
(B) Probably his cell phone.

3 **What do you think of** the survey results?
(A) They should leave now.
(B) They were satisfying.

4 **What time** can I check in to the hotel?
(A) Any time after three.
(B) It should be cleaned.

5 **What** is the name of our new architect?
(A) Carol Smith, I think.
(B) It's a good firm.

어휘 ask for 요청하다 survey results 조사 결과 contact details 연락처 정보 satisfying 만족스러운 any time 언제든지

빈출 표현

다음의 표현들을 듣고 따라 해 보세요. 01-07

accountant	회계사	membership fee	회비
architect	건축가	recommend	추천하다
building directory	건물 안내도	sales representative	영업사원
creative	창의적인	somewhere	어딘가
crowded	붐비는	tax form	세금 신고서
floor plan	평면도	terrific	훌륭한

확인 학습

질문과 대답을 듣고 빈칸을 완성한 다음, 적절한 응답을 모두 고르세요. 01-08

1 What is the ________ at the yoga center?

(A) All the ________.

(B) Thirty dollars ________.

(C) I am ________.

2 What ________ the floor plan?

(A) It's a ________.

(B) He is an ________.

(C) It needs to ________.

3 ________ would you recommend?

(A) Somewhere ________.

(B) I ________ it very ________.

(C) ________ this one here?

4 ________ is KT Technology on?

(A) I am ________ it.

(B) There's a ________ there.

(C) They ________ it yet.

5 What did the ________?

(A) No, the ________ did.

(B) He just asked ________.

(C) The ________.

6 ________ are you meeting with the lawyer?

(A) Right ________.

(B) At 11 o'clock.

(C) It's about the ________.

PART 2

실전 연습

A 질문과 보기를 듣고, 각각의 질문에 가장 적절한 응답을 고르세요. 01-09

1 Mark your answer on your answer sheet. (A) (B) (C)

2 Mark your answer on your answer sheet. (A) (B) (C)

3 Mark your answer on your answer sheet. (A) (B) (C)

4 Mark your answer on your answer sheet. (A) (B) (C)

5 Mark your answer on your answer sheet. (A) (B) (C)

6 Mark your answer on your answer sheet. (A) (B) (C)

7 Mark your answer on your answer sheet. (A) (B) (C)

8 Mark your answer on your answer sheet. (A) (B) (C)

9 Mark your answer on your answer sheet. (A) (B) (C)

10 Mark your answer on your answer sheet. (A) (B) (C)

B 질문과 보기를 다시 듣고, 빈칸을 완성하세요. 01-10

1 ________ manager?

(A) This report is ________.

(B) He is ________.

(C) ________ from ________.

2 ________ does your train come?

(A) At Central Station.

(B) ________.

(C) ________ are quicker.

3 ________ the catering service for the ________?

(A) I ________.

(B) Tom ________.

(C) The food was excellent.

4 ________ about the company's move?

(A) The ________.

(B) I ________ before.

(C) No, ________.

5 What kind of desk should we order for our new office?

(A) I will ________.

(B) We need more chairs.

(C) No, ________.

6 ________ so long to finish the ________?

(A) It is ________ this year.

(B) Alan helped me.

(C) I had a meeting to attend.

7 Who is in charge of ________ ________?

(A) I believe Emily is.

(B) It was ________.

(C) It's ________ from here.

8 ________ the parade yesterday?

(A) Are you ________?

(B) Yes, it's on Sunday.

(C) It was ________.

9 ________ the applications?

(A) That sounds ________.

(B) About 5 million dollars.

(C) ________ did.

10 ________ the new ________?

(A) I ________.

(B) Ms. Cooper did.

(C) Yes, I work ________.

PART 2

02 의문사 의문문 II - which, when

Which

유형 연습

A 질문을 듣고 알맞은 응답을 고르세요. 02-01

Q Which of the proposals do you prefer?
(A) The one from Poly Technology.
(B) I have a good idea.
(C) I got a complaint.

Q. 어떤 제안서가 더 마음에 드시나요?
(A) 폴리 테크놀로지에서 온 것요.
(B) 저에게 좋은 생각이 있어요.
(C) 제가 불만을 접수했어요.

정답 (A)

▶ which는 선택 사항을 묻는 질문이다. '어떤 제안서가 마음에 드시나요?'라는 질문에 대해 구체적으로 '폴리 테크놀로지'라는 한 회사의 제안서를 언급한 보기 (A)가 정답이다.

핵심 포인트

- which 의문문의 형태에 익숙해 지자. which 의문문은 [which + 명사] 혹은 [which of the 복수 명사]의 구조이다.
  Which bus should I take to go to the theater? 극장에 가려면 어떤 버스를 타야 하나요?
  Which of the applicants will you choose? 지원자들 중에서 누구를 선택하실 건가요?
- which에 대한 응답으로 구체적인 것이 제시되는 경우도 있지만, both(둘 다), either(둘 중하나), 혹은 neither(둘 다 아닌) 등의 표현이 정답이 되는 경우도 있다.
  Q **Which of the applicants** will you choose? 지원자들 중에서 누구를 선택하실 건가요?
  A I like **neither**. 둘 다 싫어요. / A I like **both**. 둘 다 좋아요.

B 질문과 대답을 듣고, 각각의 질문에 적절한 응답을 고르세요. 02-02

1 **Which class** are you taking?
(A) The one about health care.
(B) They don't offer it.

2 **Which newspaper** are you subscribing to?
(A) I don't enjoy reading.
(B) The one you suggested yesterday.

3 **Which of the departments** is he going to?
(A) I don't think so.
(B) Sales, I suppose.

4 **Which one** do you want to buy, the big one **or** the small one?
(A) I am afraid so.
(B) Either is fine.

5 **Which street** is the bank on?
(A) You had better ask Carol.
(B) I don't need to withdraw any money.

health care 건강 관리 subscribe to ~을 구독하다 had better ~하는 것이 낫다 withdraw 인출하다

빈출 표현

다음의 표현들을 듣고 따라 해 보세요. 02-03

be in charge of	~을 책임지고 있다	process	처리하다
be interested in	~에 관심이 있다	qualified	자격을 갖춘
belong to	~에 속하다	reserve	예약하다
candidate	후보자	tag	상표
loan	빌려 주다	turn out	~으로 판명되다

확인 학습

질문과 대답을 듣고 빈칸을 완성한 다음, 적절한 응답을 모두 고르세요. 02-04

1 ________ bag ________ to Mr. Evans?

(A) I ________ here.

(B) ________ the red tag.

(C) ________ in the ________.

2 ________ of the ________ I ________?

(A) ________. I can ________.

(B) The bookstore is ________ ________.

(C) ________ is fine.

3 ________ of the ________ is ________ ________?

(A) It is ________.

(B) The team ________.

(C) Ms. Rolling's ________, ________.

4 ________ of you is ________ ________?

(A) Jeremy ________.

(B) It was ________.

(C) It ________ so well.

5 ________ do you want me to ________ a table at?

(A) The restaurant is ________.

(B) ________ on Denver Street.

(C) I forgot to ________.

6 ________ do you think is ________?

(A) The guy ________.

(B) I don't ________ any ________.

(C) It's been ________.

When

유형 연습

A 질문을 듣고 알맞은 응답을 고르세요. 02-05

Q When do you expect the manager to arrive?

(A) I expect so.

(B) Next Wednesday, I suppose.

(C) I need your opinion.

Q. 매니저가 언제 도착할 것으로 예상하나요?

(A) 저도 그렇게 예상해요.

(B) 제 생각에는, 다음주 수요일에요.

(C) 당신의 의견이 필요해요.

정답 (B)

▶ When은 특정 시점이나 시간을 묻는 질문이다. '매니저가 언제 도착할 것으로 예상하나요?'라는 질문에 구체적으로 '다음주 수요일'이라고 답한 (B)가 정답이다.

핵심 포인트

- **when 의문문은 과거, 현재, 미래의 다양한 시제와 쓰일 수 있으므로, 시제에 맞는 답변을 고르는 것이 중요하다.**
  - Q **When** do you think he **will arrive**? 그가 언제 도착할 것 같아요? (미래 시제를 묻는 질문)
  - A Last Friday. – 과거 부사로 정답이 될 수 없음
  - A Next week. – 미래 부사로 정답이 될 수 있음
- **when 의문문은 시점/시간을 묻는 질문이지만, 시간과 상관없는 대답이 정답인 경우도 있다.**
  - Q When does the next train depart? 다음 기차는 언제 출발하나요?
  - A I am not sure. 저도 잘 모르겠어요.
  - A I'd better check the schedule. 시간표를 확인하는 것이 좋겠어요.

B 질문과 대답을 듣고, 각각의 질문에 적절한 응답을 고르세요. 02-06

1 **When did** you **move** to this building?
(A) The previous one.
(B) About 6 months ago.

2 **When are** you **planning to leave** this company?
(A) I need to talk to my supervisor first.
(B) I don't live far from here.

3 **When should** we **discuss** the details of the contract?
(A) It's not that easy.
(B) When will be good for you?

4 **When** will the package **be delivered**?
(A) I haven't ordered one.
(B) Sometime next week.

5 **When do** we **have to finish** writing the report?
(A) No later than next Monday.
(B) We at least need to do it.

previous 이전의 supervisor 관리자 deliver 배달하다 no later than ~ 늦어도 ~까지 at least 적어도

빈출 표현

다음의 표현들을 듣고 따라 해 보세요. 02-07

be supposed to	~하기로 되어 있다	postpone	미루다
business trip	출장	remind	상기시키다
by the end of the month	월말쯤	renovation	보수, 개조
company banquet	회사 연회	terrific	아주 좋은, 훌륭한
innovation	혁신	work around the clock	쉬지 않고 일하다

확인 학습

질문과 대답을 듣고 빈칸을 완성한 다음, 적절한 응답을 모두 고르세요. 02-08

1 ______ do we have to ______ our next ______?

(A) We'd ______ with the manager.

(B) Last year's ______ was ______.

(C) We ______ yet.

2 ______ from your business trip?

(A) ______.

(B) Yesterday.

(C) I am ______ it.

3 ______ will ______ be ______?

(A) It's ______.

(B) By ______.

(C) The ______ was successful.

4 ______ is ______ for the project?

(A) It ______ until next month.

(B) I am not ______.

(C) I am ______.

5 ______ we ______ meet our clients?

(A) The meeting was good.

(B) ______ yet.

(C) The ______.

6 ______ should I ______ you to leave?

(A) 30 minutes from now.

(B) This is a ______.

(C) ______.

PART 2

실전 연습

A 질문과 보기를 듣고, 각각의 질문에 가장 적절한 응답을 고르세요. 02-09

1 Mark your answer on your answer sheet. (A) (B) (C)

2 Mark your answer on your answer sheet. (A) (B) (C)

3 Mark your answer on your answer sheet. (A) (B) (C)

4 Mark your answer on your answer sheet. (A) (B) (C)

5 Mark your answer on your answer sheet. (A) (B) (C)

6 Mark your answer on your answer sheet. (A) (B) (C)

7 Mark your answer on your answer sheet. (A) (B) (C)

8 Mark your answer on your answer sheet. (A) (B) (C)

9 Mark your answer on your answer sheet. (A) (B) (C)

10 Mark your answer on your answer sheet. (A) (B) (C)

B 질문과 보기를 다시 듣고, 빈칸을 완성하세요. 02-10

1 ______________ do you want me to purchase?

(A) ______________, the better.

(B) ______________ one.

(C) It will cost a lot of money.

2 ________ will the consultants ________ in Seoul?

(A) At the end of the week.

(B) They will ______________.

(C) Seoul is an ______________.

3 ______________________ to get to the city?

(A) I ______________________ this area.

(B) Take the subway.

(C) The ______________________ ________.

4 Which of these shirts ______________ ________?

(A) Men's clothing.

(B) The ____________.

(C) He ______________ today.

5 Which day ______________, Monday or Friday?

(A) I enjoyed ______________.

(B) Today is Monday.

(C) ____________ is better for me.

6 When is the quarterly report ____________ ______________?

(A) We are ______________ now.

(B) We ______________ last quarter.

(C) It ______________________.

7 ______________________ for the sales conference?

(A) It seems like ______________.

(B) After work today.

(C) The ______________ will be there.

8 Which of these products ____________ ____________?

(A) I got it.

(B) They ______________ anymore.

(C) ______________.

9 ______________ are you working in, Accounting or Finance?

(A) I ______________.

(B) ____________ will be here.

(C) I haven't been there.

10 When do you think ______________ ______________?

(A) It's ______________.

(B) It ______________ already.

(C) Last Friday.

PART 2

03 의문사 의문문 III – why, how

why

유형 연습

A 질문을 듣고 알맞은 응답을 고르세요. 03-01

Q Why did the flight from London arrive so late?
(A) Yes, it's a direct flight.
(B) I have been there recently.
(C) It was due to the bad weather.

Q. 왜 런던발 비행기가 늦게 도착한 거죠?
(A) 네, 직항이에요.
(B) 최근에 거기에 갔었어요.
(C) 기상 악화 때문에요.

정답 (C)

▶ why로 시작하는 의문문으로 비행기가 늦게 도착한 이유를 묻고 있다. 접속사 because를 사용하여 '기상 악화 (bad weather)'라는 직접적인 이유를 설명하고 있는 보기 (C)가 정답이다.

핵심 포인트

- why는 이유나 목적을 묻는 의문사이다.
'because / because of'나 'to부정사(~하기 위하여)' 등이 들리는 보기가 정답이 될 수 있다.
Q **Why** was Mr. Cole late for work today? Cole 씨는 오늘 왜 늦었나요? A Because he missed his bus. 버스를 놓쳤거든요.
Q **Why** are you going to the warehouse? 왜 창고로 가고 있어요? A To check the inventory. 재고를 확인하려고요
- **'Why don't you / Why don't we / Why don't' I ~?'는 제안을 나타내는 의문문이다.**
Why don't you go and help Helen? 가서 Helen을 도와주는 게 어때요?
Why don't I give you a ride to the airport? 제가 당신을 공항에 태워다 드릴까요?

B 질문과 대답을 듣고, 각각의 질문에 적절한 응답을 고르세요. 03-02

1 **Why do you want** to get a refund?
(A) This product is damaged.
(B) It's a five-percent discount.

2 **Why did you call** the warehouse manager?
(A) We have plenty.
(B) To ask about the inventory.

3 **Why don't we look at** the survey results now?
(A) Sure. I have time.
(B) Yes, that's good.

4 **Why is** Highway 82 **blocked?**
(A) We can go by car.
(B) Because it's under construction.

5 **Why did** Samuel **leave work** today?
(A) On the second floor.
(B) He has a medical checkup.

refund 환불 damaged 손상된 warehouse 창고 inventory 재고 plenty 충분한 양 medical checkup 건강검진

빈출 표현

다음의 표현들을 듣고 따라 해 보세요. 03-03

available	이용 가능한	put off	연기하다
ceiling	천장	recover	회복하다
consider	고려하다	reschedule	일정을 재조정하다
contest	경연	sign up for	신청하다
figure	수치	water leak	누수

확인 학습

질문과 대답을 듣고 빈칸을 완성한 다음, 적절한 응답을 모두 고르세요. 03-04

1 ________ your furniture ________ plastic?

(A) There's a ________ in the ceiling.

(B) He will ________ soon.

(C) ________ to a new house.

2 ________ we ________ the sales meeting?

(A) It's on the third floor.

(B) Okay. Let's ________.

(C) ________ this Friday then?

3 ________ the Accounting Department ________?

(A) I ________ yet.

(B) ________ they did.

(C) The ________ are wrong.

4 ________ the international conference?

(A) Let me ________.

(B) By airplane.

(C) Room 201 ________.

5 Why don't you ________ the contest?

(A) I'm ________.

(B) That's a good idea.

(C) Because of the soccer game.

6 ________ a laptop for the meeting?

(A) I ________ one.

(B) I ________ that.

(C) I think ________ our new Web site.

How

유형 연습

A 질문을 듣고 알맞은 응답을 고르세요.

03-05

Q How did the HR manager decide on the topic for the workshop? (A) The topic was too difficult. (B) He discussed it with the executives. (C) They are interviewing applicants.	Q. 인사팀장은 워크샵 주제를 어떻게 결정했나요? (A) 주제가 너무 어려웠어요. (B) 간부들과 상의했어요. (C) 신청자들을 인터뷰하고 있어요. 정답 (B)

▶ 의문사 how로 시작하는 의문문으로 '방법'을 묻고 있다. '워크샵 주제를 어떻게 결정했는가'를 묻는 질문에 '간부들과 상의했다'고 구체적 방법을 설명하고 있는 보기 (B)가 정답이 된다.

핵심 포인트

- **how는 방법이나 수단을 묻는 의문사이다.**
  'by 교통/통신 수단'이나 'by –ing(~함으로써)' 등으로 표현한 보기가 답이 될 수 있다.
  Q How did you contact Mr. Smith? Smith 씨에게 어떻게 연락했어요? A By e-mail. / By visiting him in person. 이메일로요. / 직접 방문해서요.
- **[How + 형용사/부사]로 시작하는 의문문을 알아두자.**
  How much did you pay for the printer? 프린트를 구입하는 데 얼마를 지불했어요?
  How often do you go on a business trip? 얼마나 자주 출장을 가세요?
  How far is city hall from here? 시청이 여기에서 얼마나 멀어요?

B 질문과 대답을 듣고, 각각의 질문에 적절한 응답을 고르세요.

03-06

1 **How should I submit** the applications?
(A) It's Tuesday.
(B) By mail.

2 **How can I get to** the airport?
(A) You can take the express train here.
(B) By phone.

3 **How often** do you go to the fitness center?
(A) Twice a week.
(B) By car.

4 **How many** chairs have been ordered?
(A) At the furniture shop.
(B) A couple, I think.

5 **How did you learn** about the job opening?
(A) About a week ago.
(B) I read about it in the newspaper.

submit 제출하다 application 신청서 fitness center 체육관

빈출 표현

다음의 표현들을 듣고 따라 해 보세요. 03-07

back up	백업하다	express mail	속달우편
competition	대회	good deal	저렴한 물건/거래
detail	세부사항	hardly	거의 ~하지 않다
discount coupon	할인 쿠폰	proposal	제안서
enter	출전하다	technician	기술자

확인 학습

질문과 대답을 듣고 빈칸을 완성한 다음, 적절한 응답을 모두 고르세요. 03-08

1 ________ do you ________ your computer files?

(A) Very soon.

(B) Call a technician.

(C) I ________ it.

2 ________ to the post office from here?

(A) ________ a ten-minute walk.

(B) I ________.

(C) Twice a day.

3 ________ for IKM Technology?

(A) For about five years.

(B) Almost a year.

(C) By taxi.

4 ________ for the new construction project?

(A) I ________ by tomorrow.

(B) By ________.

(C) The road ________ now.

5 ________ the discount coupon?

(A) Yes, it's a good deal.

(B) Usually ten percent off.

(C) I printed it online.

6 ________ for the new laser printer?

(A) I don't remember exactly.

(B) From ten to twenty.

(C) The shop ________.

PART 2

실전 연습

A 질문과 보기를 듣고, 각각의 질문에 가장 적절한 응답을 고르세요. 03-09

1 Mark your answer on your answer sheet. (A) (B) (C)

2 Mark your answer on your answer sheet. (A) (B) (C)

3 Mark your answer on your answer sheet. (A) (B) (C)

4 Mark your answer on your answer sheet. (A) (B) (C)

5 Mark your answer on your answer sheet. (A) (B) (C)

6 Mark your answer on your answer sheet. (A) (B) (C)

7 Mark your answer on your answer sheet. (A) (B) (C)

8 Mark your answer on your answer sheet. (A) (B) (C)

9 Mark your answer on your answer sheet. (A) (B) (C)

10 Mark your answer on your answer sheet. (A) (B) (C)

B 질문과 보기를 다시 듣고, 빈칸을 완성하세요. 03-10

1 ____ paper from a different supplier?
(A) The price was ____.
(B) Through a ____.
(C) By Wednesday.

2 ____ the performance review tomorrow?
(A) It has been ____.
(B) It was a great concert.
(C) Sure. Tomorrow ____.

3 ____ to deliver these clothes?
(A) Two to three days.
(B) Yes, it's ____.
(C) Shipping and handling ____ ____.

4 ____ is your company from Central Station?
(A) It took me twenty minutes.
(B) It's ____ 100 meters.
(C) ____ a taxi?

5 ____ is the historic hotel on Pine Street ____?
(A) Because it's ____.
(B) By tomorrow morning.
(C) I enjoyed ____.

6 ____ will you ____ with the assignment?
(A) No, you said you would.
(B) ____ twenty minutes.
(C) Eric helped me a lot.

7 ____ take the afternoon flight to Chicago?
(A) It won't ____.
(B) I ____ a morning flight.
(C) I leave at two o'clock.

8 Why did Mr. Tanaka ____ ____?
(A) I met him yesterday.
(B) By phone.
(C) Because sales are ____.

9 How do I ____?
(A) Please come in.
(B) The ____ a hundred dollars.
(C) You can ____ on our Web site.

10 ____ the Gong Yoga Center?
(A) I exercise every day.
(B) ____ down this road.
(C) For ten minutes.

PART 2 04 be동사 의문문

현재 시점 / 과거 시점

유형 연습

A 질문을 듣고 알맞은 응답을 고르세요. 04-01

Q Are you still available for Monday's meeting? (A) Yes, I will be there. (B) It will take a long time. (C) We should check on the availability.	Q. 월요일 회의에 오시는 거죠? (A) 네 갈 거예요. (B) 시간이 오래 걸릴 거예요. (C) 이용 가능 여부를 확인해야 해요 정답 (A)

▶ be동사로 시작하는 의문문은 Yes/No로 대답해야 하는 경우가 많다. '월요일 회의에 올 시간이 되는지'를 묻는 질문에 갈 것이라고 답한 (A)가 정답이다.

핵심 포인트

- be동사 의문문의 현재형은 'is/are/am + 주어 ~' 과거형은 'was/were + 주어 ~'의 형태이다. 질문의 첫 부분을 잘 듣고 시제를 파악해야 실수하지 않을 수 있다.
  - Q **Is everything** ready for the workshop? 워크샵 준비는 다 되었나요?
  - Q **Were you** at the dinner party yesterday? 어제 저녁 파티에 있었나요?
- be동사 의문문에는 Yes/No로 답할 수 있는데, 경우에 따라 Yes/No가 없는 다른 표현으로도 적절한 응답을 할 수 있다.
  - Q Are you still coming to the retirement party? 퇴직 기념 파티에 오시는 거죠?
  - A I am still thinking about it. 여전히 생각 중이에요.

B 질문과 대답을 듣고, 각각의 질문에 적절한 응답을 고르세요. 04-02

1 **Is** the recruiting process **finished** already?
(A) They will be chosen.
(B) It's not done yet.

2 **Are** you **looking for** something?
(A) No, I am just looking around.
(B) Yes, I will.

3 **Are** we **going to** review the proposal?
(A) When you have some time.
(B) No, it isn't.

4 **Were** you **able to** find a place to stay?
(A) Yes, we managed to get one.
(B) They were so helpful.

5 **Is** Ms. Takahashi **coming** to the reception tomorrow?
(A) She was there.
(B) I am not sure about it.

어휘 recruiting 모집 going on 진행 중인 look around 둘러 보다 review 검토하다 proposal 제안서 manage to ~ 가까스로 ~하다

빈출 표현

다음의 표현들을 듣고 따라 해 보세요. 04-03

be opposed to	~에 반대하다	keep -ing	계속 ~하다
board meeting	이사회 회의	presentation	발표
consultant	컨설턴트, 상담가	replacement	대체 인력
contact	연락하다	show up	나타나다
financial	재정적인	training course	교육 과정
get started	시작하다	turn in one's resignation	사직서를 제출하다

확인 학습

질문과 대답을 듣고 빈칸을 완성한 다음, 적절한 응답을 모두 고르세요. 04-04

1 Was the ______________?

(A) Yes, ______ financial problems.

(B) The ______ was about ______ ______.

(C) I will ______ it.

2 Is the ______ for the board meeting?

(A) They will ______.

(B) I am still ______ it.

(C) Yes, it is ______.

3 ______ join me for dinner tonight?

(A) I already ______.

(B) I am sorry. ______.

(C) Yes, I ______.

4 Is it Mr. Williams who ______ his ______?

(A) That's ______.

(B) They will ______.

(C) No, it was Mr. Peterson.

5 ______ you ______ the consultant?

(A) Yes, ______ soon.

(B) No, I am ______.

(C) People will ______.

6 ______ the director ______ be at the meeting?

(A) I ______ for a few days.

(B) I suppose so.

(C) ______ be good.

be + there / 미래 시점

유형 연습

A 질문을 듣고 알맞은 응답을 고르세요. 04-05

Q Is there a cafeteria in this building?

(A) There is one on the third floor.

(B) Actually, I am not hungry.

(C) There is a nice café downtown.

Q. 이 건물에 구내 식당이 있나요?

(A) 3층에 하나 있어요.

(B) 사실, 배가 고프지 않아요.

(C) 시내에 괜찮은 카페가 있어요.

정답 (A)

▶ 'Is there ~'로 시작하는 형태의 be동사 의문문이다. '이 건물에 구내 식당이 있나요?'라는 질문에 대해 '3층에 하나 있다'라고 답한 (A)가 자연스러운 대답이다.

핵심 포인트

- **'Is/Are there ~?'로 시작하는 be동사 의문문은 '~이 있는지'를 묻는 내용이다.**
  - Q **Is there** a gym in the basement? 지하층에 체육관이 있나요?
  - Q **Are there** laundry facilities in this building? 이 건물에 세탁 시설이 있나요?
- **be동사 의문문의 미래형은 [Is/Are/Am + 주어 + going to 동사원형 ~], 혹은 [Will + 주어 + be동사원형]의 형태를 취한다.**
  - Q **Are** you **going to attend** the job fair? 채용박람회에 참석할 건가요?
  - Q **Will** you **be** at tomorrow's lunch meeting? 내일 점심 회의에 참석할 건가요?

B 질문과 대답을 듣고, 각각의 질문에 적절한 응답을 고르세요. 04-06

1 **Are there** any complaints about the product?
(A) Not that I am aware of.
(B) It was not produced.

2 **Are you going to leave** the company?
(A) I am seriously considering it.
(B) I will apply for it.

3 **Is this going to be** his last chance?
(A) It is going to be easy.
(B) I think so.

4 **Is there** anything planned for Jack's retirement?
(A) He will retire soon.
(B) I don't know about that.

5 **Are there many people** at the gathering?
(A) Much more than I expected.
(B) I just came back.

not that I am aware of 내가 알기로는 아닌 seriously 심각하게 consider 고려하다 retirement 은퇴

빈출 표현

다음의 표현들을 듣고 따라 해 보세요. 04-07

additional	추가의	promotional event	판촉 행사
company banquet	회사 연회	Publicity Department	홍보부
decision	결정	stationery store	문구점
fix	고치다	supplies	용품
gathering	모임	upgrade	업그레이드하다

확인 학습

질문과 대답을 듣고 빈칸을 완성한 다음, 적절한 응답을 모두 고르세요. 04-08

1 Are we ______________________ ______________?

(A) The ______________ is right over there.

(B) ______________.

(C) I ______________.

2 Is ______________ this afternoon?

(A) It ______________.

(B) ______________ about it.

(C) ______________ it ______.

3 Are there any ______________________ ______________?

(A) I ______________.

(B) In the ______________.

(C) I am ______________.

4 ______ the ______________________ to the company banquet tonight?

(A) Sales ______________.

(B) I wasn't ______________ it.

(C) Yes, it's the ______________.

5 Will you ______________ tomorrow's gathering?

(A) Sorry. I have something else to do.

(B) Nothing is available.

(C) We have gathered ______________ ______________.

6 Is Mike going to take the ______________ ______________?

(A) No, it's his day off.

(B) Yes, he said he is going to ______________ ______________.

(C) We are ______________.

PART 2

실전 연습

A 질문과 보기를 듣고, 각각의 질문에 가장 적절한 응답을 고르세요. 04-09

1 Mark your answer on your answer sheet. (A) (B) (C)

2 Mark your answer on your answer sheet. (A) (B) (C)

3 Mark your answer on your answer sheet. (A) (B) (C)

4 Mark your answer on your answer sheet. (A) (B) (C)

5 Mark your answer on your answer sheet. (A) (B) (C)

6 Mark your answer on your answer sheet. (A) (B) (C)

7 Mark your answer on your answer sheet. (A) (B) (C)

8 Mark your answer on your answer sheet. (A) (B) (C)

9 Mark your answer on your answer sheet. (A) (B) (C)

10 Mark your answer on your answer sheet. (A) (B) (C)

B 질문과 보기를 다시 듣고, 빈칸을 완성하세요. 04-10

1 ________ when you were ________?

(A) Unfortunately, it ________.

(B) I had a ________.

(C) Yes, it was ________.

2 ________ the ________ come to Seoul?

(A) Yes, they said ________.

(B) He will ________.

(C) ________.

3 Was your ________?

(A) I am ________.

(B) ________ than I had expected.

(C) It ________.

4 Is ________ 24 hours a day?

(A) I ________ to ________ them.

(B) He ________.

(C) Yes, you can ________.

5 ________ you ________ to ________ ________?

(A) It's so ________.

(B) I am ________.

(C) Yes, I just ________.

6 Is there an ________?

(A) It's ________ to ________.

(B) It's ________.

(C) ________ no one.

7 Is she the one who is ________ ________?

(A) She is not a ________.

(B) I ________.

(C) ________ about it.

8 Is it ________ to ________ ________ this week?

(A) Of course. ________ will be good for you?

(B) Sorry. I ________ it.

(C) I was ________.

9 ________ be free for next week's dinner?

(A) No, I was busy.

(B) I need more time.

(C) I ________ for 2 weeks.

10 Were there ________ after the presentation?

(A) I ________ at it.

(B) There ________.

(C) Yes, that's ________ it ________ ________.

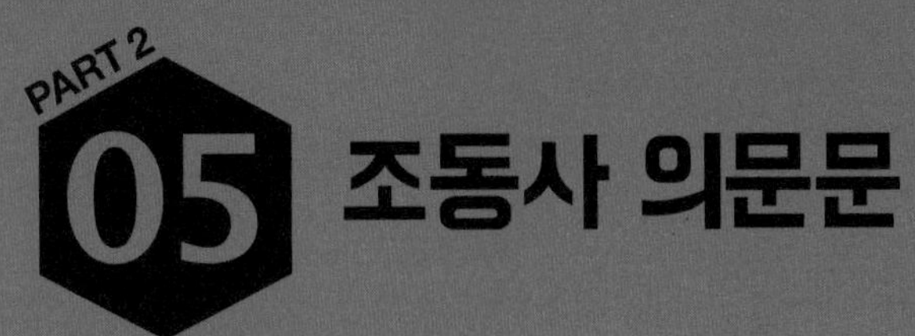

PART 2 05 조동사 의문문

Do / Have

유형 연습

A 질문을 듣고 알맞은 응답을 고르세요. 05-01

Q Do you want a drink while you are waiting?
(A) Yes, that would be great.
(B) We can reschedule it.
(C) You have to wait a long time.

Q. 기다리시는 동안 음료수를 드시겠어요?
(A) 네, 좋을 것 같군요.
(B) 일정을 재조정하죠.
(C) 오래 기다리셔야 해요.

정답 (A)

▶ 일반동사의 현재형 의문문으로 'Do you' 뒤에 나오는 동사를 잘 듣고 의미를 파악해야 한다. 음료수를 권하는 질문에 대해 긍정적으로 답한 (A)가 정답이다.

핵심 포인트

- 일반동사의 현재형 의문문은 주어에 따라 Do나 Does가 문장의 제일 앞에 나온다. 과거형 의문문에는 주어에 상관없이 Did가 사용된다.
  Do you want to join our club? **(Do + you + 동사원형 ~?)** 우리의 모임에 가입하고 싶나요?
  Does Eric plan to visit the New York office? **(Does + she/he/3인칭 단수 + 동사원형 ~?)** Eric이 뉴욕 사무실을 방문할 계획인가요?
  Did you review these documents? **(Did + you/he/she + 동사원형 ~?)** 이 서류들을 검토했나요?
- 현재완료형 의문문(Have/Has + 주어 + p.p. ~?)은 완료나 경험을 물을 때 사용된다.
  Have you been to the new branch office in London? **(경험)** 런던의 신규 지점에 가 본 적이 있나요?
  Have you finished making the presentation for tomorrow? **(완료)** 내일 진행할 발표 자료를 다 만들었나요?

B 질문과 대답을 듣고, 각각의 질문에 적절한 응답을 고르세요. 05-02

1 **Did you attend** the finance conference last year?
(A) In Rome, Italy.
(B) Yes, I went there last October.

2 **Have you finished** installing the new software on your computer?
(A) Yes, I had time yesterday.
(B) He is a good technician.

3 **Do you have** time to review this report with me?
(A) Not until 3 o'clock.
(B) It is on my desk.

4 **Does the restaurant** open on Sundays?
(A) I need to ask.
(B) Lunch is ready.

5 **Have you accepted** articles from freelance writers?
(A) A few applicants.
(B) No, I haven't done that yet.

어휘
attend 참석하다 review 검토하다 report 보고서 install 설치하다 accept 받아들이다 article 기사 freelance writer 프리랜서 작가

빈출 표현

다음의 표현들을 듣고 따라 해 보세요. 05-03

accountant	회계사	membership card	회원증
apply for	~을 신청하다	release	출시하다
deliver	배달하다	room	공간
lock	잠그다	storage room	창고
Maintenance Department	유지보수부	yet	아직

확인 학습

질문과 대답을 듣고 빈칸을 완성한 다음, 적절한 응답을 모두 고르세요. 05-04

1 Did you ______ with your ______?

(A) No, but I will.

(B) ______ are low.

(C) Yes, this morning.

2 ______ for KH Technology before?

(A) ______ at 2 P.M.

(B) No, I like my job.

(C) Yes, ______.

3 Do they ______ at 6 o'clock?

(A) There is a lot of room.

(B) ______ Tim in the ______.

(C) Mostly ______.

4 ______ the new cell phone model ______?

(A) Sorry. We don't have it yet.

(B) Yes, ______ on your right.

(C) I bought a new laptop.

5 Do you want to ______ our store's membership card?

(A) We can ______.

(B) No, thanks.

(C) Yes, that would be great.

6 Has Mr. Shin ______ New York yet?

(A) Yes, a few hours ago.

(B) No, he is ______.

(C) He'd be ______.

Can / Could / May / Should

유형 연습

A 질문을 듣고 알맞은 응답을 고르세요.

05-05

Q Can you make a list of the guests for the company banquet?
(A) Thanks. That's very nice of you.
(B) I am planning to do that tomorrow.
(C) For about 200 people.

Q. 회사 연회에 초대할 손님들의 명단을 만들어 줄 수 있어요?
(A) 고마워요. 정말 친절하시네요.
(B) 내일 할 계획이에요.
(C) 약 200명요.
정답 (B)

▶ 'Can you'로 시작되는 의문문으로 '가능성'을 묻고 있다. 명단을 만들어 줄 수 있는지 묻는 질문에 대해 '내일 할 계획'이라고 답한 (B)가 정답이다.

핵심 포인트

- 조동사 Can / Could / May / Should는 가능 / 허가 / 제안을 나타낸다. 조동사 의문문의 형태는 [조동사 + 주어 + 동사원형]이다.

(가능) Q **Could/Can** you attend the awards ceremony on Tuesday evening? 화요일 저녁에 시상식에 참석할 수 있어요?
A Sorry. I will be working late. 죄송해요. 늦게까지 근무할 거예요.

(허가) Q **May** I use this photocopier? 이 복사기를 사용해도 되나요?
A Yes, press the red button to start. 네. 시작하려면 빨간 버튼을 누르세요.

(제안) Q **Should** I turn on the air conditioning? 에어컨을 켜야 할까요?
A No, I will just open the windows. 아니요. 그냥 창문을 열게요.

B 질문과 대답을 듣고, 각각의 질문에 적절한 응답을 고르세요.

05-06

1 **Could you** give me a ride to work next week?
(A) It is too far.
(B) My car broke down yesterday.

2 **Should** we move to a quieter location?
(A) That's a good idea.
(B) They moved to a new apartment.

3 **May I** help you with anything?
(A) Call a shop assistant.
(B) Not at the moment.

4 **Can you** show me how to start the projector?
(A) I can in 5 minutes.
(B) Yes. It's in Room 608.

5 **Can I** make an international call from my hotel room?
(A) You can pay here.
(B) Yes. It is free.

give a ride 태워다 주다 break down 고장 나다 shop assistant 점원 international call 국제 전화

빈출 표현

다음의 표현들을 듣고 따라 해 보세요. 05-07

advertisement	광고	lab (= laboratory)	실험실
bargain	저렴하게 산 물건	pleased	기쁜
ceremony	식, 의식	promotional event	판촉 행사
client	고객	proposal	제안서
figure	수치	review	검토하다
first thing	무엇보다 먼저	wait until	~까지 기다리다

확인 학습

질문과 대답을 듣고 빈칸을 완성한 다음, 적절한 응답을 모두 고르세요. 05-08

1 ______________ to our client's office this afternoon?

(A) Our customers are very pleased.

(B) It is ______________.

(C) I ______________ my car.

2 May I ______________ the lab test results?

(A) Where is the laboratory?

(B) ______________.

(C) They are ______________.

3 ______________ the new sales figures this morning?

(A) We did ______________.

(B) ______________ until this afternoon.

(C) That's ______________.

4 Should I ______________ to develop our new product's design?

(A) I think that's a ______________.

(B) I'm planning to buy it.

(C) The color is ______________.

5 Could you ______________ we created?

(A) ______________ tomorrow morning.

(B) For twenty minutes.

(C) ______________ this morning.

6 Can you ______________ on Wednesday?

(A) Sure. What time is it?

(B) Well, I don't think ______________.

(C) Congratulations.

PART 2

실전연습

A 질문과 보기를 듣고, 각각의 질문에 가장 적절한 응답을 고르세요. 05-09

1 Mark your answer on your answer sheet. (A) (B) (C)

2 Mark your answer on your answer sheet. (A) (B) (C)

3 Mark your answer on your answer sheet. (A) (B) (C)

4 Mark your answer on your answer sheet. (A) (B) (C)

5 Mark your answer on your answer sheet. (A) (B) (C)

6 Mark your answer on your answer sheet. (A) (B) (C)

7 Mark your answer on your answer sheet. (A) (B) (C)

8 Mark your answer on your answer sheet. (A) (B) (C)

9 Mark your answer on your answer sheet. (A) (B) (C)

10 Mark your answer on your answer sheet. (A) (B) (C)

B 질문과 보기를 다시 듣고, 빈칸을 완성하세요.

05-10

1 Could you ______ this machine?

(A) It is ______.

(B) ______ to this, too.

(C) Suzanne called you earlier.

2 Should we ______ on the patio ______?

(A) ______ cold?

(B) I'll have coffee.

(C) Three people ______.

3 Did you ______ this afternoon?

(A) Oh, no. I forgot.

(B) Please ______.

(C) I have ______.

4 ______ a little earlier today?

(A) In fact, she was ______ ______.

(B) It ______.

(C) Sure. Are you okay?

5 ______ to the new French restaurant?

(A) You need ______ ______.

(B) ______ meet at 3:30?

(C) Yes, it's the best place ______ ______.

6 ______ for the opening game of the championship?

(A) Yes, a month ago.

(B) The show is on Sunday.

(C) ______.

7 Do you think ______ ______?

(A) It ______.

(B) No, it was created by Mark.

(C) Just ______.

8 ______ to Ms. Gray's farewell party?

(A) She is ______.

(B) At the Hill Hotel.

(C) I don't have ______.

9 Can you make the speech no longer than twenty minutes?

(A) Okay, I will ______.

(B) It was ______.

(C) The speech was ______.

10 Does ______ every year?

(A) Every two years.

(B) I like ______.

(C) It started yesterday.

토익 실전 어휘 PART 2 UNIT 01 - 05

A 다음 표현의 우리말 뜻을 고르세요.

1 budget proposal (a) 예산 심의 (b) 예산안

2 annual conference (a) 연례 회의 (b) 월례 회의

3 operating manager (a) 운영 관리자 (b) 운영 체계

4 company banquet (a) 회사 연회 (b) 회사 동료

5 promotional event (a) 승진 행사 (b) 판촉 행사

B 다음 우리말에 맞는 어휘를 고르세요.

1 이 기계를 어떻게 작동하는지 보여주시겠어요?

→ Could you show me how to (operate / manage) this machine?

2 건물 안내도를 어디에서 찾을 수 있을까요?

→ Where can I find a (building directory / building blueprint)?

3 그의 환송회 초대장이 다 발송되었나요?

→ Have you sent out the invitations to his (retirement party / farewell party)?

4 상점 회원 카드를 신청하고 싶으신가요?

→ Do you want to (sign up for / apply to) our store's membership card?

5 회계사들이 무엇을 요청했나요?

→ What did the accountant (apply for / ask for)?

C 각 문장의 괄호 안에 있는 단어들을 올바른 순서로 배열하세요.

1 It .... yet. (not / decided / has / been)
그것은 아직 결정되지 않았어요

2 .... the new work shifts? (do / think / of / you / what)
새로운 근무 시간에 대해 어떻게 생각하세요?

3 Who is .... the workshop? (of / organizing / charge / in)
워크샵 준비를 누가 맡고 있나요?

4 When .... our clients? (meet / to / we / supposed / are)
언제 우리가 고객들을 만나기로 되어 있나요?

5 .... are made locally? (of / these / which / products)
어떤 제품이 이 지역에서 만들어 졌나요?

PART 2

06 간접의문문 / 선택의문문

간접의문문

유형 연습

A 질문을 듣고 알맞은 응답을 고르세요. 06-01

Q Do you know where the Payroll Department is

(A) I was not paid for it.

(B) About thirty minutes from now.

(C) Ask David.

Q. 급여 팀이 어디에 있는지 아시나요?

(A) 저는 그것에 대한 돈을 받지 못했어요.

(B) 지금부터 약 30분 후에요.

(C) David에게 물어보세요

정답 (C)

▶ 'Do you know + 의문사 + 주어 + 동사 ~' 구조의 간접의문문이다. '급여 팀이 어디에 있는지 아는가?'라는 질문에 'David에게 물어보라'며 해결책을 제시한 (C)가 정답이 된다.

핵심 포인트

- 간접의문문의 형태에 익숙해지자.

Do you know where the cafeteria is? (Do you know + 의문사 + 주어 + 동사) 구내식당이 어디에 있는지 아시나요?

Did you hear who is going to take over the job? (Did you hear + 의문사 + 주어 + 동사) 누가 그 일을 담당하게 될 것인지 들었나요?

Can you tell me why she refused the offer? (Can you tell me + 의문사 + 주어 + 동사) 그녀가 왜 제안을 거절했는지 알려 주실래요?

- 간접의문문에서는 문장 중간에 언급되는 의문사를 잘 들어야 한다.

Q Can you tell me **why** she quit her job? 그녀가 왜 퇴사했는지 알려주실래요?

A **Because** she wasn't happy with the salary. 급여에 만족하지 못했기 때문이에요.

B 질문과 대답을 듣고, 각각의 질문에 적절한 응답을 고르세요. 06-02

1 **Do you know when** the next train is coming?
(A) In about 30 minutes.
(B) It's not fixed yet.

2 **Did you hear who** is giving a speech?
(A) He is a good speaker.
(B) Mr. Dobbins will.

3 **Can you tell me where** the meeting will be held?
(A) At the conference hall.
(B) Sorry. I couldn't.

4 **May I ask where** you are working?
(A) I am currently unemployed.
(B) I am working on the project.

5 **Could you tell me what time** the bank will open?
(A) It's closed now.
(B) Usually at 9 in the morning.

give a speech 연설하다 be held 개최되다 currently 현재 unemployed 고용이 되지 않은

빈출 표현

다음의 표현들을 듣고 따라 해 보세요. 06-03

awful	끔찍한	proposal	제안, 제안서
budget	예산	public transportation	대중 교통
hire	고용하다	quarter	분기
how often	얼마나 자주	R&D Department	연구개발부
issue	문제	sales figures	영업 수치
lead	이끌다	what ~ like	~은 어떤가

확인 학습

질문과 대답을 듣고 빈칸을 완성한 다음, 적절한 응답을 모두 고르세요. 06-04

1 Do you know why the ________ is ________________?

(A) We are still ________.

(B) It needs one ________________.

(C) Because it isn't ________.

2 Can you tell me ________ the ________?

(A) ________________.

(B) The traffic is ________.

(C) ________________ would be nice.

3 Do you know ________ the ________ ________ this quarter?

(A) The ________________.

(B) I ________ it.

(C) I haven't ________________ them.

4 Did you hear ________________ to the R&D Department?

(A) I didn't ________ her.

(B) I ________________.

(C) Mr. Cummings ________________.

5 Could you tell me ________________ like the ________?

(A) I ________________ it.

(B) He ________.

(C) The ________________.

6 Do you ________________ where the contracts are?

(A) You've already answered it.

(B) They are ________________.

(C) Actually, I was ________________, too.

선택의문문

유형 연습

A 질문을 듣고 알맞은 응답을 고르세요. 06-05

Q Do you want to leave now, or should I wait a few more minutes?
(A) I am ready to go.
(B) I should wait for you.
(C) I need more patience.

Q. 지금 떠나실 건가요, 아니면 제가 몇 분 더 기다려야 할까요?
(A) 저는 갈 준비가 되었어요.
(B) 제가 당신을 기다려야 해요.
(C) 저는 인내심이 필요해요.

정답 (A)

▶ 선택의문문은 두 가지 중 무엇을 선택할지 묻는 질문이다. '지금 떠나실 건가요, 아니면 제가 몇 분 더 기다려야 할까요?'라는 질문에 '갈 준비가 되었다'라고 답하며 둘 중 한 가지 행동을 선택한 (A)가 정답이 된다.

핵심 포인트

- **선택 의문문은 두 가지 중에서 무엇을 선택 할지 묻는 질문으로, 접속사 or를 사용하여 명사, 구, 절 등이 연결된 형태이다.**
  Would you like coffee **or** tea? (명사 + 명사) 차와 커피 중에서 어느 것을 원하나요?
  Do you want to go to the movies **or** relax at home? (동사구 + 동사구) 영화를 보러 가고 싶나요, 아니면 집에서 쉬고 싶나요?
- **선택의문문에 대한 답으로 둘 다 선택하지 않거나, 둘 다 선택하거나, 혹은 제 3의 것을 선택한 것이 될 수 있다.**
  Q Will you sign up for the training session for today or tomorrow? 오늘과 내일 중에서 어느 교육 시간에 등록할 건가요?
  A Neither. 둘 다 아니에요 / Both. 둘 다요. / I will do it next month. 다음 달에 할 거에요.

B 질문과 대답을 듣고, 각각의 질문에 적절한 응답을 고르세요. 06-06

1 Are you going to read a **paper or a magazine?**
(A) Neither. I want to relax.
(B) I tried both of them.

2 Do you prefer working **in the morning or in the afternoon**?
(A) I am so tired.
(B) I am a morning person.

3 Will you pay **in cash or by credit card**?
(A) It wasn't paid.
(B) I don't have enough cash.

4 Would you like **beef or chicken**?
(A) Neither. I am not hungry.
(B) I had both of them.

5 **Do you want me to help you, or can you do it alone**?
(A) I can take care of it myself.
(B) I will join you.

어휘
morning person 아침형 인간 in cash 현금으로 enough 충분한 take care of ~을 돌보다, 처리하다

빈출 표현

다음의 표현들을 듣고 따라 해 보세요. 06-07

accounting	회계	go with	받아들이다
business trip	출장	preference	선호
finance	재무	qualified	자격을 갖춘, 적임의
flexible	유동적인	The more, the better.	많을수록 더 좋다.
go on a business trip	출장 가다	would rather ~	차라리 ~하다

확인 학습

질문과 대답을 듣고 빈칸을 완성한 다음, 적절한 응답을 모두 고르세요. 06-08

1 Would you like to ________ or the blue one?

(A) I like neither.

(B) I don't ________.

(C) I will ________ the red one.

2 ________ a business trip on ________ or ________?

(A) Neither. It ________.

(B) I don't ________.

(C) Let's ________.

3 ________ to work in ________ or ________?

(A) No, thanks.

(B) ________ is ________.

(C) I ________ go there.

4 ________ is ________ for the job, Georgia or you?

(A) ________, ________.

(B) ________ are unhappy.

(C) It's ________.

5 Would you ________ or ________?

(A) I'd ________.

(B) My ________ is ________.

(C) I don't ________.

6 Will you be able to ________, or ________ more?

(A) I ________ in a few minutes.

(B) I can do it ________.

(C) I am not ________.

A 질문과 보기를 듣고, 각각의 질문에 가장 적절한 응답을 고르세요. 06-09

1 Mark your answer on your answer sheet. (A) (B) (C)

2 Mark your answer on your answer sheet. (A) (B) (C)

3 Mark your answer on your answer sheet. (A) (B) (C)

4 Mark your answer on your answer sheet. (A) (B) (C)

5 Mark your answer on your answer sheet. (A) (B) (C)

6 Mark your answer on your answer sheet. (A) (B) (C)

7 Mark your answer on your answer sheet. (A) (B) (C)

8 Mark your answer on your answer sheet. (A) (B) (C)

9 Mark your answer on your answer sheet. (A) (B) (C)

10 Mark your answer on your answer sheet. (A) (B) (C)

B 질문과 보기를 다시 듣고, 빈칸을 완성하세요.

06-10

1 ________ mail this, or ________ to the post office yourself?

(A) Jack ________ this afternoon.

(B) I ________ it.

(C) The ________ will ________.

2 Can you ________ you ________ ________ the firm?

(A) I ________.

(B) There is ________.

(C) I ________ my ________.

3 ________ dinner ________ or sometime ________?

(A) I am ________.

(B) I ________.

(C) Dinner ________.

4 Did you ________ is going to ________ the position?

(A) No one ________.

(B) Jack ________.

(C) The ________ are over there.

5 Should I ________ today or next week?

(A) We can ________.

(B) The ________ is closed.

(C) You ________.

6 Do you know ________ the ________ is ________?

(A) They will ________.

(B) We ________.

(C) ________ on that for you.

7 ________ what kind of job you had ________?

(A) I ________ it before.

(B) I was ________.

(C) Please ________.

8 ________, or do you want me to ________ a little longer?

(A) It's ________.

(B) I can't ________ here.

(C) ________ I know.

9 Do you know ________ ________ is?

(A) Just ________.

(B) ________, it is not on sale.

(C) I ________ this area.

10 Do you ________ the report, or ________ it yourself?

(A) ________ it.

(B) ________.

(C) I ________.

PART 2

07 부가의문문 / 부정의문문

부가의문문

유형 연습

A 질문을 듣고 알맞은 응답을 고르세요. 07-01

Q You haven't called Maintenance about the copier, have you? (A) I need five copies. (B) No, they are coming to fix it. (C) Is it broken again?	Q. 당신은 아직 복사기에 대해 유지보수부에 전화하지 않았어요, 그렇죠? (A) 다섯 부 필요해요. (B) 아니요, 그들이 고치러 오고 있어요. (C) 또 고장 났어요? 정답 (C)

▶ 부정문에 '긍정꼬리'가 더해진 부가의문문으로서 되묻는 내용의 (C)가 정답이 된다. (B)의 경우 No를 Yes로 고치면 '전화했어요, 수리하러 오고 있어요'라는 의미가 되어 정답이 될 수 있다.

핵심 포인트

- 부가의문문은 확인을 하거나 동의를 구하기 위해 사용한다. 긍정문 뒤에는 '부정꼬리'를, 부정문 뒤에는 '긍정꼬리'를 붙인다.
  You **have seen** the report, **haven't you**? (긍정문 + 부정꼬리) She **didn't** return my call, **did** she? (부정문 + 긍정꼬리)
- 부가의문문에 답을 할 때 긍정의 답변에는 Yes, 부정의 답변에는 No로 대답한다.
  평서문을 단순하게 긍정의문문으로 이해하면 Yes와 No를 혼동하지 않을 수 있다.
  Q You have eaten, haven't you? 식사하셨죠, 그렇지 않나요? A **Yes**, I have. / **No**, I haven't. 네 먹었어요. / 아니요, 먹지 않았어요.
  Q You haven't eaten, have you? 식사 안 하셨죠, 그렇죠? A **Yes**, I have. / **No**, I haven't. 네, 먹었어요. / 아니요, 먹지 않았어요.

B 질문과 대답을 듣고, 각각의 질문에 적절한 응답을 고르세요. 07-02

1 You **haven't submitted** your assignment yet, **have you**?
(A) The interview went well.
(B) No, probably after lunch.

2 You **are not working** late tonight, **are you**?
(A) No, I'm a bit tired.
(B) Yes, I am ready to leave.

3 Mr. May **received** a pay raise, **didn't he**?
(A) Where did you hear that?
(B) Yes, he moved to a sales team.

4 Jane **hasn't taken** inventory yet, **has she**?
(A) You can take two.
(B) No, she looked busy.

5 I **should cancel** the meeting, **shouldn't I**?
(A) That would be better.
(B) Wasn't it in room 3?

submit 제출하다 assignment 과제 pay raise 인금 인상 take inventory 재고를 조사하다

빈출 표현

다음의 표현들을 듣고 따라 해 보세요. 07-03

afraid	유감인	have been to	~에 가 보다
dentist	치과의사	look into	조사하다
express mail	속달 우편	projector	프로젝터, 영사기
fix	수리하다	used to	(과거에) ~이었다 / ~하곤 했다

확인 학습

질문과 대답을 듣고 빈칸을 완성한 다음, 적절한 응답을 모두 고르세요. 07-04

1 ______________ Spain, haven't you?

(A) Yes, three times.

(B) ______________ I haven't.

(C) He just ______________.

2 There is a post office around the corner, ______________?

(A) ______________.

(B) The shop is closed.

(C) ______________ down the road.

3 You ______________ Dr. Petal, ______________?

(A) Yes, this morning.

(B) I need to see the dentist.

(C) ______________?

4 You ______________ your flight, have you?

(A) Actually, I just did.

(B) I ______________.

(C) No, ______________ lately.

5 The projector ______________, ______________?

(A) We might need a new one.

(B) I need to ______________.

(C) I just ______________.

6 Mr. Anderson ______________, ______________?

(A) Yes, ______________ yesterday.

(B) I think ______________.

(C) The documents ______________ ______________.

부정의문문

유형 연습

A 질문을 듣고 알맞은 응답을 고르세요. 07-05

Q Doesn't Mr. Lawrence want to book a window seat?
(A) It is in Aisle 2.
(B) His flight has been delayed.
(C) Yes, he likes to look out the window.

Q. Lawrence 씨가 창가 쪽 자리를 원하지 않나요?
(A) 2번 통로에 있어요.
(B) 그의 비행기가 지연되었어요.
(C) 네, 그는 창밖을 바라보는 것을 좋아해요.

정답 (C)

▶ 부정어 not이 포함된 부정의문문이다. 창가 쪽 자리를 원하는지 아닌지를 묻는 질문에 대해 yes로 대답한 다음, 그 이유를 설명한 보기 (C)가 정답이 된다.

핵심 포인트

- **부정의문문은 부정어 not이 포함된 형태로, 정보를 확인하거나 제안을 할 때 사용한다.**
  Didn't anybody hear about the survey results? 설문 결과에 대해 들은 사람 없나요?
  Haven't you joined the fitness center downtown? 시내에 있는 헬스클럽에 가입하지 않았나요?
  Can't you attend the conference on Monday? 월요일에 컨퍼런스에 참가할 수 없나요?
- **부정의문문을 긍정의문문으로 바꾸어 생각하면 답을 고를 때 yes/no를 혼동하지 않을 수 있다.**
  Q **Aren't** you going to come to the party? 오늘 밤 파티에 오지 않는 거예요?
  A (긍정답변) **Yes**, I'm coming. 네, 갈 거예요. (부정답변) **No**, I'm too busy. 아니요, 제가 너무 바빠요.

B 질문과 대답을 듣고, 각각의 질문에 적절한 응답을 고르세요. 07-06

1 **Isn't there** a department store close by?
(A) The road is closed now.
(B) Yes, it's around the corner.

2 **Haven't** you **delivered** the package to Mr. Ford
(A) Sorry. I will do it right away.
(B) Yes, it is downstairs.

3 **Didn't** your car **break down** last week?
(A) I already did that.
(B) Yes, it is still in the repair shop.

4 **Isn't** your doctor's appointment **this morning**?
(A) Thank you for reminding me.
(B) He is an excellent surgeon.

5 **Doesn't** Diane normally **arrive** here at three?
(A) Yes, but she is sick today.
(B) We are late for work.

어휘 department store 백화점 close by 근처에 deliver 배달하다 package 소포 break down 고장 나다 appointment 약속 remind 상기하다 surgeon 외과의사

빈출 표현

다음의 표현들을 듣고 따라 해 보세요. 07-07

be supposed to	~하기로 되어 있다	organize	계획하다
call in sick	전화로 병가를 내다	reschedule	재조정하다
not that I know of	내가 알기로는 그렇지 않다	retirement	은퇴
on one's way	가는 중인	sign up	등록하다
on vacation	휴가 중인	work on	~을 작업하는 중이다

확인 학습

질문과 대답을 듣고 빈칸을 완성한 다음, 적절한 응답을 모두 고르세요. 07-08

1 ________ Ms. Rice at work this morning?

(A) At three in the afternoon.

(B) She ________.

(C) I think Kelly might know.

2 ________ on vacation?

(A) Yes, but I ________.

(B) I'm going to Hawaii.

(C) No, it is next week.

3 ________ after lunch?

(A) Sorry. I am busy all afternoon.

(B) I don't think so.

(C) ________.

4 ________ Ms. Hunt's retirement party?

(A) She is ________.

(B) I ________.

(C) She said she didn't want any.

5 ________ coming today?

(A) No, they ________.

(B) ________ next Monday.

(C) Why ________?

6 ________ attend the conference in London?

(A) No, it ________.

(B) She isn't going.

(C) Mr. Lim ________ it.

A 질문과 보기를 듣고, 각각의 질문에 가장 적절한 응답을 고르세요.

07-09

1 Mark your answer on your answer sheet. (A) (B) (C)

2 Mark your answer on your answer sheet. (A) (B) (C)

3 Mark your answer on your answer sheet. (A) (B) (C)

4 Mark your answer on your answer sheet. (A) (B) (C)

5 Mark your answer on your answer sheet. (A) (B) (C)

6 Mark your answer on your answer sheet. (A) (B) (C)

7 Mark your answer on your answer sheet. (A) (B) (C)

8 Mark your answer on your answer sheet. (A) (B) (C)

9 Mark your answer on your answer sheet. (A) (B) (C)

10 Mark your answer on your answer sheet. (A) (B) (C)

B 질문과 보기를 다시 듣고, 빈칸을 완성하세요. 07-10

1 ______________________ the office at five?

(A) She is my ________.

(B) No, we ________________.

(C) Yes, but she ____________ today.

2 These umbrellas ______________ by our new supplier, ________?

(A) No, it ______________.

(B) Maybe next month.

(C) No, ________________.

3 Ms. Forster ________________ ________, has she?

(A) She did yesterday.

(B) About ________.

(C) At the staff meeting.

4 You said the ________________ this week, ________?

(A) No, he will ______________.

(B) Yes, it is ____________.

(C) Five days ago.

5 ________________ to Mongolia at the end of this month?

(A) I prefer an aisle seat.

(B) No, ____________________.

(C) ________ a travel agency.

6 Ms. Kelly will ________________, won't she?

(A) Yes, she said she'd do that.

(B) When did ____________?

(C) Her office is ________.

7 Isn't there a job opening on the accounting team?

(A) You are ________________.

(B) The shop ________ right now.

(C) ________ are a little off.

8 You ______________________ we interviewed today, didn't you?

(A) He is ______________ for the job.

(B) The job interview ____________.

(C) We will hire only ____________.

9 ______________________ on June 17?

(A) I was deeply impressed with that.

(B) It ________________.

(C) No, for twenty days.

10 You ________ the text size, ________ ________?

(A) Yes, it was too small.

(B) No, the room is big.

(C) The printer ____________.

PART 2

08 제안의문문 / 요청의문문

제안의문문

유형 연습

A 질문을 듣고 알맞은 응답을 고르세요. 08-01

Q Why don't we make a reservation first?

(A) I already did that.

(B) Because I was busy.

(C) Of course not.

Q. 예약을 먼저 하는 것이 어떨까요?

(A) 제가 이미 했어요.

(B) 제가 바빴기 때문에요.

(C) 물론 아니지요.

정답 (A)

▶ 'Why don't you + 동사원형'의 구조로 된 제안하는 문장이다. '예약을 먼저 하는 것이 어떨까요'라는 질문에 '제가 이미 했어요'라고 답한 (A)가 정답이 된다.

핵심 포인트

• 제안할 때 주로 쓰이는 표현들을 잘 익혀 두자.

Why don't you/we go for a walk?
(~하는 것이 어때요?) 산책을 가는 것이 어때요?

How about sending him an invitation?
(~하는 것이 어때요?) 그에게 초대장을 보내는 것이 어때요?

Would you like to take a look at the brochure?
(~하시겠어요?) 브로셔를 보시겠어요?

Would you like me to take notes on it?
(제가 ~할까요?) 제가 그것을 기록할까요?

• 수락 / 거절의 응답들도 다양하게 익혀 두자.

수락의 응답	Okay. / Sure. / That's a good idea. / That sounds good. / That would be great.
거절의 응답	I am sorry, but~ / I'd rather not. / I already did. / Let me think about it.

B 질문과 대답을 듣고, 각각의 질문에 적절한 응답을 고르세요. 08-02

1 **How about** canceling the next board meeting?
(A) I don't think that's a good idea.
(B) We arranged it.

2 **Why don't we** call a technician?
(A) That sounds good.
(B) I didn't do it.

3 **Why don't you** print the results?
(A) It is due on Monday.
(B) Sorry, but the printer is broken.

4 **Would you like me to** drop it off in your office?
(A) I'd rather not.
(B) I would appreciate it.

5 **Would you like to** take a quick break?
(A) I'd rather not.
(B) It broke down.

board meeting 이사회 postpone 연기하다 technician 기술자 print 출력하다 drop off 갖다 주다 appreciate 감사하다

빈출 표현

다음의 표현들을 듣고 따라 해 보세요. 08-03

brochure	브로셔, 소책자	sales representative	영업사원
deliver	배달하다	take a look at	~을 보다
had better	~하는 것이 좋겠다	technician	기술자
hear about	~에 대해 들어 보다	training session	교육 과정
promote	촉진하다	You bet.	물론 이죠.

확인 학습

질문과 대답을 듣고 빈칸을 완성한 다음, 적절한 응답을 모두 고르세요. 08-04

1 ________ have ________?

(A) Great. I am hungry.

(B) I think ________.

(C) Yes, I ________ it was ________.

2 ________ a training session for the ________?

(A) ________.

(B) I am sorry, but ________ ________.

(C) I didn't like it.

3 ________ some brochures?

(A) I already ________.

(B) You'd better ________.

(C) That ________.

4 ________ move these cabinets ________?

(A) ________.

(B) That's a good idea.

(C) ________ a technician.

5 ________ hire more sales representatives to ________ ________?

(A) I'd love to, but we ________ ________.

(B) Okay, I've ________ it.

(C) I ________.

6 Would you like me to ________ while I am ________?

(A) That ________.

(B) You ________.

(C) ________ do it.

요청의문문

유형 연습

A 질문을 듣고 알맞은 응답을 고르세요. 08-05

Q Could you mail these documents to the London branch?
(A) Sure, I can do that.
(B) I will e-mail you.
(C) They are hard to get.

Q. 이 문서들을 런던 지사로 보내 주시겠어요?
(A) 물론이죠, 제가 할 수 있어요.
(B) 제가 당신에게 이메일을 보낼게요.
(C) 그것들은 받기 힘들어요.

정답 (A)

▶ 'Could you ~'로 시작하는 요청의문문이다. 문서들을 런던 지사로 보내 달라는 요청에 수락하는 답변인 (A)가 정답이 된다.

핵심 포인트

- 요청할 때 쓰는 표현들을 잘 익혀 두자.
  Can I give you a call if I have a question? (제가 ~해도 될까요?) 질문이 있으면 전화해도 될까요?
  Will/Would you help me do this? (~해 주시겠어요?) 이것을 하는 것을 도와주시겠어요?
  Can/Could you give me a ride to the airport? (~해 주시겠어요?) 공항까지 차로 데려다 주시겠어요?
  Do/Would you mind leaving the door open? (~해도 될까요?, ~하는 것을 꺼리시나요?) 문을 열어 두는 것이 싫으신가요?
- Do/Would you mind ~?에 대한 응답을 고를 때 주의하자. 'mind'는 '꺼려하다, 싫어하다'라는 의미이므로 'No'로 답하면 '수락', 'Yes'로 답하면 '거절'의 의미이다.
  Q **Do you mind** leaving the door open? 문을 열어 두는 것이 싫으신가요?
  A Not at all. / Of course not. (수락) 물론 아니에요. / 괜찮아요.
  A Sorry, but yes. (거절) 미안하지만, 그래요.

B 질문과 대답을 듣고, 각각의 질문에 적절한 응답을 고르세요. 08-06

1 **Can I** get an information sheet about this area?
(A) Of course. Here you are.
(B) We don't have any money in the budget.

2 **Will you** help me to move this table?
(A) I am fine. Thanks.
(B) Sure, when do you want me to do it?

3 **Do you mind** turning down the volume?
(A) The music wasn't very good.
(B) Sorry. I didn't know it was loud.

4 **Can you** drop this off at the office?
(A) No, I already finished it.
(B) Yes, I am heading there.

5 **Would you mind** if I left a little early today?
(A) Of course not.
(B) It's not my concern.

어휘
budget 예산 turn down (볼륨을) 줄이다 drop off 갖다주다 head ~로 향하다

빈출 표현

다음의 표현들을 듣고 따라 해 보세요. 08-07

application form	지원서	fill out	작성하다
apply for	~에 지원하다	financial report	재무보고서
available	이용할 수 있는	M&A	인수합병
be busy with	~로 바쁘다	mind	꺼리다, 싫어하다
drawer	서랍	unreal	비현실적인

확인 학습

질문과 대답을 듣고 빈칸을 완성한 다음, 적절한 응답을 모두 고르세요. 08-08

1 Could you please ________ this ________?

(A) The job is ________.

(B) I will ________.

(C) I've ________ it.

2 Do you ________ the ________?

(A) Of course not. ________ ________?

(B) I don't think ________.

(C) It's time to ________.

3 ________ a taxi to take me to the airport?

(A) No, thanks. ________.

(B) Sure. ________ it?

(C) The ________ was ________.

4 ________ help me with this ________?

(A) I am busy ________.

(B) Sorry. I don't ________.

(C) ________ it.

5 ________ find the M&A file?

(A) I ________. No, thanks.

(B) ________ where it is.

(C) I think I ________.

6 ________ the air conditioner?

(A) ________, I do. It's ________ in ________.

(B) I ________.

(C) They will ________.

A 질문과 보기를 듣고, 각각의 질문에 가장 적절한 응답을 고르세요.

08-09

1 Mark your answer on your answer sheet. (A) (B) (C)

2 Mark your answer on your answer sheet. (A) (B) (C)

3 Mark your answer on your answer sheet. (A) (B) (C)

4 Mark your answer on your answer sheet. (A) (B) (C)

5 Mark your answer on your answer sheet. (A) (B) (C)

6 Mark your answer on your answer sheet. (A) (B) (C)

7 Mark your answer on your answer sheet. (A) (B) (C)

8 Mark your answer on your answer sheet. (A) (B) (C)

9 Mark your answer on your answer sheet. (A) (B) (C)

10 Mark your answer on your answer sheet. (A) (B) (C)

B 질문과 보기를 다시 듣고, 빈칸을 완성하세요. 08-10

1 ________ please ________ of the survey for the manager?

(A) I will do it ______ the ______.

(B) The ________ is ______ fine.

(C) ________.

2 ________ please ________ over to Mr. Brown?

(A) Sure. I ________.

(B) It's ________.

(C) I ________ a hand.

3 ________ a break before ________?

(A) So far, ________.

(B) ________ a great idea.

(C) ______ has been ______.

4 ________ at the gas station before we ________ ______.

(A) ________, please.

(B) I ________ you.

(C) I think we ______ it.

5 Could you ________ ________ before you leave?

(A) Sorry. ________.

(B) I ______, but I can't guarantee anything.

(C) I can't ________.

6 Do you think you could ________?

(A) Sure. I ________ it.

(B) He ______ me ______.

(C) Sorry. ________.

7 ________ Jack's ________ ______ for next week?

(A) ______ I didn't ______.

(B) I will ________.

(C) ______ about it.

8 ________ a few days ______ and relax?

(A) I didn't ________.

(B) I'd ________.

(C) The ________.

9 ________ me with the inventory?

(A) I ________ long hours.

(B) ________.

(C) Sure. I ________.

10 ________ at the opening ceremony?

(A) Sorry, but ______ this time.

(B) He is ________.

(C) ________.

PART 2 09 평서문

문제점을 언급하는 경우

유형 연습

A 질문을 듣고 알맞은 응답을 고르세요. 09-01

Q I can't reach the bottle on the top shelf.
(A) Do you want me to get it for you?
(B) The books are on the bottom shelf.
(C) I should drink it all.

Q. 제일 위 선반에 있는 병에 닿질 않는군요.
(A) 제가 꺼내 드릴까요?
(B) 책은 아래쪽 선반에 있어요.
(C) 다 마시는 게 좋겠어요.

정답 (A)

▶ 평서문의 경우 언급되는 문제점을 잘 파악해야 한다. 선반에 손이 닿지 않는다는 문제에 대해 해결책을 제시하는 보기인 (A)의 'Do you want me to get it for you? (제가 꺼내 드릴까요?)'가 정답이 된다.

핵심 포인트

• 평서문으로 문제점을 제시할 때 다양한 응답을 기대할 수 있으므로 정답을 예측하기 어렵다. 따라서 문제점을 정확히 파악하는 것이 중요하다.

Q Our sales are **going down**. (문제점 제시) 판매실적이 낮아지고 있어요.
A I've heard about that, too. (동의) 저도 들었어요.
Do you know the reason? (질문) 이유가 무엇인지 알고 있나요?
We should do some promotional events. (해결책) 판매 촉진 행사를 하는 게 좋겠어요.
I am sure next quarter will be better. (위로) 다음 분기에는 더 나아질 거예요.

B 질문과 대답을 듣고, 각각의 질문에 적절한 응답을 고르세요. 09-02

1 We are **running out of gas**.
(A) My car broke down.
(B) Where is the nearest gas station?

2 I **can't turn on** this projector.
(A) Try the red button.
(B) The picture is not clear.

3 The numbers in the report are **not accurate**.
(A) Mr. Lee will proofread it later.
(B) Thank you for your help.

4 My flight **has been delayed** by 8 hours.
(A) The airport was too crowded.
(B) Why don't you try a different flight?

5 My laptop is **not working**.
(A) Isn't it a new one?
(B) How did it go?

어휘 run out of 소진되다 break down 고장 나다 turn on 켜다 accurate 정확한 delay 미루다 crowded 혼잡한 work 작동하다

빈출 표현

다음의 표현들을 듣고 따라 해 보세요. 09-03

brochure	안내 책자	personnel files	인사 파일, 개인 기록
budget	예산	pharmacy	약국
confidential	기밀의	repairman	수리공
missing	잃어버린	safe	금고
out of order	고장 난	shipment	수송
outdated	구식인	short of	~이 부족한

확인 학습

질문과 대답을 듣고 빈칸을 완성한 다음, 적절한 응답을 모두 고르세요. 09-04

1 The coffee maker is ______________.

(A) It might ______________.

(B) Did you ______________?

(C) The shipment is delayed.

2 I don't think I can ______________ ______________ today.

(A) We are ______________.

(B) Is it ______________?

(C) I'd love to help you.

3 I didn't realize that the ______________ ______________ today.

(A) Dr. Wilson is ______________.

(B) You'd better ______________.

(C) The one on Maple Street is open.

4 I can't find the ______________.

(A) Nancy was ______________ yesterday.

(B) Have you ______________?

(C) The ______________.

5 This product brochure ______________.

(A) Let's ______________.

(B) The marketing team is ______________.

(C) I like the design.

6 The photocopier ______________ again.

(A) I think we ______________.

(B) The report is on your desk.

(C) Do you want me ______________?

정보나 의견을 전달하는 경우

유형 연습

A 질문을 듣고 알맞은 응답을 고르세요.

09-05

Q I thought the digital marketing program was really helpful.

(A) I can help you with that.

(B) I completely agree with you.

(C) Of course. You can borrow mine.

Q. 디지털 마케팅 프로그램이 정말 도움이 된 것 같아요.

(A) 제가 도와 드릴게요.

(B) 당신 말에 전적으로 동의해요.

(C) 물론이죠. 제 것을 빌려 드릴게요.

정답 (B)

▶ 평서문으로 교육 프로그램에 대한 자신의 의견을 이야기하고 있다. 이에 대해 가장 적절한 응답은 의견에 동의하는 내용인 (B)의 'I completely agree with you. (당신 말에 전적으로 동의해요.)'이다.

핵심 포인트

• 평서문으로 객관적 사실과 정보를 전달하는 경우

Q Mr. Lee **will be transferred** to headquarters. Lee씨는 본사로 전근 갈 거예요.

A Good for him. 잘 됐네요. / Has it already been decided? 벌써 결정된 거예요?

• 평서문으로 본인의 의견을 전달하는 경우

Q We **should go** to the art exhibition that opened yesterday. 어제 시작된 미술 전시회에 가요.

A **Let's go** this Friday. 이번 주에 가요. / Sorry. I'm **not interested** in art. 미안해요. 저는 미술에 관심이 없어요.

B 질문과 대답을 듣고, 각각의 질문에 적절한 응답을 고르세요.

09-06

1 The renovation work will **start** in June.
(A) It is under construction.
(B) Wasn't it supposed to start in May?

2 I am calling to **cancel** my trip to Italy.
(A) Are you going to reschedule it?
(B) He is on vacation.

3 You **should take a walk** instead of staying indoors.
(A) Yes, I need some fresh air.
(B) I was late for work today.

4 The software has been **upgraded** to a new version.
(A) A few days ago.
(B) Isn't that great?

5 I will **book** a hotel room and a flight later today.
(A) It was really fun.
(B) Where are you going?

어휘

renovation work 개보수 작업 construction 공사 reschedule 재조정하다 instead of ~ 대신에 book 예약하다

빈출 표현

다음의 표현들을 듣고 따라 해 보세요. 09-07

borrow	빌리다	look for	찾다
candidate	후보자	protective helmet	안전모
construction site	공사장	put off	연기하다, 미루다
go well	잘 되어 가다	put on	입다, 쓰다
impressive	인상적인	quarterly	분기별
interview	면접	reliable	믿을 수 있는

확인 학습

질문과 대답을 듣고 빈칸을 완성한 다음, 적절한 응답을 모두 고르세요. 09-08

1 I think Mr. Harris is ______________ for the project.

(A) My interview ______________.

(B) Yes, he is ______________.

(C) Only two candidates.

2 You should ______________ at the construction site.

(A) ______________ get one?

(B) Then I have to ______________.

(C) I am wearing a hat.

3 I ______________ on your desk.

(A) Thanks. I will check it later.

(B) I hope ______________.

(C) I ______________.

4 I heard that we are all ______________ at the end of this month.

(A) I am ______________ the bank.

(B) I ______________ that.

(C) Do you know ______________?

5 The ______________ this week.

(A) Sales are not bad.

(B) I thought it was last week.

(C) It was ______________.

6 I think we should ______________.

(A) I ______________.

(B) We are ______________.

(C) ______________ next Friday then?

A 질문과 보기를 듣고, 각각의 질문에 가장 적절한 응답을 고르세요. 09-09

1 Mark your answer on your answer sheet. (A) (B) (C)

2 Mark your answer on your answer sheet. (A) (B) (C)

3 Mark your answer on your answer sheet. (A) (B) (C)

4 Mark your answer on your answer sheet. (A) (B) (C)

5 Mark your answer on your answer sheet. (A) (B) (C)

6 Mark your answer on your answer sheet. (A) (B) (C)

7 Mark your answer on your answer sheet. (A) (B) (C)

8 Mark your answer on your answer sheet. (A) (B) (C)

9 Mark your answer on your answer sheet. (A) (B) (C)

10 Mark your answer on your answer sheet. (A) (B) (C)

B 질문과 보기를 다시 듣고, 빈칸을 완성하세요. 09-10

1 These new computers are ______________
______________.
(A) They really are.
(B) Sorry. I already had some.
(C) We ______________ the software.

2 I want to take the afternoon flight to Sydney.
(A) For ______________.
(B) ______________ the morning one?
(C) It was a short trip.

3 I ______________ to work properly.
(A) Does it need ______________?
(B) The other supplier has better paper.
(C) I ______________ at 10 o'clock.

4 Professor Garcia ______________ on Thursday morning.
(A) I ______________ before.
(B) ______________ Tuesday morning?
(C) The classroom is ______________.

5 I don't know ______________ this new fax machine.
(A) I can join you.
(B) No, I ______________ well.
(C) I ______________ somewhere.

6 I ______________ for the plastic containers we use.
(A) Are the ______________?
(B) ______________, please.
(C) We bought a lot of bottles.

7 I ______________ as vice president.
(A) It was last Friday.
(B) Please ______________.
(C) I believe it was Ms. White.

8 I just found out that ______________
______________.
(A) Yes, we repaired it yesterday.
(B) It is ______________.
(C) Did you ______________?

9 I'd like to ______________, please.
(A) No worries.
(B) I ______________.
(C) When do you want to ______________?

10 We ______________ the outdoor concert.
(A) A rock music festival.
(B) I think it is too late.
(C) Yes, I ______________.

토익 실전 어휘 PART 2 UNIT 06 - 09

A 다음 표현의 우리말 뜻을 고르세요.

1 cannot afford to (a) ~할 여유가 없다 (b) ~에게 연락이 되지 않다

2 sign up for (a) ~을 그만두다 (b) ~에 등록하다

3 sales representative (a) 영업 사원 (b) 영업 기밀

4 sales figures (a) 매출액 (b) 판매 전략

5 call in sick (a) 입원하다 (b) 병가를 내다

B 다음 우리말에 맞는 어휘를 고르세요.

1 분기 보고서가 이번 주 금요일에 마감이에요.

→ The quarterly report is (due / expiration) this Friday.

2 컨퍼런스가 어디에서 열리는지 모르겠어요.

→ I have no idea where the conference will be (held / installed).

3 기밀 문서가 어디에 있는지 찾지 못하겠어요.

→ I cannot find where the (complicated / confidential) documents are.

4 현금 또는 신용카드로 계산하실 수 있어요.

→ You can pay (in cash / by cash) or by credit card.

5 Park 씨가 이 직책에 적임자인 것 같아요.

→ I think Mr. Park is the perfect (candidate / resident) for this position.

C 각 문장의 괄호 안에 있는 단어들을 올바른 순서로 배열하세요.

1 The manager said we .... next month.
(get / are / to / going / a bonus)
매니저는 우리가 다음달에 보너스를 받을 것이라고 말했다.

2 Do you .... for a living? (to / he / know / happen / what / does)
그의 직업이 무엇인지 혹시 아세요?

3 Do .... or can you go alone? (me / want / come / with / you / to)
제가 당신과 함께 가 주기를 원하나요 아니면 혼자 갈 수 있나요?

4 .... be at the meeting? (you / to / aren't / supposed)
회의에 있어야 하지 않아요?

5 Would you .... to the airport? (me / like / to / take / you)
제가 당신을 공항으로 데려다 드릴까요?

대화문

Short Conversations

01 회의 / 행사

02 업무 / 일정

03 인사 / 채용

04 여행 / 출장

05 시설 / 사무 기기

06 제품 / 서비스

07 쇼핑 / 휴가

08 교통 / 공공장소

PART 3

01 회의 / 행사

유형 연습

A 문제를 먼저 읽은 다음, 대화를 듣고 정답을 고르세요. 01-01

W Let's start today's meeting by discussing the new Web page redesign. What do you think of the sample Web site?

M1 I think it looks good, but I noticed a small problem. Our old logo looks kind of bad on the new Web site.

M2 I agree. I think we should change the logo to reflect our new look and design.

W Hmm… I'll get a hold of the marketing team and find out what we can do.

W 새 웹사이트를 다시 디자인한 것부터 한번 논의해 봅시다. 샘플 웹사이트에 대해 어떻게 생각하세요?

M1 괜찮아 보이기는 하는데, 약간의 문제를 발견했어요. 우리의 기존 로고가 새 웹사이트에서 안 좋아 보여요.

M2 저도 동의해요. 제 생각에는 새로운 디자인을 반영하려면 로고를 바꿔야 할 것 같아요.

W 음... 마케팅 부서에 연락해서 우리가 무엇을 할 수 있을지 알아 볼게요.

Q What will the woman most likely do next?

(A) Change the company logo
(B) Ask for new logo ideas
(C) Contact the Marketing Department
(D) Update the new Web site

Q 여자가 이어서 할 일은 무엇인 것 같은가?

(A) 회사 로고를 바꾸는 것
(B) 새 로고 아이디어를 요청하는 것
(C) 마케팅 팀에 연락하는 것
(D) 새 웹사이트를 업데이트 하는 것

정답 (C)

▶ 여자가 다음에 할 일을 묻고 있다. 이런 유형의 경우 대부분 대화의 마지막 부분에서 관련 정보를 찾을 수 있다. 여자의 마지막 말에서 마케팅 팀에 '연락할 것(get a hold of)'이라고 하였으므로 (C)가 정답이 된다. 'get a hold of'라는 표현이 contact로 바꾸어 표현되었다.

핵심 포인트

- 회의와 관련된 상황으로는 업무 논의, 일정 논의, 진행 상황 점검 등의 내용이 제시 된다.
- 행사와 관련된 상황으로 판촉 행사, 워크샵과 같은 행사 준비, 직원 교육 등의 내용이 제시 된다.

B 위 대화를 다시 듣고 질문에 대한 알맞은 답을 고르세요. 01-02

1 What are the speakers mainly talking about?

(A) A new Web site
(B) Marketing strategies
(C) A fault in a product

2 What problem are the speakers discussing?

(A) A lack of funds
(B) A mismatch with a company logo
(C) The bad design of a new logo

빈출 표현

A 다음의 표현들을 듣고 따라 해 보세요.

01-03

회의 관련

Let's get started 시작합시다
Lets'start by -ing ~부터 시작해 봅시다
I would like to start by -ing ~부터 시작하겠습니다
go over today's agenda 오늘 의제를 검토하다
detailed discussion 자세한 논의
make time to meet 만날 시간을 내다
call a meeting 회의를 소집하다
call off a meeting 회의를 취소하다
What do you think ~ ~을 어떻게 생각하십니까?
I think we should 내 생각에는 ~해야 한다.
come up with ideas 아이디어를 내다
make it to a meeting 회의에 오다

행사 관련

board meeting 이사회
shareholder's meeting 주주 총회
convention 집회, 컨벤션
conference 컨퍼런스, 회의
job fair 채용 박람회
a location/venue 장소
fundraising party 기금 마련 파티
retirement party 은퇴 기념 파티
company banquet 회사 연회
upcoming events 다가오는 행사들
sign up for 신청하다
host an event 행사를 주최하다

B 각각의 문장을 듣고 빈칸을 완성하세요.

01-04

1 I am afraid I might have to ______________.
안타깝지만 제가 이 회의를 취소해야 할지도 모르겠습니다.

2 ______________ hire more sales clerks.
제 생각에는 더 많은 점원을 고용해야 할 것 같습니다.

3 I was told that the ______________ will no longer ______________.
컨벤션 센터가 더 이상 행사를 주최하지 않는다고 들었어요.

4 If you would like to ______________, you should ______________ it as soon as possible.
세미나 참가를 원하시면, 가능한 한 빨리 신청해 주세요.

5 We should ______________ some recommendations to ______________.
우리는 판매 촉진을 위한 몇 가지 추천 사항들을 생각해 내야 합니다.

6 Let me ______________ before we start.
시작 하기 전에 제가 오늘의 의제를 검토해 보도록 하겠습니다.

확인 학습

A 대화를 듣고 각 문제의 정답을 고르세요. 01-05

1 What does the man likely mean when he says, "That's hard to say"?

(A) That information is a secret.
(B) He doesn't want to tell the woman.
(C) He will let the woman know by e-mail.
(D) He is not sure right now.

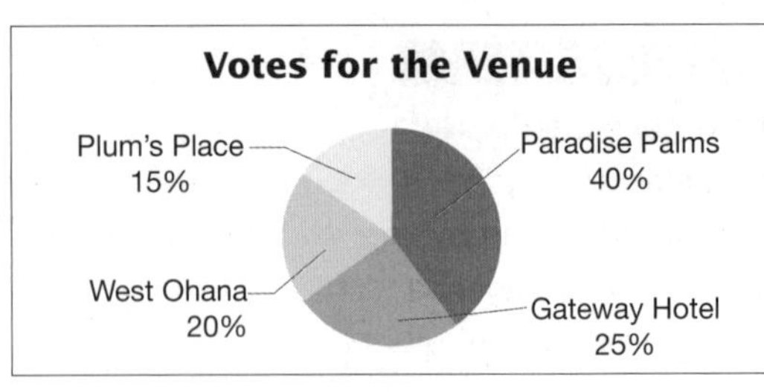

2 Look at the graphic. Where are the speakers likely to have the event?

(A) Paradise Palms
(B) Gateway Hotel
(C) West Ohana
(D) Plums' place

어휘 take care of 돌보다 (의제 등을) 다루다 construction 건설 permit 허가 major 주요한 delay 지연 timeline 일정

B 각각의 대화를 다시 듣고 빈칸을 완성하세요. 01-06

1

M Well, I think ________ we need to take care of today. Do you have any other questions?

W I don't think so. Oh, actually, ________. I want to know when the Frederick Building project will be finished.

M ________. We've had some problems getting a few required ________, so there have been some ________.

W I see. Well, if you get a ________ for the project, please let me know.

2

M So, Sharon, did you ________ of the survey about ________ for the ________?

W I did. Here are the results. ________, Paradise Palms got ________.

M But do you know what? I ________ from them, and they said they are ________ of the party.

W Oh, no. Our employees really want that place. What should we do?

M We should ________ have the party ________.

W Yeah, ________. I will ________ and ________ before the end of the day.

A 다음 대화를 듣고 정답을 고르세요.

01-07

1 What problem does the company have?
(A) It does not have enough cell phone accessories.
(B) It is not selling enough cell phone accessories.
(C) Customers have complained about its cell phone options.
(D) No one wants to sell cell phone accessories.

2 What does the woman likely mean when she says, "You have a point there"?
(A) She agrees with the man's opinion.
(B) She is not so sure about the suggestion.
(C) The men should think about the idea more.
(D) The men should start from the beginning.

3 What does the woman say she will do?
(A) Sell more cell phone accessories
(B) Research the newest phone models
(C) Develop new accessory package ideas
(D) Move to the sales floor

4 Where do the speakers most likely work?
(A) On a sales floor
(B) At a university
(C) At a construction company
(D) At a hotel

5 What are the speakers mainly discussing?
(A) Their next meeting schedule
(B) A workplace policy change
(C) Office renovations
(D) A newly hired faculty member

6 What is the man most likely going to do next?
(A) Call Dr. Hall
(B) E-mail his flight details
(C) Contact the new professor
(D) Prepare the new office

B 대화를 다시 듣고 빈칸을 완성하세요. 01-08

[1-3]

M1 ______________. The first thing we need to discuss is our ______________. Does anyone have any ideas?

M2 I think ______________ sales if we ______________ that include accessories when you buy a new phone.

W ______________. Right now, the packages are really limited, and most customers aren't interested in them. I think we need more options for them.

M1 I like that idea. Suki, can you work with the sales team ______________ some new package ideas?

W Sure. I will ______________ that we can discuss at ______________.

[4-6]

W ______________ to meet with me today. We have so much to do to prepare ______________.

M Of course. ______________ for him to use yet?

W Yes, there is a ______________ in the humanities building, so I will ______________ this week. But ______________ from the airport when he arrives. Do you think Dr. Hall ______________ it?

M I'm not sure, but I can ask her. ______________ his flight details?

W Sure, I'll ______________. When can you talk with Dr. Hall?

M Actually, let me ______________ right now.

PART 3

02 업무 / 일정

유형 연습

A 문제를 먼저 읽은 다음, 대화를 듣고 정답을 고르세요. 02-01

M Hello, Mia. Did you make a reservation for dinner at the Italian restaurant we talked about? Our partners from Brazil will be here tomorrow, so I want to make sure everything is ready.

W Oh, didn't Mr. Hock tell you? That restaurant doesn't have any tables available, so I booked a table at the Indian restaurant down the road.

M No, I didn't know that. I'm glad I asked. Can you e-mail me the reservation details when you have a moment?

W Of course. I'll send them to you right away.

M 여보세요, Mia 씨? 지난번에 얘기했던 이탈리아 음식점으로 저녁 식사를 예약했죠? 내일 브라질에서 파트너들이 오잖아요. 모든 준비가 잘되면 좋겠어요.

W 오, Hock 씨가 말씀 안 드렸어요? 그 식당에는 자리가 없어서 길 아래에 있는 인도 음식점으로 예약했어요.

M 몰랐어요. 물어보길 잘했네요. 시간 있을 때 예약 사항을 이메일로 보내 주실래요?

W 물론이죠. 바로 보낼게요.

Q Why did the man call the woman?

(A) To check on the details of an arrangement

(B) To invite her out to dinner

(C) To contact their business partners

(D) To deliver a message to Mr. Hock

Q 남자는 왜 전화를 했는가?

(A) 약속 세부사항을 확인하려고

(B) 저녁 식사에 초대하려고

(C) 사업 파트너들에게 연락하려고

(D) Hock 씨에게 메시지를 전달하려고

정답 (A)

▶ 남자가 전화를 건 목적을 묻고 있는데, 이는 대개 대화의 첫 부분에서 언급된다. 파트너와 저녁 약속 예약이 잘 되었는지 묻고 있으므로 보기 (A) To check on the details of an arrangement (약속 세부사항을 확인하려고)가 정답이다.

핵심 포인트

• 업무 및 일정과 관련된 대화 유형의 경우 주제나 목적을 묻는 문제가 자주 출제되므로, 대화의 주제를 파악하는 것에 집중하며 들어야 한다.

B 위 대화를 다시 듣고 질문에 대한 알맞은 답을 고르세요. 02-02

1 Where will the dinner happen?

(A) At an Italian restaurant

(B) At an Indian restaurant

(C) At a Chinese restaurant

2 What will the woman do next?

(A) She will e-mail the man.

(B) She will contact Mr. Hock.

(C) She will book a table.

빈출 표현

A 다음의 표현들을 듣고 따라 해 보세요. 02-03

업무 관련

quarterly report 분기별 보고서
place an order 주문하다
assign a task 업무를 할당하다
negotiate a contract 계약을 위해 협상하다
review records 기록을 검토하다
official answer 공식적인 답변
file a request 요청서를 제출하다
get approval 승인을 받다
receive reimbursement 환급·배상을 받다
challenging task 도전적인 업무
do paperwork 서류작업을 하다
tied up with work 일이 많아 바쁘다
work overtime 초과 근무하다

일정 관련

get in touch with ~와 연락을 취하다
annual event 연례 행사
have a day off 하루 휴가를 내다
coordinate an event 조정하다
run behind 늦어지다
meet a deadline 마감 기한을 맞추다
due today 오늘이 마감인
extension on a report 보고서 기한 연장
put off an event 행사를 연기하다
call off a trip 여행을 취소하다
reschedule a meeting 회의 일정을 재조정하다
behind schedule 일정보다 늦은
be available 시간이 되는

B 각각의 문장을 듣고 빈칸을 완성하세요. 02-04

1 If you ______________, you ______________ in advance.
만약 하루 휴가를 내고 싶다면, 미리 허가를 받아야 합니다.

2 I wonder if I can ______________.
예산보고서 작성 기한을 연기할 수 있는지 궁금합니다.

3 Management has decided to ______________.
경영진은 회사의 연회를 연기하기로 결정했습니다.

4 I am ______________ for my travel expenses.
제 출장 경비의 환급에 대해 전화 드립니다.

5 We have to ______________ for this Saturday.
우리는 이번 주 토요일로 예정된 야외 행사를 취소해야 합니다.

6 Mr. Smith on the management team is ______________.
운영팀의 Smith 씨는 안전 기록을 검토하고 있다.

확인 학습

A 대화를 듣고 각 문제의 정답을 고르세요. 02-05

1 What will the woman most likely do next?

(A) Call the Marketing Department
(B) Write the quarterly report
(C) Visit the Marketing Department
(D) Help Jim with his work

어휘 quarterly 분기별의 this time of year 이맘때에 stop by ~에 들르다

2 What does the woman imply when she says, "I think that should be okay"?

(A) The man doesn't have to do any extra work.
(B) The man can extend a deadline on a project.
(C) The man can apply for a transfer.
(D) The man will be able to get a day off.

어휘 wonder 궁금하다 extend a deadline 마감일을 연장하다 extra hours 추가 시간 permission 허가

B 각각의 대화를 다시 듣고 빈칸을 완성하세요. 02-06

1

W Hey, Jim, have you ________ from the Marketing Department yet? They told me they would be ready by today, but I ________.

M No, I haven't heard anything either. Maybe they are ________ schedule. I know they are busy this time of year. Do you want me to ________?

W That's all right. I'm ________ now, so I'll just ________. Do you need anything else from them?

M I don't think so. Thanks anyway.

2

M Ms. Carter, I wonder if I can ________. Do you think that would be possible?

W Next Monday? Yeah, I think that should be okay. Did you ________ on the digital scheduling system?

M Not yet. I wanted to check with you first ________.

W Okay, well, make sure you file your request ________ so that I can ________.

M That sounds good. Thanks, Ms. Carter.

PART 3

실전연습

A 다음 대화를 듣고 정답을 고르세요. 02-07

TIME	ROOM #	SEATING CAPACITY
2:00 P.M.	105	8
	106	10
	107	12
	108	6

1 What are the speakers discussing?
(A) Giving a loan to a customer
(B) Opening an account
(C) Reserving a conference room
(D) Contacting a business client

2 What does the man say he will do?
(A) Cancel the meeting
(B) Send the woman the room information
(C) Join the meeting
(D) Train the new tellers

3 Look at the graphic. In which room will the woman have her meeting?
(A) Room 105
(B) Room 106
(C) Room 107
(D) Room 108

4 Where do the speakers most likely work?
(A) At a bank
(B) At a travel agency
(C) At a law firm
(D) At a moving company

5 What did the woman offer the man?
(A) A promotion
(B) A new office
(C) A trip abroad
(D) More vacation time

6 What does the man mean when he says, "I don't know what to say"?
(A) He is confused.
(B) He is surprised.
(C) He is not familiar with the topic.
(D) He cannot help right now.

B 대화를 다시 듣고 빈칸을 완성하세요. 02-08

[1-3]

W James, I have a client coming this afternoon ______________.
He has all of his ______________, so it's a very important meeting. Can you book Room 105 at 2:00 P.M. for me, please?

M Room 105? That's where the new teller training will be happening this afternoon. Do you ______________?

W Oh, yes, that would be great. Could you ______________?

M Yeah, it looks like ______________ at 2:00 P.M. It's ______________ at that time. I'll ______________.

W Perfect. Thank you so much.

[4-6]

W Hi, Hans. I ______________ for Globi Technology. You did an excellent job.

M Thanks. I really ______________ on their travel plans.

W How would you feel about ______________? I think that you would do a wonderful job ______________.

M Wow, do you really think so? I don't know ______________. That would be ______________ for me.

W Well, think about it over the weekend, and we can ______________ next Monday.

03 인사 / 채용

유형 연습

A 문제를 먼저 읽은 다음, 대화를 듣고 정답을 고르세요.

03-01

W1 Hey, Sasha. It's Mina. I can't log into my employee page on the HR Web site. Can you reset my password for me?

W2 No problem. That has been happening a lot since the IT Department updated our servers. What's your employee ID number?

W1 Thanks. It's 501563.

W2 Okay, I sent you an e-mail with instructions. Just follow the link and enter your information. It should only take a couple minutes.

W1 여보세요. Sasha, 저 Mina예요. 인사팀 웹사이트의 직원 페이지에 로그인을 할 수가 없네요. 제 비밀번호를 재설정해 주실 수 있나요?

W2 물론이죠. IT팀에서 서버를 업데이트한 후에 이런 일이 자주 일어나고 있어요. 사번이 어떻게 되나요?

W1 고마워요. 501563이에요.

W2 좋아요. 안내 이메일을 보냈어요. 링크를 따라서 정보를 입력하시면 돼요. 몇 분이면 될 거예요.

Q What information does Sasha ask for?

(A) A Web site password

(B) An employee ID number

(C) An e-mail address

(D) A Web site URL

Q Sasha가 요청한 정보는 무엇인가?

(A) 웹사이트 비밀번호

(B) 사번

(C) 이메일 주소

(D) 웹사이트 주소

정답 (B)

▶ 여자가 요청하고 있는 정보가 무엇인지를 묻는 질문으로, 대화 중반부에 언급된 Sasha의 질문 "What is your employee ID number?"를 들으면 정답을 쉽게 찾을 수 있다. e-mail, Web site, password 등의 단어만 듣고 답으로 고르지 않도록 주의해야 한다.

핵심 포인트

- 인사 / 채용과 관련해서 직원의 채용 (hiring), 승진(promotion), 복지(welfare), 퇴직(retirement) 등과 관련된 대화들이 제시된다.
- 인사 / 채용과 관련된 어휘들을 많이 익혀두면 대화를 이해하는 데 도움이 된다.

B 위 대화를 다시 듣고 질문에 대한 알맞은 답을 고르세요.

03-02

1 What problem does Mina mention?

(A) She forgot her password.

(B) She cannot access the HR Web site.

(C) She cannot update her Web site.

2 Where does Sasha most likely work?

(A) In the HR Department

(B) In the Technology Department

(C) In the Accounting Department

빈출 표현

A 다음의 표현들을 듣고 따라 해 보세요.

03-03

인사 관련

HR (= Human Resources) 인적 자원
employee ID number 사번
Personnel Department 인사부서
performance evaluation 업무 평가
get a promotion 승진하다
get promoted 승진하다
sick leave 병가
paycheck 급여
commission (위탁 판매) 수수료
employee training 직원 교육
pay raise 임금 인상
retire 은퇴하다
renew a contract 계약서를 갱신하다
take a day off 하루 쉬다

채용 관련

application 지원
apply for a position 일자리에 지원하다
applicant 지원자
candidate 후보자
résumé 이력서
recruit new staff 새로운 직원을 모집하다
potential employee 잠재적 직원
job opening 빈자리, 공석
information packet 정보 자료 묶음
cover letter 자기 소개서, 커버 레터
qualifications 자격 요건
conduct an interview 인터뷰를 시행하다

B 각각의 문장을 듣고 빈칸을 완성하세요.

03-04

1 Do you think I could ______________ next week?
제가 다음주에 하루 쉴 수 있을까요?

2 I am calling to ask you about the ______________ advertised on your Web site.
귀사의 웹사이트에 광고된 공석과 관련해서 문의하려고 전화 드립니다.

3 We are going to have a ______________ for ______________ who are interested in our company.
우리 회사에 관심이 있는 잠재적 직원들을 위해서 채용 박람회를 개최하려고 합니다.

4 Since our products are in such high demand, we need to ______________ for next year.
우리 제품들의 수요가 매우 높기 때문에, 내년에는 새로운 직원들을 모집할 필요가 있습니다.

5 If you would like to ______________ the ______________, please submit your résumé along with a ______________.
이 자리에 지원하기를 원하시면, 자기 소개서와 함께 이력서를 제출해 주세요.

6 It's not going to be easy to ______________ if your ______________ is not satisfactory.
당신의 업무 평가가 만족스럽지 못하면, 계약을 갱신하기가 쉽지 않을 것입니다.

확인 학습

A 대화를 듣고 각 문제의 정답을 고르세요. 03-05

1 What is going to happen next Monday?

(A) They will hire a new employee.
(B) The speakers are going to look at the résumés together.
(C) The woman will send the résumés to the man.
(D) The speakers will contact potential employees.

어휘 applicant 지원자 position 일자리 popularity 인기 by the end of this week 이번 주말까지 go over 검토하다

2 What department do the speakers most likely work in?

(A) Human Resources
(B) Marketing
(C) Accounting
(D) Product Development

어휘 intern 인턴 be scheduled to ~할 예정이다 information packet(info packet) 정보 자료 묶음 make sure 확실하게 하다

B 각각의 대화를 다시 듣고 빈칸을 완성하세요. 03-06

1

M ________ you ________ the ________ for the ________? I sent them to your office last week.

W I started, but I ________. There was a lot of interest in the position, so it's ________ than expected.

M Yeah, I noticed that there were a lot ________ than the last time. I'm happy about ________.

W It's great. I should be ________, so let's ________ next Monday.

M Perfect. See you then.

2

W What time will the ________ on Monday?

M The orientation ________ at 9:00 A.M. Have you finished ________ yet?

W Not quite, but they will be ________. Do you ________ how many interns are coming?

M ________, so ________ enough packets ________.

W Will do. Thanks, Barry.

A 다음 대화를 듣고 정답을 고르세요.

03-07

1 Why is the man visiting this office?
(A) He lost his paycheck.
(B) He did not receive proper pay.
(C) He needs extra money.
(D) He wants to edit some personal information.

2 Why does the woman say, "You have to be kidding"?
(A) To accuse the man of lying
(B) To ask the man to come back later
(C) To tell the man to stop joking
(D) To show that she is shocked

3 What will happen on Wednesday?
(A) The man will be paid properly.
(B) The woman will contact the man again.
(C) The man will return to the office.
(D) The woman will process the man's request.

POSITION	OPENINGS	Department
Web Page Designer	2	Online Management
Programmer	4	Computer Development
Product R/D	2	R&D
Floor Manager	1	Sales

4 Why is the man calling?
(A) To cancel an application
(B) To learn about an application procedure
(C) To apply for a position
(D) To find out a Web site address

5 When is the application deadline?
(A) June 1
(B) June 20
(C) July 15
(D) July 20

6 Look at the graphic. Which department is the man interested in a position in?
(A) Online Management
(B) Computer Development
(C) R&D
(D) Sales

B 대화를 다시 듣고 빈칸을 완성하세요.

03-08

[1-3]

M: Excuse me. I'm ______________________, but I think there was a mistake ______________________. ______________________ wasn't included.

W You ______________________. You're ______________________ who has had this problem ______________. Do you have your ______________________ with you?

M Oh, really? Yes, here is my info. How long ______________________ the problem?

W Let's see. Yes, ______________________. ______________________, and you should receive ______________________.

M Oh, that's great. Thank you so much.

[4-6]

M Hello. I'm interested in ______________________ as a Web page designer, but I have a question.

W Of course. Thanks for ______________________. How can I help you?

M ______________________ when the starting date for the position is. It says here on the Web site that ______________________ July 15. I also would like to know when the ______________________ is.

W Oh, yes, the ______________________ is July 20. The 15th is for programmers and the ______________________. And all ______________________ by June 1. Do you have any other questions?

M No, ______________________ I needed to know. Thank you.

W You're very welcome. Have a great day.

PART 3

04 여행 / 출장

유형 연습

A 문제를 먼저 읽은 다음, 대화를 듣고 정답을 고르세요. 04-01

W Eric, have you booked the flight tickets for our trip to Manchester? You need to do that as soon as possible if you haven't.

M Not yet. What date does the conference start? We want to arrive one day early, right?

W Yeah, the event starts on the 12th, so you should book four tickets for the 11th.

M Okay, you can count on me. I'll give the details to you by the end of the day.

W Eric, 맨체스터 출장 때 탑승할 비행기표를 예약했나요? 안 했다면 가능한 한 빨리 해야 할 거예요.

M 아직 안 했어요. 컨퍼런스가 며칠에 시작해요? 우리가 하루 일찍 도착해야 하죠?

W 네 맞아요. 12일에 시작하니까 11일에 떠나는 표 4장을 예약해야 해요.

M 알았어요. 저에게 맡기세요. 오늘까지 세부 내용을 보내 드릴게요.

Q What event is the woman planning to attend?

(A) An interview
(B) A job fair
(C) A conference
(D) An opening ceremony

Q 여자가 참석할 예정인 행사는 무엇인가?

(A) 면접
(B) 취업 박람회
(C) 컨퍼런스
(D) 개회식

정답 (C)

▶ 세부 정보를 묻는 문제로, 여자가 참석할 행사가 무엇인지를 묻고 있다. 남자는 컨퍼런스가 언제 시작하는지(What date does the conference start?) 묻고 있는 것으로 보아, 여자는 컨퍼런스에 참석할 것임을 알 수 있다. 정답은 (C)이다.

핵심 포인트

• 여행 / 출장 대화 유형의 경우 예약, 준비, 확인, 이용 문의 등 세부적인 정보를 묻는 문제가 자주 출제된다. 세부 정보 문제를 풀기 위해서는 대화를 듣기 전에 문제를 먼저 읽고, 어떠한 정보를 집중해서 들어야 하는지 파악해야 한다.

B 위 대화를 다시 듣고 질문에 대한 알맞은 답을 고르세요. 04-02

1 When does the event start?

(A) On the 11th
(B) On the 12th
(C) On the 13th

2 What does the man mean when he says, "You can count on me"?

(A) He will reserve the tickets.
(B) He is willing to pay for the tickets.
(C) He can accompany the woman.

빈출 표현

A 다음의 표현들을 듣고 따라 해 보세요. 04-03

공항

direct flight 직행 항공편
connecting flight 연결 항공편
miss a flight 비행기를 놓치다
transfer 비행기를 갈아타다
boarding pass 탑승권
a form of identification 신분증
aisle seat 통로 쪽 좌석
window seat 창문 쪽 좌석
flight attendant 승무원
cabin crew 승무원
overseas travel 해외 여행
luggage / baggage 수하물
carry-on baggage 기내 휴대용 수하물
luggage carousel (= baggage claim) 수하물 찾는 곳
overhead compartment 비행기 짐칸
runway 활주로
arrival / departure 도착 / 출발

여행 / 호텔

go on a business trip 출장 가다
leave 휴가
check in/out 체크인/체크아웃하다
reserve/book a room 호텔을 예약하다
porter 짐꾼
wakeup call 모닝콜
final destination 최종 목적지
itinerary 여행 일정
unavailable 구할 수 없는
travel agency/agent 여행사/여행사 직원
go sightseeing 관광 가다
accommodations 숙박 시설
embassy 대사관
fill out/in a form 양식을 작성하다
jet lag 시차로 인한 피로감
round trip 왕복 여행
current exchange 환전
traveler's check 여행자 수표

B 각각의 문장을 듣고 빈칸을 완성하세요. 04-04

1 You cannot leave the country ______________________.
신분증이 없으면 출국하실 수 없습니다.

2 Please ______________ under your seat or ______________.
기내 휴대용 수화물을 좌석 아래에 두시거나 비행기 짐칸에 넣어 주시기 바랍니다.

3 Would you like ______________ or ______________?
복도 쪽 좌석을 원하세요, 아니면 창가 쪽 좌석을 원하세요?

4 Please ______________ before landing.
착륙하기 전에 이 양식을 작성해주세요.

5 I wonder if I can ______________ for Saturday night.
토요일 밤에 호텔방 2개를 예약할 수 있는지 궁금합니다.

6 ______________ in Jeju are ______________ in August.
제주도의 숙박 시설은 8월에 예약이 꽉 찼습니다.

확인 학습

A 대화를 듣고 각 문제의 정답을 고르세요.

04-05

		FRONT		
4A	4B		4C	4D
5A	5B	Aisle	5C	5D
6A	6B		6C	6D
		BACK		

1 Look at the graphic. Where will the woman sit?

(A) 5A (C) 6A

(B) 5B (D) 6B

어휘 window seat 창가 쪽 좌석 behind ~ 뒤에 mistake 실수 flight attendant 승무원

2 What information does the man ask for?

(A) An e-mail address

(B) A name

(C) An invoice number

(D) A conference ID number

어휘 sign up for 신청하다 exhibition 박람회 take place 개최되다 register 등록하다 registration 등록

B 각각의 대화를 다시 듣고 빈칸을 완성하세요.

04-06

1

W Excuse me, but I think you ________. My ticket says I'm in 5A, ________.

M Oh, really? Let me check my ticket. Hmm… Oh, I'm so sorry. It says that I'm ________. That was my mistake.

W That's no problem. I ________ with you. ________ than having you move.

M That's so kind of you. Thank you so much. I'll ________.

2

W Hello. ________ the Las Vegas Technology Exhibition ________. My company would like to ________.

M Okay. Is this your first time ________?

W No, we have had a booth every year for the last 3 years.

M Oh, then registration should be very simple. What name ________ last year? I can ________ to create a new registration for this year.

PART 3

실전연습

A 다음 대화를 듣고 정답을 고르세요.

04-07

1 What does the man ask for?

(A) A ticket

(B) A form of identification

(C) A boarding pass

(D) A reservation number

2 What does the woman have to do in Tulsa?

(A) Receive a new boarding pass

(B) Pick up her luggage

(C) Request a seat change

(D) Present her passport

3 Where will the woman find her checked bag?

(A) At the Tulsa departing gate

(B) At the Philadelphia airline counter

(C) At the Tulsa baggage claim

(D) At the Philadelphia baggage claim

4 Who most likely are the speakers?

(A) Family members

(B) Hotel employees

(C) Coworkers

(D) Friends

5 What are the speakers going to do tomorrow?

(A) Apply for a job

(B) Check out early

(C) Take a taxi

(D) Attend a meeting

6 What will the man do next?

(A) Speak with a hotel receptionist

(B) Check out of the hotel

(C) Contact a law firm about a meeting

(D) Ask to have his breakfast delivered early

B 대화를 다시 듣고 빈칸을 완성하세요. 04-08

[1-3]

M Good afternoon. ______________________, please?

W Here you are.

M What is ______________ today? And will you be checking any bags?

W I'm going to Philadelphia, and, yes, I would like to check this bag, please.

M Okay. I see ______________ in Tulsa. You have to ______________ ______________ when you get there, so please go to the airline counter as soon as you arrive.

W I see. Do I need to ______________ in Tulsa as well?

M No, your bag will ______________________________. You ______________________________ area there.

[4-6]

W1 ______________________________ tomorrow? Will we have time to ______________________________ with the partners at the Lakeview Law Firm?

M We should check out at 12:00 P.M., so I think we should ______________ ______________. I'm sure there is a place we can keep them at their office.

W2 Well, why don't we just ask the hotel ______________________? It would be such a pain to bring our things all the way to the office.

W1 Good idea, Lisa. I don't mind ______________________. It would be better to leave our bags at the hotel during the meeting.

M Hmm... let's ______________________. I think we can pay the fee by ______________________.

토익 실전 어휘 PART 3 UNIT 01 - 04

A 다음 표현의 우리말 뜻을 고르세요.

		(a)	(b)
1	shareholder's meeting	(a) 주주 총회	(b) 주식 배당
2	upcoming events	(a) 다가오는 행사	(b) 기대되는 행사
3	behind schedule	(a) 일정보다 늦은	(b) 일정보다 빠른
4	performance evaluation	(a) 업무 평가	(b) 업무 보조
5	parking structure	(a) 주차 허가	(b) 주차 건물

B 다음 우리말에 맞는 어휘를 고르세요.

1 제가 마케팅 팀에 연락을 취해서 무엇을 할 수 있는지 알아 볼게요.

→ I will (get a hold of / get the hang of) the marketing team and find out what we can do.

2 몇 명의 인턴들이 오는지 최종적인 숫자를 알고 있나요?

→ Do you have (the last number / a final number) on how many interns are coming?

3 지원 마감일이 언제 인지 알고 싶습니다.

→ I would like to know when (the completion / the application) deadline is.

4 제가 오늘까지 세부 사항을 보내 드릴게요.

→ I will give you (the features / the details) by the end of the day.

5 작년에 어떤 이름으로 등록을 하셨나요?

→ What name did you register (from / under) last year?

C 각 문장의 괄호 안에 있는 단어들을 올바른 순서로 배열하세요.

1 I think we should ______________. (clerks / more / hire / sales)
우리는 더 많은 판매 사원을 고용해야 할 것 같아요.

2 Let me ______________ before we start. (agenda / over / today's / go)
우리가 시작하기 전에 오늘의 안건을 제가 살펴보겠습니다.

3 The restaurant ______________ the party. (fully / is / of / day / on / the / booked)
그 식당은 파티하는 날 예약이 다 차 있습니다.

4 I will ______________. (you / away / to / right / them / send)
내가 그것들을 지금 당장 너에게 보내 줄게.

5 I can ______________. (your / off / approve / time)
내가 당신의 휴가를 승인해 줄 수 있어요.

PART 3

05 시설 / 사무 기기

유형 연습

A 문제를 먼저 읽은 다음, 대화를 듣고 정답을 고르세요. 05-01

M The copy machine has broken down three times this month. It's starting to become a big problem.

W Hmm… maybe it's time for an upgrade. I'll ask the manager if we have enough money in the budget for a new one.

M Oh, that would be great. Could you ask if we can get a copier that does color prints?

W Sure, I'll talk to him at our meeting tomorrow.

M 복사기가 이번 달에만 세 번 고장 났어요. 이것이 큰 문제가 되고 있어요.

W 음… 아마도 이번에는 업그레이드가 필요한 것 같군요. 우리가 새 복사기를 살 예산이 있는지 매니저에게 물어봐야겠어요.

M 그러면 좋겠어요. 컬러로 인쇄되는 복사기를 살 수 있는지 물어봐 주시겠어요?

W 물론이죠. 내일 회의에서 말해 볼게요.

Q What does the woman suggest?

(A) Moving to s new department

(B) Buying a new copy machine

(C) Calling a repairman

(D) Printing more documents in color

Q 여자가 제안하고 있는 것은?

(A) 새 부서로 이동하는 것

(B) 새 복사기를 구입하는 것

(C) 수리 기사를 부르는 것

(D) 더 많은 문서를 컬러로 인쇄할 것

정답 (B)

▶ 여자가 제안하고 있는 바를 묻는 질문이다. 여자는 첫 번째 대화에서 '복사기를 업그레이드할 때가 되었다(it's time for an upgrade.)"라고 말한 다음, '새 복사기를 구입할 예산(money in the budget for a new one)을' 언급한 것으로 보아 여자가 제안하는 것은 (B)의 '새 복사기를 구입하는 것'임을 알 수 있다.

핵심 포인트

• 시설 / 사무 기기와 관련해서는 업무용 기기의 오작동 / 주문 / 배달과 관련된 대화나, 시설물의 이용이나 폐쇄와 관련된 대화들이 제시된다. 이러한 정보와 관련된 내용을 묻는 질문이 주를 이루므로, 문제를 먼저 읽고 나서 집중해서 들어야 할 정보가 무엇인지를 파악하는 것이 중요하다.

B 위 대화를 다시 듣고 질문에 대한 알맞은 답을 고르세요. 05-02

1 What does the woman imply when she says, "It's time for an upgrade"?

(A) The office needs to be improved.

(B) A new copier is needed.

(C) The copier needs to be fixed.

2 What does the woman say she will do?

(A) Send an e-mail

(B) Purchase a new copier

(C) Ask about the budget

빈출 표현

A 다음의 표현들을 듣고 따라 해 보세요.

05-03

시설 관련

facilities 시설물
under construction 공사 중인
in operation 영업 중인
building renovation 건물 개조
mechanic 정비 기사
technician 기술자
parking structure 주차 건물
evacuate 대피시키다
complex 복합 건물, 단지
emergency exit 비상구
conference room 회의실
property 부동산, 건물
spacious (공간이) 넓은
shut down 문을 닫다, 폐쇄하다
leak (물이) 새다; 샘
premises 건물, 부지

사무기기 관련

break down 고장 나다
upgrade 업그레이드하다, 개선하다
call a repairman 수리 기사를 부르다
print documents 문서를 인쇄하다
run out (of) ~이 다 떨어지다
put an order in for ~의 주문을 넣다
office supply store 사무용품점
give a refund 환불해주다
instruction manual 사용 설명서
express delivery 빠른 배송
out of order 고장 난
work properly 제대로 작동하다

B 각각의 문장을 듣고 빈칸을 완성하세요.

05-04

1 Why don't we stop by the .... store on the way to the office? We ran out of printing paper.
사무실 가는 길에 사무용품점에 들를까요? 인쇄 용지가 다 떨어졌어요.

2 I am going to .... more files later this afternoon.
오후에 파일을 조금 더 주문할게요.

3 I don't think we need to .... since this is not ....
이것이 긴급한 것은 아니어서 특급 배송을 이용할 필요는 없을 것 같아요.

4 Let me give you the number in case you want to ....
수리 기사를 부르고 싶을 수도 있으니 이 번호를 드릴게요.

5 The .... is under .... , so you should move your car to the ....
주차 건물이 수리 중이므로, 차량을 공공 주차장으로 옮겨 주세요.

6 Smoking is strictly forbidden ....
구내의 어느 곳에서든 흡연이 엄격히 금지됩니다.

확인 학습

A 대화를 듣고 각 문제의 정답을 고르세요.

05-05

1 What did Beatrix do earlier?

(A) She came to work early.
(B) She printed some documents.
(C) She cleaned the supply closet.
(D) She bought some envelopes.

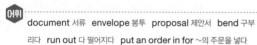

어휘 document 서류 envelope 봉투 proposal 제안서 bend 구부리다 run out 다 떨어지다 put an order in for ~의 주문을 넣다 urgent 긴급한 office supply store 사무용품점 pay back 갚다

2 According to the man, what decision was recently made?

(A) To begin construction early
(B) To close the south lot
(C) To make a new contract
(D) To rename the parking lot

어휘 construction 건설, 공사 be supposed to ~하기로 되어 있다 lot 공간, 주차장 be expected to ~할 것으로 예상된다

B 각각의 대화를 다시 듣고 빈칸을 완성하세요.

05-06

1

M Do we have any more ______________? I need to send the new proposal to our team in Montreal, and I don't want to ______________.

W1 Hmm... it seems that we ______________. I'll ______________ some more. ______________, you can buy some at the ______________ down the road, and the company will ______________.

W2 Actually, I ______________ this morning. They are ______________ on the first floor.

M Oh, that's great! ______________, Beatrix.

2

M Excuse me, ma'am, but I'm afraid ______________. We are going to ______________ here this afternoon.

W Construction? That ______________ until tomorrow.

M We just ______________ because of the weather. You'll have to ______________, unfortunately.

W Okay, well, thank you for the information. Do you know when the construction ______________?

M I'm not sure, but I don't expect ______________.

PART 3

실전 연습

A 다음 대화를 듣고 정답을 고르세요.

05-07

1 What is the conversation mainly about?

(A) A new employee

(B) Transferring departments

(C) Equipment for a meeting

(D) Upgrading some facilities

2 According to the man, what can the woman do?

(A) Reserve a conference room for a meeting

(B) Ask an IT employee to prepare some equipment

(C) Take tomorrow off from work

(D) Give the meeting to someone else

3 What is the woman's concern?

(A) She is going to be late for work.

(B) Her boss might be mad at her.

(C) Her meeting might be canceled tomorrow.

(D) She doesn't know how to use some technical equipment.

4 What are the speakers talking about?

(A) The sales figures for this quarter

(B) A new promotion

(C) A temporary change

(D) Workplace responsibilities

5 What does the man ask the woman to do?

(A) Make some signs

(B) Distribute promotional fliers

(C) Call a repairman

(D) Make a phone call

6 What did the man do earlier?

(A) Made some signs about an issue

(B) Informed the employees about a change

(C) Prepared a Web site to reflect some information

(D) Asked his boss for more information

B 대화를 다시 듣고 빈칸을 완성하세요. 05-08

[1-3]

W Dan, I need ______________ for tomorrow's meeting. Are any of the ______________?

M Hmm... it looks like all the rooms ______________. You ______________ one of the ______________ and set it up ______________.

W That sounds kind of difficult. I've never used ______________ before, and ______________ that it might not work properly.

M Don't worry. You can ask someone ______________ to help. They can ______________ for you. Just call them and ______________.

W Wow, ______________ I needed! Thank you so much.

[4-6]

M Tomorrow, the ______________ are going to be ______________. Could you ______________ to explain that we will ______________ the second-floor bathrooms ______________?

W Of course. How long ______________?

M The repairs should ______________, so just explain that the inconvenience ______________.

W Got it. Should we send an e-mail out ______________ to ______________?

M I already did that this morning, so all the employees should know about it. Let's just ______________ to ______________.

PART 3

06 제품 / 서비스

유형 연습

A 문제를 먼저 읽은 다음, 대화를 듣고 정답을 고르세요.

06-01

W Hello, Mr. Wells. I work for *Health and Fitness* magazine. You recently canceled your subscription, and I wonder if I can ask you a few questions about why you did that.

M Sure, what would you like to know?

W First of all, was there a particular reason you decided to discontinue service with us?

M Oh, I was just trying to cut back on expenses.

W 여보세요, Wells 씨, *건강과 신체 단련* 잡지사입니다. 최근에 구독을 해지하셔서 그 이유에 대해 몇 가지 질문을 드리고 싶습니다.

M 네, 무엇이 궁금하세요?

W 우선, 구독을 해지하신 특별한 이유라도 있으세요?

M 오, 단지 지출을 좀 줄이고 싶었어요.

Q Why did the man cancel his subscription to the magazine?

(A) To save money

(B) To save time

(C) To make a complaint

(D) To subscribe to a different one

Q 남자는 왜 잡지 구독을 해지했는가?

(A) 돈을 절약하려고

(B) 시간을 절약하려고

(C) 불만을 제기하려고

(D) 다른 잡지를 구독하려고

정답 (A)

▶ 해지 이유를 묻는 여자의 질문에 대한 남자의 대답은 'cut back on expenses (지출을 줄이다)'이므로, 이를 비슷한 표현으로 바꾼 보기 (A) To save money(돈을 절약하려고)가 정답이 된다.

핵심 포인트

• 제품 / 서비스 관련 대화 유형은 손님과 직원 간의 대화가 자주 출제된다. 판매, 배송, 환불, 수리, 불만, 문의 등에 대한 내용이 주를 이룬다.

B 위 대화를 다시 듣고 질문에 대한 알맞은 답을 고르세요.

06-02

1 What kind of business does the woman work for?

(A) Manufacturing

(B) Banking

(C) Publishing

2 Why is the woman calling?

(A) To ask about a cancelation

(B) To ask about a late payment

(C) To ask about a discount

빈출 표현

A 다음의 표현들을 듣고 따라 해 보세요.

06-03

판매 / 배송 관련

carry an item 상품을 보유하다
in stock 재고가 있는
take inventory 재고 조사를 하다
manufacturer 제조 회사
quality 품질, 질
reliable 신뢰할 수 있는
state-of-the-art machine 최신식 기계
handmade 수제의
up-to-date 최신의
deliver a product 제품을 배송하다
warehouse 창고
shipment 배송
aisle 진열대 사이의 통로
appliance 가전제품
goods 상품
storage facility 저장 시설
pick up 찾으러 오다
distribute 배포하다
invoice 청구서

수리 / 환불 / 불만 관련

get/receive a refund 환불을 받다
return a product 제품을 반송하다
exchange an item 제품을 교환하다
check a manual 설명서를 확인하다
for free 무료로
original receipt 영수증 원본
guarantee 보증하다
replace 대체하다
charge 비용을 청구하다
apologize 사과하다
recall 회수 / 회수하다
make a complaint 불만을 제기하다
defective 결함이 있는
inconvenience 불편함
at no extra charge 추가 비용 없이
laundry service 세탁 서비스
customer service representative 고객 센터 직원

B 각각의 문장을 듣고 빈칸을 완성하세요.

06-04

1 You must ____________ of the product to ____________.
환불을 받으시려면 제품의 영수증 원본을 가지고 오셔야 합니다.

2 You can ____________ a little after 3 P.M.
3시 조금 지나서 턱시도를 찾아가실 수 있습니다.

3 We are truly ____________.
불편을 드려서 진심으로 죄송합니다.

4 We are afraid that we don't ____________.
저희는 세탁 서비스를 제공하지 않습니다.

5 I wonder if you ____________ in the store.
상점에 가전제품이 있는지 궁금합니다.

6 The store ____________ for these pair of jeans.
그들은 이 청바지 값으로 70달러를 달라고 했어요.

확인 학습

A 대화를 듣고 각 문제의 정답을 고르세요.

06-05

1 Why did the man call?

(A) He wanted to exchange a product.
(B) He had a problem receiving a refund.
(C) A store didn't send him a product.
(D) There was a missing document.

어휘 refund 환불; 환불하다 shop assistant 점원 receipt 영수증 approve 승인하다 delay 지연

2 What are the speakers talking about?

(A) Repairing a product
(B) Designing a logo
(C) Canceling a purchase
(D) Changing an order

어휘 order 주문 take care of 처리하다

B 각각의 대화를 다시 듣고 빈칸을 완성하세요.

06-06

1

M Hi. My name is Abel Martin, and I'm calling about ______________ at your store last month. The shop assistant told me that I would ______________ ______________ within two weeks, but it ______________.

W I'm sorry to hear that. Do you have ______________ with you?

M Yes, it's 554001.

W Let me see. It looks like your refund request ______________. I'll approve it now. You should receive the refund ______________. I'm very ______________.

M It's no problem.

2

M Hello. This is Jake from Howser Communications. I have ______________ ______________ to our print order. ______________?

W Of course. If you e-mail me the document and let me know ______________ ______________, I ______________. That is no problem. And please let me know if it is a color or black and white order.

M Okay, I'll ______________ right now. When do you think ______________ ______________?

W If you send me the new document right now, I can probably ______________ ______________.

A 다음 대화를 듣고 정답을 고르세요.

06-07

Plan	Data	Cost per Month
A	500MB	$15
B	1GB	$30
C	2GB	$45
D	5GB	$60

1 Where most likely are the speakers?
(A) At a telecommunications shop
(B) At an accounting firm
(C) At a call center
(D) At an IT conference

2 What does the man want to do?
(A) Upgrade his data service
(B) Cancel his existing phone service
(C) Sign up for a new phone service
(D) Apply for a customer service job

3 Look at the graphic. How much will the man pay per month for his new plan?
(A) $15
(B) $30
(C) $45
(D) $60

4 Why does the woman call?
(A) She is lost.
(B) She needs help with her copy machine.
(C) She is going to be late.
(D) She wants to cancel her appointment.

5 What problem does the woman mention?
(A) A device is out of order.
(B) She forgot about an appointment.
(C) Her car has broken down.
(D) The road traffic is heavy.

6 What does the man tell the woman?
(A) How to enter a building
(B) Where a copy machine is
(C) What is wrong with a copy machine
(D) What time he will be there

B 대화를 다시 듣고 빈칸을 완성하세요. 06-08

[1-3]

M Hi. I'm ______. Can you show me ______ for plans that include data?

W Certainly. As you can see on this chart, we have ______. The cost ______. Our 2-gigabyte plan is ______ right now.

M Hmm... well... I need at least 3 gigabytes per month, so I ______.

W Well, you can see here that we have one plan with more than 3 gigabytes. ______?

M That sounds perfect. Can I ______ today?

W Absolutely. ______ for you to ______, and we can ______ right away.

[4-6]

W Hello. This is Adela from Davis Repairs. I am ______ to repair your copy machine, but I think I'll be late because of the traffic jam.

M Oh, I'm sorry to hear that, but ______. What time ______?

W Well, I ______ by 3:00 P.M., but I think I will arrive a little after 4:00 P.M. Is that all right?

M Yes, it's no problem. When you arrive, please ______, and someone will ______.

W All right. Thank you so much and ______.

PART 3

07 쇼핑 / 휴가

유형 연습

A 문제를 먼저 읽은 다음, 대화를 듣고 정답을 고르세요. 07-01

W Good morning. How can I help you?

W Hello. I'd like to file a complaint about my room. It smells terrible, and I don't think I can sleep in there another night.

M Oh, I'm so sorry to hear that. Let me see if I can find another room for you. Hmm... unfortunately, it looks like we are fully booked. But if you can wait until tomorrow, I can offer you a room upgrade.

W That sounds fine. Please let me know as soon as I can move into the new room.

M 안녕하세요. 무엇을 도와드릴까요?

W 제 방과 관련해서 불만 사항을 말씀드릴까 해서요. 냄새가 너무 지독해서, 거기에서 더 묵을 수는 없을 것 같아요.

M 죄송합니다. 제가 다른 방을 찾을 수 있는지 알아 볼게요. 음... 안타깝게도, 지금 저희 호텔은 만실입니다. 하지만 내일까지 기다리시면, 업그레이드된 방을 드릴 수 있어요.

W 그거 좋네요. 제가 새로운 방으로 옮길 수 있게 되면 알려 주세요.

Q Why can the woman not change rooms today?

(A) There are no empty rooms.
(B) It is against company policy.
(C) She can't afford a different room.
(D) Her room smells bad.

Q 여자는 왜 오늘 방을 바꿀 수 없는가?

(A) 빈 방이 없다.
(B) 회사 방침에 어긋나는 일이다.
(C) 그녀는 다른 방을 빌릴 여유가 없다.
(D) 그녀의 방에서 나쁜 냄새가 난다.

정답 (A)

▶ 여자가 방을 바꿀 수 없는 '이유'를 묻는 질문이다. 방을 바꾸어 달라는 여자의 요청에 남자가 'we are fully booked (우리 호텔은 만실이다)'라고 하였으므로 빈 방이 없다는 내용의 (A)가 정답이 된다. 'fully booked'를 'no empty rooms'로 표현하고 있다.

핵심 포인트

- 쇼핑과 관련해서는 상품의 구매, 교환 환불 등과 관련된 대화들이 등장한다.
- 휴가와 관련해서는 비행기나 호텔의 예약, 취소 등과 관련된 내용이 자주 등장한다. 특히, 상품이나 호텔 서비스 등에 대한 불만을 나타내는 대화가 자주 출제된다.

B 위 대화를 다시 듣고 질문에 대한 알맞은 답을 고르세요. 07-02

1 What is the woman's problem?

(A) The condition of her room is not good.
(B) Her room is too noisy.
(C) There is not enough space in her room.

2 Who most likely is the man?

(A) A sales clerk
(B) A hotel employee
(C) A sales representative

빈출 표현

A 다음의 표현들을 듣고 따라 해 보세요.

07-03

쇼핑 관련

make a purchase 구매하다
return an item 제품을 반납하다
offer a discount 할인을 제공하다
get a discount 할인을 받다
overcharge (비용 등을) 과다 청구하다
out of stock 재고가 없는
brand new 새로운, 신제품인
up to 50% 50퍼센트 까지
get a refund 환불을 받다
free of charge 무료인
exchange A for B A를 B로 교환하다
shop for ~을 쇼핑하다
speak with a manager 매니저와 이야기 하다
sold out 다 팔린
on sale 판매 중인; 할인 중인
additional discount 추가 할인

휴가 관련

file a complaint 불만을 신고하다
make a reservation 예약하다
confirm a reservation 예약을 확인하다
cancel a flight 비행편을 취소하다
take some time off 얼마간 쉬다
travel agency 여행사
itinerary 여행 일정표
sightseeing 관광
go on a cruise 유람선 여행을 하다
go on vacation 휴가를 가다
go on a trip 여행을 가다
travel agent 여행사 직원

B 각각의 문장을 듣고 빈칸을 완성하세요.

07-04

1 We are .... when you ....
온라인으로 구매하시면 10퍼센트 할인을 제공합니다.

2 If you want to ...., you should ....
물품을 반품하시려면, 원본 영수증을 가져오셔야 합니다.

3 I think I .... the coat I purchased at your store.
당신의 상점에서 구매한 코트에 대해서 (비용이) 과다 청구되었다고 생각합니다.

4 I would like to .... about the service.
서비스와 관련해서 매니저와 이야기하고 싶습니다.

5 If you purchase 3 items on this shelf, you can ....
이 선반에서 3개의 물건을 구입하시면, 추가 할인을 받으실 수 있습니다.

6 According to this ...., I am supposed to .... on the last day.
이 여행 일정표에 따르면, 마지막 날에 제가 관광을 하기로 되어 있습니다.

확인 학습

A 대화를 듣고 각 문제의 정답을 고르세요.

07-05

1 What does the man recommend the woman do?

(A) Use a coupon to buy a sale item
(B) Buy several pairs of jeans
(C) Keep her coupon to use at a later date
(D) Browse the new products on sale

어휘
still going on 여전히 진행 중인 buy-one-get-one-free deal 1 + 1행사 as well 또한 combine 결합하다 promotion 행사 take a look around 둘러 보다 browse 둘러 보다

2 What is the problem?

(A) An item is sold out.
(B) The man did not bring his credit card.
(C) A product is broken.
(D) The woman does not have any cash.

어휘
return an item 반품하다 purchase 구매하다 give a refund 환불해 주다 sold out 다 팔린

B 각각의 대화를 다시 듣고 빈칸을 완성하세요.

07-06

1

W Hello. Is your Memorial Day Sale ____________?

M It certainly is. ____________ are ____________, and we have a buy-one-get-one-free deal on any pair of jeans.

W Oh, great. I have a coupon that I ____________. Can I use it ____________ as well?

M Unfortunately, sale prices ____________ any other coupons or ____________. I'm sorry about that, but you can ____________ and use it ____________.

W Okay, well, I think I'll just ____________ for now. Thank you.

2

M Hello. I'd like to ____________, please.

W All right, sir, I can certainly ____________. Do you have the ____________ that ____________?

M Oh, no, ____________ right now, but I have the receipt. Can you ____________?

W Unfortunately, we have ____________. You will have to return with the card before I can give you a ____________.

M I see. Well, I'll have to ____________ then. Thank you anyway.

PART 3

실전 연습

A 다음 대화를 듣고 정답을 고르세요.

07-07

1 Where most likely does the woman work?

(A) At a hotel
(B) At an airport
(C) At a taxi company
(D) At a restaurant

2 What problem does the man mention?

(A) He lost his wallet.
(B) He wants to make a room reservation.
(C) He would like to speak with the manager.
(D) He forgot his reservation number.

3 What most likely will the woman do next?

(A) Send the man his wallet
(B) Close the reception desk
(C) Call her manager
(D) Reserve a room for the man

4 What is the man shopping for?

(A) Art supplies
(B) An oven
(C) Flowers
(D) Flour

5 What does Leeroy say about the item?

(A) The store is sold out of it.
(B) It is sold at a different branch of the store.
(C) He sold the last of the stock this morning.
(D) It is on sale for a reduced price.

6 What most likely will the customer do next?

(A) Place an order for a product
(B) Negotiate the price of an item
(C) Go to another store location
(D) Ask to speak with the manager

B 대화를 다시 듣고 빈칸을 완성하세요. 01-08

[1-3]

M Hello. ______ because I stayed there last night, and I think ______ in the room when I ______.

W You did? Okay, let me ______. What room were you staying in?

M Room 505. I was there ______ and checked out this morning.

W Yes, it seems that a member of the staff gave your wallet ______ here. ______ and pick it up ______ for you.

M Oh, no. ______, so there is no way ______. Can you have it ______?

W You'll have to ______ about that. ______.

[4-6]

W Good morning. How may I help you?

M1 Hi. ______ whole wheat flour? I'd like to ______ for my bakery.

W Whole wheat flour? I think we do, but ______. Hey, Leeroy, ______ ______ whole wheat flour?

M2 Yeah, but ______. You have to ______ for that. Or we can order it and ______.

M1 Okay, ______ I'll just ______. Thanks so much for the help.

PART 3

08 교통 / 공공장소

유형 연습

A 문제를 먼저 읽은 다음, 대화를 듣고 정답을 고르세요. 08-01

M I'm sorry, but could you tell me where I can get the train to Buffalo? I'm not sure which platform I need to go to.

W Of course. Are you taking the local train or the express train?

M It doesn't really matter, so I'll take whichever is departing sooner.

W That would be the local train. You can get the train at platform 8. Make sure you keep your ticket on you at all times.

M Great. Thank you so much for your help.

M 죄송하지만, 버팔로가는 기차를 어디에서 타는지 말씀해 주시겠어요? 어느 승강장으로 가야 하는지 잘 모르겠어요.
W 물론이죠. 완행 열차를 타세요? 아니면 급행 열차를 타세요?
M 별로 상관없어요. 빨리 출발할수록 좋죠.
W 그럼 완행 열차겠네요. 8번 승강장에서 탈 수 있어요. 항상 표를 소지하셔야 해요.
M 네. 도와주셔서 감사합니다.

Q What does the man mean when he says, "It doesn't really matter"?

(A) He does not know the difference.
(B) He does not mind which train he takes.
(C) He does not agree with the woman.
(D) He cannot decide yet.

Q 남자가 말한 "It doesn't really matter"는 무엇을 의미하는가?
(A) 그는 차이를 알지 못한다.
(B) 그는 무엇을 탑승하든 상관하지 않는다.
(C) 그는 여자의 의견에 동의한다.
(D) 그는 아직 결정하지 못했다.

정답 (B)

▶ 인용 문제의 경우, 인용된 문장의 바로 앞뒤의 내용을 정확히 파악해야 한다. 이 남자가 "It doesn't really matter (별로 상관없어요)" 라고 말하기 전 상황을 살펴보아야 하는데, 여자가 완행과 급행 열차 중 어떤 기차를 타는지 물었다. 따라서 정답은 (B)이다.

핵심 포인트

- 교통 / 공공장소의 예로는 기차역, 도서관, 병원, 영화관, 부동산, 우체국 등이 있다.
- 장소와 관련된 상황 및 어휘, 표현을 정리해 두면 전체 대화를 이해하는데 도움이 된다.

B 위 대화를 다시 듣고 질문에 대한 알맞은 답을 고르세요. 08-02

1 What train will the man probably take to Buffalo?

(A) An express train
(B) A subway train
(C) A local train

2 What will the man do next?

(A) Check a train schedule
(B) Buy a train ticket
(C) Go to a platform

빈출 표현

A 다음의 표현들을 듣고 따라 해 보세요.

08-03

교통 수단 / 교통 상황

catch a train 기차를 타다
miss a bus 버스를 놓치다
get on/off a bus 버스에서 내리다/타다
board a subway 지하철을 타다
detour 우회하다
traffic jam/congestion 교통 체증
get stuck in traffic 차가 막히다
transfer 갈아타다
platform 승강장
ticket office 매표소
intersection 교차로
crosswalk 횡단보도
one-way ticket 편도 승차권
round-trip ticket 왕복 승차권
road sign 교통 표지판
car crash 교통 사고
parking lot 주차장
pedestrian 보행자
traffic light 교통 신호
get a flat tire 타이어가 펑크 나다

병원 / 영화관

medical checkup 건강 검진
have an appointment 약속이 있다
fill out a document 서류를 작성하다
insurance coverage 보험 보장 범위
symptom 증상
reception 접수처
medication 약물
action/horror film 액션/공포 영화
sci-fi movie 공상 과학 영화
plot 줄거리
cast 영화 출연진

도서관 / 부동산

return a book 책을 반납하다
check out a book 책을 빌리다
additional charge 추가 비용
real estate office 부동산 중개소
realtor 부동산 중개인
property 부동산, 재산
rent an apartment 아파트를 임대하다
pay one's rent 월세를 내다

B 각각의 문장을 듣고 빈칸을 완성하세요.

08-04

1 If you are over forty years old, you ______________________ on a regular basis.
당신이 40세 이상이라면, 규칙적으로 건강 검진을 받아야 합니다.

2 There are ______________________ at this time of day.
하루에 이맘때에는 보행자가 많습니다.

3 Mr. Yamamoto ______________________ on his way to work.
Yamamoto 씨가 출근하는 도중에 길이 막혔습니다.

4 You are allowed to ______________________ at a time.
한 번에 책을 5권씩 대출하실 수 있습니다.

5 We had better leave now ______________________ to Boston.
우리가 보스턴으로 가는 11시 기차를 타려면 지금 떠나야 해요.

6 A headache and a stomachache are ______________________ of the flu.
두통과 복통은 독감의 가장 흔한 증상입니다.

확인 학습

A 대화를 듣고 각 문제의 정답을 고르세요. 08-05

1 What will the man most likely do next?

(A) Go to a train station

(B) Take an elevator

(C) Buy a ticket to Madrid.

(D) Wait for a bus at a platform

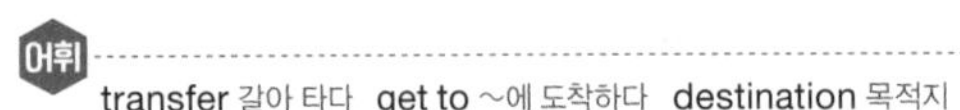

어휘 transfer 갈아 타다 get to ~에 도착하다 destination 목적지

TIME	DOCTOR
12:30-1:30	Dr. Kelly
2:00-3:00	Dr. Lee
3:30-4:30	Dr. Palmer
5:00-6:00	Dr. Yang

2 Look at the graphic. Who will the man meet for an X-ray?

(A) Dr. Kelly (C) Dr. Palmer

(B) Dr. Lee (D) Dr. Yang

어휘 appointment 약속 fill out 작성하다 insurance 보험

B 각각의 대화를 다시 듣고 빈칸을 완성하세요. 08-06

1

M Excuse me. Can I use this ticket to __________? I'm __________ Madrid.

W Let's see. I'm sorry, but bus tickets can __________ if your ticket is __________. You bought your ticket __________, so you __________ to get to your destination.

M Oh, I see. Do you know __________?

W It's just right there __________.

2

M Hello. My name is Keith Little. I __________ for an X-ray at 2:30 P.M. today.

W All right, I see __________ to visit our office. Here, please __________ while you wait. A nurse will call you when __________ __________.

M Great. Do you need __________? I have it right here.

W Oh, yes, thank you. I'll __________.

A 다음 대화를 듣고 정답을 고르세요.

08-07

1 Where most likely are the speakers?

(A) At a movie theater

(B) At a shopping mall

(C) At a bookstore

(D) At a library

2 What does the man suggest the woman do?

(A) Pay a fine today

(B) Purchase a book

(C) Come back another time

(D) Bring some more books

3 What does the man mostly likely mean when he says, "I'm afraid not"?

(A) He will cancel a fine.

(B) The woman cannot use a credit card.

(C) Late fees are expensive.

(D) There is not an ATM nearby.

TITLE	TIME	PRICE
The Last Battle	10:00 A.M.	$6.00
	11:00 A.M.	$7.00
	3:00 P.M.	$8.00
	7:00 P.M.	$9.00

4 Why is the man calling?

(A) To ask for directions

(B) To ask the woman to go out

(C) To cancel a reservation

(D) To ask about a cost

5 Look at the graphic. How much will the speakers pay for each ticket?

(A) $6.00

(B) $7.00

(C) $8.00

(D) $9.00

6 What does the man say about the restaurant?

(A) It opened recently.

(B) It is close to the theater.

(C) It is being renovated.

(D) It has a good reputation.

B 대화를 다시 듣고 빈칸을 완성하세요. 08-08

[1-3]

W Hello. ______________ these books, please. Here is ______________.

M All right, let's take a look. Oh, it seems that ______________ by a week. You'll have to ______________.

W Oh, really? I didn't realize that it was late. Hmm… ______________ on me. Is it possible to ______________?

M I'm afraid not. But there is ______________ that you can use. I ______________ today to ______________.

[4-6]

M Hello, Rachel. I'm ______________ tomorrow. Do you want to go with me?

W Sure, ______________. What do you ______________?

M Well, I want to see the new action film *The Last Battle*, but I'm not sure ______________. What do you think?

W Hmm… Let's see a morning show ______________. How about ______________?

M Good idea. We ______________, too. I know a good restaurant ______________.

토익 실전 어휘 PART 3 UNIT 05 - 08

A 다음 표현의 우리말 뜻을 고르세요.

1 take inventory (a) 재고를 조사하다 (b) 상품을 진열하다

2 business premises (a) 사업용 부지 (b) 사업용 장비

3 state-of-the-art (a) 최신의 (b) 구식의

4 make a complaint (a) 불만을 제기하다 (b) 칭찬을 하다

5 document envelope (a) 서류 배송 (b) 서류 봉투

B 다음 우리말에 맞는 어휘를 고르세요.

1 매장에 최신 노트북을 취급하고 계신지 궁금해요.

→ I wonder if you (hold / carry) latest laptops in the store.

2 이 일로 인하여 불편함을 드려 정말 죄송합니다.

→ We are really sorry for the (indifference / inconvenience) this might cause.

3 급하기 때문에 계약서를 빠른 우편으로 보내야 한다고 생각해요.

→ I think you should send the contract by express service since it is (overdue / urgent).

4 Smith 씨는 회의실에 작은 프로젝터를 설치할 거예요.

→ Mr. Smith will (set up / check out) the portable projector in the meeting room.

5 이 여행 일정표에 따르면, 마지막 날에 우리는 로마에 간다.

→ According to this (minute / itinerary), we are going to Rome on the last day.

C 각 문장의 괄호 안에 있는 단어들을 올바른 순서로 배열하세요.

1 Ms. Tailor .... on the way here. (in / got / traffic / stuck)
Tailor 씨는 여기 오는 길에 차가 막혔어요.

2 All of our winter clothing lines .... (to / are / 50% / up / off)
겨울 의류 전품목은 50퍼센트까지 할인합니다.

3 The construction .... tomorrow. (until / supposed / isn't / to / start)
공사는 내일까지 시작하지 않기로 되어있다.

4 The doctor advised me to ....
(get / a regular / on / a medical checkup / basis)
의사는 내게 규칙적으로 건강검진을 받으라고 충고했다.

5 Please step over to the counter and .... (fill / this / out / form)
카운터로 오셔서 이 양식을 작성해주세요.

담화문

Short Talks

01 광고

02 방송

03 전화 메시지

04 회의 / 공지

05 발표 / 인물 소개

06 관광 / 관람 / 견학

07 공공장소 공지 / 안내

광고

유형 연습

A 문제를 먼저 읽은 다음, 담화를 듣고 정답을 고르세요. 01-01

M The end of the semester is here, and you know what that means: it's time to sell back your used textbooks. Here at Barney's Books, we offer the best prices to students selling their books. In fact, if the university bookstore offers a better price, we guarantee that we will match its price. Mention this ad at any of our locations, and you can receive a free bookbag when selling your used books to us.

M 학기 말이 다가왔습니다. 이것이 무슨 의미인지 잘 알고 계시지요? 중고책을 팔 때가 다는 것이지요. 여기 Barney's Books에서 책을 팔려고 하는 학생들에게 가장 좋은 가격을 제시해 드립니다. 만일 학교 서점이 더 나은 가격을 제공한다면, 그 가격에 맞춰 드릴 것을 보장합니다. 우리 상점 어디에서든 이 광고를 보셨다고 하시면, 중고책을 우리에게 파실 때 무료 책가방을 받으실 수 있습니다.

Q What can customers receive if they mention the advertisement?

(A) A discount
(B) A free gift
(C) An extended warranty
(D) A coupon book

Q 이 광고를 언급하면 고객들은 무엇을 받을 수 있는가?

(A) 할인
(B) 무료 선물
(C) 보증기간의 연장
(D) 쿠폰북

정답 (B)

▶ 고객들이 이 광고를 보았다고 말했을 때 받을 수 있는 것이 무엇인지를 묻고 있다. 광고의 후반부에서 '이 광고를 언급하면 무료 책가방을 받을 수 있다(Mention this ad at any of our locations, and you can receive a free bookbag)'라고 하였으므로 정답은 (B)가 된다. 지문의 free book bag이 선택지에서는 free gift로 달리 표현되었다.

핵심 포인트

- 광고와 관련해서는 제품, 서비스 혹은 신규 시설이나 행사 등에 관한 내용이 주로 출제된다.
- 광고와 관련된 세부 사항을 묻는 질문들이 자주 출제 되므로, 문제를 먼저 읽어 질문의 내용을 빠르게 파악한 다음, 담화를 들을 때 필요한 정보를 찾아야 한다.

B 위 대화를 다시 듣고 질문에 대한 알맞은 답을 고르세요. 01-02

1 What is being advertised?

(A) An opportunity to sell used books
(B) An opportunity to buy used books
(C) A university bookstore

2 Why does the man say, "We guarantee that we will match its price"?

(A) To show that a store provides the best books
(B) To explain why the prices are so high
(C) To show that a store offers the best prices

빈출 표현

A 다음의 표현들을 듣고 따라 해 보세요.

01-03

제품 광고 관련

a wide range of ~ 다양한 종류의
a new line 신상품
fit the needs 요구를 맞추다
durable 내구성이 있는
get up to 50% off 50퍼센트 까지 할인 받다
feature ~을 특징으로 하다
special offer 특별 할인
voucher 바우처 (증명서; 할인권)
clearance sale 재고 정리 세일
buy one, get one free 하나 구입시 하나가 무료
for a limited time 제한된 기간 동안
extended warranty 보증 기간의 연장
only last until ~까지만 지속된다
request a free sample 무료 샘플을 요구하다

시설/행사 광고 관련

grand opening 대 개장
recently renovated 최근 수리가 된
located in the heart of ~의 중심에 위치한
celebrate a special occasion 특별한 행사를 축하하다
enter a contest 콘테스트에 참가하다
for further information 추가 정보를 위해
better facilities 더 나은 시설
trial period 시험/시범 기간
biggest sale of the year 최대의 세일
spacious rooms 넓은 공간
accommodate 수용하다
stop by 들르다
sign up for 신청/등록하다
find out more 더 많이 알아보다

B 각각의 문장을 듣고 빈칸을 완성하세요.

01-04

1 We are offering special promotions in order to ______________________.
우리는 대 개장을 축하하기 위해서 특별 판촉 행사를 제공합니다.

2 Please visit our Web site or __________ one of our stores to ______________________.
이 거래에 대해 더 알고 싶으신 분은 웹사이트를 방문하시거나 저희 상점을 방문해 주세요.

3 The special offer will ______________ this Friday.
특별 행사는 이번 금요일까지만 계속됩니다.

4 Our new store is ______________________ downtown.
우리의 새 점포는 시내 중심부에 편리하게 위치해 있습니다.

5 If you would like to __________, please ______________________ and contact imformation on the list.
콘테스트에 참가하시고 싶으시면, 리스트에 이름과 연락처를 기재해 주세요.

6 The new ______________ provides ______________________ and can __________ more than a thousand people.
새 컨벤션 센터는 넓은 회의실을 제공하고 천 명 이상의 사람들을 수용할 수 있습니다.

확인 학습

A 담화를 듣고 각 문제의 정답을 고르세요.

01-05

1 What service is being advertised?

(A) A mobile phone service
(B) An advertisement service
(C) An Internet provider service
(D) A computer repair service

어휘
offer 제공하다 fit the needs 요구에 맞추다 Internet provider 인터넷 제공 업체

2 What does the speaker emphasize about the app?

(A) It is simple and easy to use.
(B) It is very inexpensive.
(C) It comes with great customer service.
(D) It is very modern.

어휘
foreign language 외국어 be satisfied with ~에 만족하다 app 어플리케이션 vocabulary 어휘 convenient 편리한 sign up 신청하다

B 각각의 담화를 다시 듣고 빈칸을 완성하세요.

01-06

1

M ____________ slow download speeds. That's why Next Edge Internet ____________ ____________ the fastest Internet speeds possible to our city. We ____________ ____________ that will ____________. ____________ for details on our home and business Internet plans. Next Edge: it doesn't get any faster.

2

W Do you spend hours and hours ____________ but aren't ____________ ____________? Well, then Word Wise is just the app for you! We understand ____________ to learn a new language, so that's why we have developed an easy way ____________ every day right ____________ anytime and anywhere! It is ____________ to improve your vocabulary. ____________ is fast and easy, so download Word Wise today!

A 다음 담화를 듣고 정답을 고르세요.

01-07

1 What business is being advertised?

(A) A medical clinic
(B) A mechanic's shop
(C) A gym
(D) A golf course

2 What can customers receive for free?

(A) A membership
(B) Transportation
(C) Training equipment
(D) Personal training

3 Which membership can customers receive a special discount on?

(A) 1-month
(B) 3-month
(C) 6-month
(D) 12-month

Percy's Department Coupon
Expires 06/15

Additional 10% off

Limit one coupon per person
Can be combined with offline promotions

4 What is being advertised?

(A) A new service
(B) A new product
(C) A relocation
(D) A sale

5 What does the speaker say will happen on Monday?

(A) A new store will open.
(B) A product will be released.
(C) A sale will end.
(D) An event will begin.

6 Look at the graphic. At which location can the coupon be used?

(A) Manoa
(B) Pikoi
(C) Windward
(D) All Percy stores

B 담화를 다시 듣고 빈칸을 완성하세요

01-08

[1-3]

M Are you looking for a way to ______ this year? Here at Flying Jay Fitness, we can help! Our gyms have the ______ every kind of exercise routine. ______, we also provide one month of ______ to help you ______. And ______, we are ______ yearly memberships! Start the new year right with Flying Jay Fitness!

[4-6]

W In order to celebrate the grand opening of the Manoa location, Percy's Department Store is having ______! You can ______ products, ______ fashion, cosmetics, and outdoor gear, at all of our stores. ______ is that we are offering coupons for an additional 10% discount only at the newly opened store. Other stores, such as those in Pikoi and Windward, offer only 30% discounts. ______. And don't forget to ______ that will help you ______!

방송

유형 연습

A 문제를 먼저 읽은 다음, 담화를 듣고 정답을 고르세요. 02-01

W And now for some local news. Highway 14 between Denver and Culver City will be closed until the end of September because of a major construction project. City planners say that the highway must be closed to expand the number of lanes to eight. Drivers should use Highway 36 to travel between the two cities during this time. Stay tuned for international news coming up next.	W 이제 지역 뉴스를 말씀 드리겠습니다. 덴버와 컬버 시티를 연결하는 14번 고속도로가 대규모 공사 프로젝트로 인하여 9월말까지 폐쇄될 예정입니다. 도시 설계자는 8차선 도로로 확장하기 위해 그 고속도로가 반드시 폐쇄되어야 한다고 말합니다. 이 기간 동안 36번 고속도로를 이용해 주시기 바랍니다. 채널을 고정해 주세요. 이어서 국제 뉴스를 전해드리겠습니다.
Q According to the report, what will happen until September? (A) A road will be closed. (B) A building will be constructed. (C) A new railway will be built. (D) Tourists will receive free bus passes.	Q 9월에 무슨 일이 일어날 것인가? (A) 도로가 폐쇄될 것이다. (B) 빌딩이 건설될 것이다. (C) 새 철도를 지을 것이다. (D) 관광객들이 무료 통행권을 받을 것이다. 정답 (A)

▶ 라디오 뉴스 방송으로 9월 말까지 14번 고속도로가 폐쇄된다는 내용이 언급되고 있다. 따라서 (A)의 'A road will be closed (도로가 폐쇄될 것이다)'가 정답이 된다.

핵심 포인트

• 라디오 방송은 출제 빈도가 높은 유형으로서 날씨, 교통, 지역 뉴스, 비즈니스 뉴스, 연예계 소식 등 다양한 내용이 출제된다. 주제별로 빈출 어휘, 표현을 정리해 두자.

B 위 대화를 다시 듣고 질문에 대한 알맞은 답을 고르세요. 02-02

1 What are the listeners advised to do?
(A) Stay indoors
(B) Use public transportation
(C) Take an alternative route

2 What will the listeners hear next?
(A) An interview
(B) Business news
(C) International news

빈출 표현

A 다음의 표현들을 듣고 따라 해 보세요. 02-03

일반 뉴스

stay tuned 채널을 고정하다
tune in to ~에 채널을 맞추다
listen to ~을 듣다
host 진행자; 진행하다
local news 지역 뉴스
correspondent 기자, 특파원
be back in an hour 한 시간 후에 돌아오다
be scheduled for ~이 예정인
business update 최신 경제 소식
commercial break 광고 시간

날씨

weather forecast 일기 예보
latest weather report 최신 날씨 정보
temperature 온도
drop dramatically 급격히 떨어지다
slippery 미끄러운
heat wave 폭염
fog / hail / shower 안개 / 우박 / 소나기
snowstorm 눈보라
thunderstorm 뇌우
humid 습한

교통

commuter 통근자
on the way to work 출근길에
public transportation 대중교통
traffic report 교통 정보
traffic update 최신 교통 정보
highway 고속도로
alternative route 우회로
under construction 공사 중인
be backed up 밀려 있다

스포츠 / 인터뷰 / 기타

thank you for joining 와 주셔서 감사합니다
tournament 토너먼트 / 대회
stadium 경기장
release an album 앨범을 발표하다
interview the mayor 시장을 인터뷰하다
entertainment 연예
renowned 유명한
award-winning 수상경력이 있는
ask listeners to call in 청취자에게 전화를 하도록 요청하다

B 각각의 문장을 듣고 빈칸을 완성하세요. 02-04

1 We'll be back ______________, so ______________ for the latest business news.
광고를 듣고 돌아오겠습니다. 최신 경제 뉴스를 들으시려면 채널을 고정해주세요.

2 You're advised to ______________ due to ______________ on Highway 87.
87번 고속도로의 확장으로 인하여 대중 교통 이용을 권합니다.

3 We ______________ about the new road ______________.
새 도로 공사 프로젝트에 관하여 시장님을 인터뷰하도록 하겠습니다.

4 It will ______________ and ______________ this week.
이번 주에도 계속해서 매우 덥고 습하겠습니다.

5 ______________ are very frustrated because Highway 14 ______________.
14번 고속도로가 8월에 폐쇄되어서 통근자들은 매우 답답해 하고 있습니다.

6 The temperature ______________ in the evening.
저녁에 기온이 급격하게 떨어질 것으로 예상됩니다.

확인 학습

A 담화를 듣고 각 문제의 정답을 고르세요.

02-05

1 What are listeners encouraged to do?

(A) Call in with questions
(B) Open small businesses
(C) Attend an open meeting
(D) Try to save more money

어휘 special guest 특별 초대손님 financial crisis 경제 위기 affect 영향을 주다 handle 다루다

2 What does the speaker imply when she says, "Tickets are going fast"?

(A) There is a discount on tickets.
(B) Tickets are not required to see the show.
(C) A show is very popular.
(D) An artist received good reviews.

어휘 fair 축제일, 박람회 ride 놀이기구 miss your chance 기회를 놓치다 feature 특별히 포함하다

B 각각의 담화를 다시 듣고 빈칸을 완성하세요.

02-06

1

M Good morning and __________ KKL Radio. Today, we __________, Dr. Alicia Gonzalez, a professor of economics and finance at the University of Colorado. For the next hour, Dr. Gonzalez is going to help us understand __________ small businesses in the area. She will also share some advice on __________ better. At the end of the show, we __________ for Dr. Gonzalez to answer your questions, so I __________ at that time.

2

W __________ Radio MBB. Don't forget that the Douglas County Fair will be __________, October 21. You can enjoy the fair rides, the games, and, of course, the fair food! On Saturday, there will be a giant pumpkin competition. You can find out who grew the biggest pumpkin. It will be great fun for all the family, and you can get free pumpkin seeds. On Sunday, the fair will feature a special musical artist, the Jason Byer Band! __________, so check out the county fair Web site __________.

실전 연습

A 다음 담화를 듣고 정답을 고르세요.

02-07

1 What is the report mainly about?

(A) A canceled game
(B) A new player joining a team
(C) A new stadium opening
(D) An important game taking place

2 Why does the speaker say, "You should get there early"?

(A) The weather will not be good.
(B) There are a limited number of free gifts.
(C) Parking will be restricted.
(D) Tickets will be sold out.

3 According to the report, what will happen if the team hits a homerun?

(A) A team will win a trophy.
(B) A visitor can keep the ball.
(C) A restaurant will give away free food.
(D) The game will end.

4 What does the speaker say will happen this week?

(A) It will continue to rain.
(B) An event will be canceled because of the weather.
(C) There will be a snowstorm.
(D) A building will be built.

5 What does the speaker mean when she says, "It is not a surprise during hurricane season"?

(A) No one can predict hurricanes.
(B) This weather is typical during this time.
(C) The rain will stop.
(D) It will be very windy.

6 When does the speaker suggest going outside?

(A) On Tuesday
(B) On Wednesday
(C) On Friday
(D) On Sunday

B 담화를 다시 듣고 빈칸을 완성하세요. 02-08

[1-3]

M ______ on WTZ Radio ______.
Tomorrow is finally the big game between our own Wildcats and ______, the Bears. This is the last game of the season, so there will be ______ at the game. ______ to arrive at the baseball stadium will receive a free Wildcats baseball cap, so you ______. In addition, if the Wildcats ______, Tony's Tacos will ______ per customer after the game! If you ______ live, you can always ______ on the local TV channel.

[4-6]

W And now for ______. Overall, ______, but it looks like we will be ______ this week. ______ during hurricane season here in Louisiana. But don't get too depressed. Fortunately, ______ this coming Friday, so I suggest you take this chance to ______. It would be a great time to ______ on 5th Avenue.

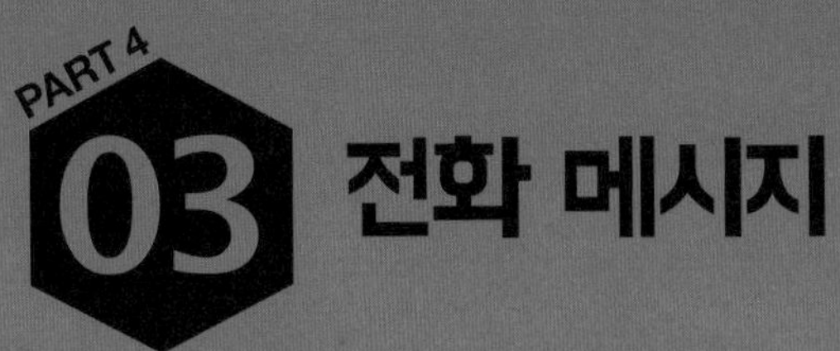

PART 4 03 전화 메시지

유형 연습

A 문제를 먼저 읽은 다음, 담화를 듣고 정답을 고르세요. 03-01

M Hi, Igor. This is Steven Weber from Downtown Realty. I have some exciting news. I showed a couple your house for sale, and they made an offer to buy it! I think that you will be happy with the offer that they made, but I want to meet you in person to discuss it. I will be out of town from Wednesday through Sunday, so I would like to meet you before I leave if possible. Let me know when you are available, and we can make some plans.

M Igor, 저는 Downtown 부동산의 Steven Weber입니다. 좋은 소식을 알려 드리려고요. 팔려고 내 놓은 당신의 집을 한 부부에게 보여 주었는데, 그들이 집을 구매하려고 거래 가격을 제시했어요. 제 생각에는 당신도 그들이 한 제안에 만족할 것 같기는 하지만, 직접 만나서 그것에 대해 이야기를 나누고 싶어요. 제가 수요일에서 일요일 까지는 시외에 있을 예정이어서, 가능하다면 떠나기 전에 만나고 싶어요. 언제 시간이 되시는지 알려 주시면, 일정을 잡아볼게요.

Q Where does the man most likely work?

(A) At a museum
(B) At a real estate agency
(C) At an IT company
(D) At a moving company

Q 남자는 어디에서 일할 것 같은가?
(A) 박물관에서
(B) 부동산 중개소에서
(C) IT 회사에서
(D) 이사 업체에서

정답 (B)

▶ 지문의 초반부에서 남자는 자신이 Downtown Realty에서 일하는 Steven Weber라고 소개하였으므로, 남자가 일하는 곳은 부동산 중개소(real estate agency)임을 알 수 있다. 'realty'는 '부동산'이라는 뜻이지만 담화에서는 상호명으로 사용되었으므로, 이는 '부동산 중개소'라는 의미임을 유추할 수 있다.

핵심 포인트

- 전화 메시지로는 발신자가 남긴 음성 메시지나 자동 안내 메시지 등이 출제된다.
- 메시지가 녹음된 목적을 묻거나, 음성메시지를 남긴 사람의 직업, 또는 세부 정보를 묻는 문제가 자주 출제된다.

B 위 대화를 다시 듣고 질문에 대한 알맞은 답을 고르세요. 03-02

1 What news does the man deliver to the listener?

(A) Somebody wants to buy his house.
(B) Somebody wants to sell a house to him.
(C) A couple wants to meet him in person.

2 What does the speaker ask the listener to do?

(A) Make an offer
(B) Contact him
(C) Leave the town

빈출 표현

A 전화 메시지와 관련된 다음의 표현들을 듣고 따라 해 보세요.

03-03

전화의 목적 밝히기

I am calling about ~ ~와 관련해 전화 드립니다
I am responding to ~ ~에 회신 드립니다
I have some news 좋은 소식이 있습니다
I have an inquiry about ~ ~에 관해 문의사항이 있습니다

자기 소개 / 소속 밝히기

Hello. This is ~ 여보세요. 저는 ~입니다
Hi. It is ~ 여보세요. 저는 ~입니다.
I am calling from ~ 저는 ~소속입니다
This is ~ from… … 소속의 ~입니다

부재중 안내

be out of town 떠나 있다
not available 시간이 없다
be away 멀리 떠나 있다
I am currently attending 나는 현재 ~에 참가 중이다

메시지 마무리하기

call me back 저에게 다시 전화해 주세요
You can reach me at 전화번호 전화번호 ~로 연락 주세요
feel free to contact me 편하게 연락 주세요
Don't hesitate to ~ 망설이지 말고 ~하세요

B 각각의 문장을 듣고 빈칸을 완성하세요.

03-04

1 ______________ the order you placed on our Web site.
저희 웹사이트에서 하신 주문과 관련해서 전화 드립니다.

2 ______________ the room I made a reservation for the other day.
제가 며칠 전에 예약한 방과 관련해서 문의사항이 있습니다.

3 ______________ for 2 weeks starting this Friday, so if you have any questions, you can e-mail me.
저는 이번 금요일부터 2주간 떠나 있을 예정이어서, 혹시 질문이 있으면 저에게 이메일을 보내 주세요.

4 ______________ my office number, 555-2424, during office hours.
근무 시간 중에는, 제 사무실 번호인 555-2424로 연락 주세요.

5 ______________ at my cell phone number if you have any further inquiries.
추가 문의 사항이 있으면 제 휴대폰으로 망설이지 말고 연락 주세요.

6 I ______________ you made about the cleaning service.
청소 서비스와 관련해서 요청하신 내용에 대해 회신 드립니다.

확인 학습

A 담화를 듣고 각 문제의 정답을 고르세요.

03-05

1 What problem does the woman mention?

(A) Some customer details are incorrect.
(B) An event was canceled.
(C) An item is sold out.
(D) A payment is overdue.

어휘 sold out 매진된 overdue 지급 예정이 지난 monthly 월간의 phone bill 전화 요금 청구서 charge 청구하다 late fee 연체료 submit 제출하다 payment 지불

2 What does the speaker want to do?

(A) Verify personal information
(B) Close an account
(C) Place an order
(D) Request a refund

어휘 verify 확인하다 personal information 개인 정보 place an order 주문하다 refund 환불 sign up for ~을 신청하다 account 계좌 misspell 철자를 잘못 쓰다 call back 다시 전화하다

B 각각의 담화를 다시 듣고 빈칸을 완성하세요.

03-06

1

W Hello. ______________ Lakeshore Telecommunications ______________. It seems that you still haven't ______________, so we have to ______________. ______________, because your payment is ______________, the charge will be ______________. Please pay ______________ as soon as possible. As always, you can ______________, by mail, or online. If you have any questions, don't ______________ anytime. Thank you.

2

M Hello. This is Feliciano Manetto, and ______________ I am having with your Web site. I am trying to ______________, but I ______________. It says that the customer information doesn't ______________. However, I ______________ last week, so I am sure nothing has changed. I think maybe my name is ______________. Could you ______________ and ______________ how you have my name ______________? Thanks.

A 다음 담화를 듣고 정답을 고르세요.

03-07

Quarter 1	Sales Totals by Department
Men's Apparel	*$2,450.00*
Women's Apparel	*$420,000.00*
Shoes	*$9,500.00*
Accessories	*$8,900.00*

1 What is the purpose of the message?
(A) To ask about an error
(B) To set up a meeting
(C) To confirm a purchase
(D) To apply for a position

2 What does the speaker ask the listener to do?
(A) Increase sales
(B) Contact customers
(C) Reexamine some information
(D) Order an item

3 Look at the graphic. What department does the speaker ask about?
(A) Men's Apparel
(B) Women's Apparel
(C) Shoes
(D) Accessories

4 Why is an event being held?
(A) To commemorate a holiday
(B) To promote a product
(C) To celebrate a retirement
(D) To encourage teamwork

5 What does the speaker say about the Italian restaurant?
(A) It is very delicious.
(B) It has a convenient location.
(C) It doesn't have an appropriate menu.
(D) It is not available for an event.

6 What does the speaker imply when he says, "Who knows if we can find one in time"?
(A) He does not understand the industry.
(B) He is not sure if he can find a caterer before an event.
(C) He wants to ask someone else for help with a party.
(D) He needs to call a restaurant again.

B 담화를 다시 듣고 빈칸을 완성하세요

03-08

[1-3]

M Hello. It's Alexander. I was ______________ that you sent me earlier this week, but something __________. One of the ______________ from the first quarter ______________. Are you sure ______________? I mean, it's way higher than any of the other items, so I think you ______________ too many zeros. Anyway, ______________ and ______________ when you can. Thanks.

[4-6]

M Hi. It's Peter. ______________ the Christmas office party ______________ next week. I called the Italian restaurant that ______________, but they said that they're ______________ of our party. We ______________ ______________ as soon as possible. Do you know ______________ that can ______________? Who knows if we can find one in time? Anyway, ______________, and ______________ together. Thanks.

PART 4

04 회의 / 공지

유형 연습

A 문제를 먼저 읽은 다음, 담화를 듣고 정답을 고르세요. 04-01

W Good afternoon and thank you for joining this meeting today. I'd like to discuss a change that will affect all tellers at our bank. From now on, you have to sign in to your workstation by using a personal ID code. The goal is to help us track our customer interactions better. The bank system will remain the same, so don't worry about that. Just check your e-mail, and you'll find your new individual log-in ID.

W 안녕하세요. 오늘 회의에 참석해 주셔서 감사합니다. 저희 은행의 출납계 직원과 관련된 변화에 대해서 논의하고 싶습니다. 지금부터 개인 ID 코드를 사용하여 컴퓨터에 접속해 주셔야 합니다. 이것은 우리가 고객과의 대화를 더 잘 추적할 수 있도록 하기 위해서 입니다. 은행시스템은 그대로 유지되므로 걱정하지 않아도 됩니다. 이메일을 확인하면 새로운 개인 로그인 ID를 찾으실 수 있습니다.

Q Who most likely are the listeners?

(A) Nurses
(B) Tellers
(C) Cashiers
(D) Receptionists

Q 청자는 누구일 것 같은가

(A) 간호사
(B) 출납계 직원
(C) 계산원
(D) 안내원

정답 (B)

▶ 본문에서 모든 은행 출납계 직원에게 영향을 미칠 변화에 대해서 이야기한다는(I'd like to discuss a change that will affect all tellers at our bank.) 내용이 언급되어 있으므로 (B)의 Tellers(출납계 직원)가 정답이 된다.

핵심 포인트

• 사내 회의 및 공지 사항 유형은 회의에서 안건을 논의하거나 직원들에게 회사 내의 변화나 소식을 전달하는 내용이다. 이러한 유형의 경우 주제나 목적, 그리고 제안 및 요청사항을 묻는 질문이 자주 출제된다.

B 위 대화를 다시 듣고 질문에 대한 알맞은 답을 고르세요. 04-02

1 According to the speaker, what is the reason for the change?

(A) To track interactions better
(B) To evaluate tellers better
(C) To hire more tellers

2 What are the listeners asked to do after the meeting?

(A) Contact customers
(B) Create a new ID code
(C) Check their e-mail

빈출 표현

A 다음의 표현들을 듣고 따라 해 보세요.

04-03

회의

discuss the results 결과를 논의하다
thank you for joining 참석해 주셔서 감사합니다
staff meeting 직원 회의
call a meeting 회의를 소집하다
meeting agenda 회의 안건
bring some ideas 아이디어를 가져오다
share opinions 의견을 공유하다
pass around a copy 한 부 배부하다
distribute a handout 인쇄물을 배부하다
submit a report 보고서를 제출하다
review a policy 정책을 검토하다
promote a product 제품을 홍보하다
come up with ideas 아이디어를 생각해내다
invest in 투자하다
have pros and cons 장단점을 가지다
previous meeting 이전 미팅
cast a vote 투표하다

공지

make an announcement 공지하다
be pleased to announce 발표하게 되어 기쁘다
congratulate the team on ~에 대해 팀을 축하하다
the goal is to ~ 목적은 ~하기 위해서이다
as of today 오늘 부로
from now on 지금부터
fill out a survey 설문을 작성하다
win an award 수상하다
make a name 이름을 떨치다
practical changes 실용적인 변화
take place 일어나다
new payroll system 새로운 급여 체계
demonstrate 시연하다
you'll be asked to ~하도록 요청을 받다
sign up for ~에 등록하다
extra cost 추가 비용
work closely with ~와 긴밀하게 일하다

B 각각의 문장을 듣고 빈칸을 완성하세요.

04-04

1 I ______________ that we will soon ______________ in London.
우리가 런던에 새 지점을 곧 개소한다는 소식을 발표하게 되어 기쁩니다.

2 I would like you to ______________.
여러분이 판매 향상를 위한 계획을 생각해 내기를 바랍니다.

3 ______________ with one another.
목적은 직원의 효과적인 의사소통을 돕기 위한 것입니다.

4 Both of these suppliers ______________.
두 공급업체들 모두 장단점을 가지고 있습니다.

5 The CEO is getting ______________ tomorrow morning.
사장님은 내일 아침 발표할 준비를 하고 계십니다.

6 The management is ______________.
경영진은 새로운 급여체계를 고려 중입니다.

확인 학습

A 담화를 듣고 각 문제의 정답을 고르세요. 04-05

1 What does the speaker say about the design team?

(A) It won an award.
(B) All of its members are new hires.
(C) It saved the company money.
(D) It developed a new system.

어휘 award 상 congratulate 축하하다 promote 홍보하다

2 What does the speaker ask the listeners to do?

(A) Discuss advantages and disadvantages
(B) Review documents
(C) Nominate a candidate
(D) Decide between two options

어휘 process 과정 narrow down 좁히다 pool 수영장

B 각각의 담화를 다시 듣고 빈칸을 완성하세요. 04-06

1
M Before we start today's meeting, ______________________. Last week, our S-Series Furniture line won the Best Modern Design Award at the International Furniture Awards in Frankfurt, Germany! I'd like to ______________ ______________. This will really ______________ for our company, and it is ______________ here. In the future, I would like the design team ______________ the marketing team to ______________ this furniture line.

2
M Welcome, everybody, to the Youth Support Committee. As you know, we are ______ ______________ to invest in for young people in our city. ______________, we ______________ to two choices: building a new community center and ______________. Both options ______________ ______________, which we have ______________. Today, I would like you all ______________ between the two.

A 다음 담화를 듣고 정답을 고르세요.

04-07

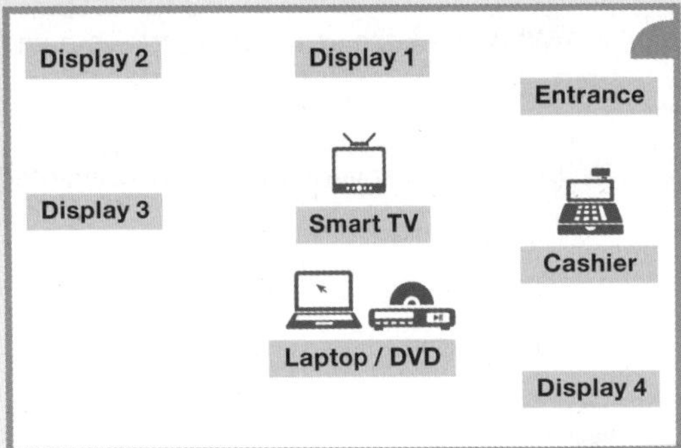

1 Who most likely are the listeners?
(A) Customers
(B) Suppliers
(C) Mechanics
(D) Store staff members

2 How can customers get a discount on TV accessories?
(A) By bringing a coupon
(B) By purchasing a smart TV
(C) By signing up online
(D) By recommending a friend

3 Look at the graphic. Where will the TV accessories be displayed?
(A) Display area 1
(B) Display area 2
(C) Display area 3
(D) Display area 4

4 What problem is the speaker discussing?
(A) A drop in international customers
(B) A problematic employee
(C) A lack of workplace diversity
(D) The need for layoffs

5 What does the speaker ask the listeners to do at the next meeting?
(A) Arrive early
(B) Share their opinions
(C) Submit their sales reports
(D) Review a company policy

6 What will the speaker most likely do next?
(A) Take customer orders
(B) Distribute a handout
(C) Begin a meeting
(D) Hire a new employee

B 담화를 다시 듣고 빈칸을 완성하세요. 04-08

[1-3]

W All right, everyone, we ______ for this weekend's big sale. Now, I think that we should move our top-selling TV accessories ______ during the sale so that customers ______. It's ______ and ______, too, so it will be easy to introduce them to customers. Remember that ______ can ______ on any TV accessories they buy. In addition, all laptops and DVD players ______, too. I want to see higher sales of them if possible.

[4-6]

M Okay, one last thing before we ______. I want to talk about ______. Last year, we had 22% ______ so far this year. I'm really concerned about this, and I ______. At our next meeting, ______ about ______. Here, I'll pass around a copy of the data for you.

토익 실전 어휘 PART 4 UNIT 01 - 04

A 다음 표현의 우리말 뜻을 고르세요.

1	extended warranty	(a) 보증기간 연장	(b) 보증기간 만료
2	alternative route	(a) 대체 경로	(b) 선택 경로
3	commercial break	(a) 광고 실패	(b) 광고 시간
4	personal information	(a) 인사 정보	(b) 개인 정보
5	extra cost	(a) 불필요한 비용	(b) 추가 비용

B 다음 우리말에 맞는 어휘를 고르세요.

1 개장을 축하하기 위해서, 우리 상점은 일년 중 가장 큰 세일 행사를 실시합니다.
→ In order to (commemorate / celebrate) the grand opening, our store is having its biggest sale of the year.

2 지역의 스포츠 뉴스를 위해 WTZ 라디오와 함께 해 주셔서 감사합니다.
→ Thank you for joining us on WTZ Radio for the (international / local) sports news.

3 제 생각에는 귀사의 시스템에서 이름의 철자가 잘못된 것 같습니다.
→ I think maybe my name is (mistaken / misspelled) in your system.

4 저는 당신이 보낸 영업 보고서를 검토하고 있었습니다.
→ I was (looking after / looking over) the sales report that you sent me.

5 저는 우리 은행의 모든 직원들에게 영향을 미칠 변화에 대해 이야기하고 싶습니다.
→ I would like to discuss a change that will (effect / affect) all tellers at our bank.

C 각 문장의 괄호 안에 있는 단어들을 올바른 순서로 배열하세요.

1 .... slow download speeds. (than / worse / is / nothing)
어떤 것도 늦은 다운로드 속도 보다 더 짜증나는 일은 없다.

2 We understand .... a new language.
(learn / to / it / is / difficult / how)
우리는 새로운 언어를 배우는 것이 얼마나 어려운지 이해하고 있습니다.

3 I suggest you .... some time outdoors. (enjoy / to / this / chance / take)
이 기회를 약간의 야외 활동을 즐기는 시간으로 삼으시기를 바랍니다.

4 Let me know .... (when / available / are / you)
당신이 언제 시간이 되는지 저에게 알려 주세요.

5 .... your monthly phone bill. (about / am / calling / I)
당신의 월간 전화 요금과 관련하여 전화 드립니다.

PART 4

05 발표 / 인물 소개

유형 연습

A 문제를 먼저 읽은 다음, 담화를 듣고 정답을 고르세요. 05-01

M Welcome, everyone, and thank you for joining me today as we celebrate the career success of our very own Justin Armil. Mr. Armil has been with our law firm for over 40 years, and he has had a great influence on everyone here during his time. Most notably, he was the founder of our community outreach program that helps needy families who are facing legal troubles. Let us all raise a glass to thank Mr. Armil and wish him happiness in his retirement.

M 모두 환영합니다. 오늘 Justin Armail의 직업적 성공을 축하하기 위해 함께 해 주셔서 감사합니다. Armil 씨는 우리 법률 회사와 40년 이상 함께 해 왔으며 이곳에서 지내는 동안 여기 있는 우리 모두에게 많은 영향을 끼쳤습니다. 특히 법적 분쟁에 처한 도움이 필요한 가족들을 돕는 지역 Outreach 프로그램의 설립자였습니다. 축배를 들어 Armil 씨에게 감사함을 표합니다 그리고 그의 은퇴에 행복을 기원합니다.

Q What is being celebrated at this event?

(A) A grand opening
(B) A new hire
(C) A retirement
(D) A product release

Q 이 행사에서 무엇을 축하하고 있는가?

(A) 개점
(B) 신입 직원
(C) 은퇴
(D) 제품 출시

정답 (C)

▶ 이 행사에서 축하하고 있는 것이 무엇인가를 묻는 질문이다. 발표의 마지막 부분에서 '그의 은퇴에 행복을 기원한다(wish him happiness in his retirement)'라고 말하는 것으로 보아, 화자는 Armil 씨의 은퇴를 축하하고 있는 것임을 알 수 있다. 따라서 정답은 (C)이다.

핵심 포인트

- 회사와 관련하여 일어날 수 있는 상황인 제품이나 영업, 교육에 대한 발표가 담화의 주제로 자주 등장한다.
- 발표나 인물 소개로는 행사의 수상자나 연설자들의 간략한 연설이나 이들을 소개하는 내용이 제시된다.
- 언급된 사람의 업적이나 경력, 혹은 제품의 특이점 등이 문제로 출제된다.

B 위 대화를 다시 듣고 질문에 대한 알맞은 답을 고르세요. 05-02

1 What is the purpose of this speech?

(A) To celebrate Mr. Armil's retirement
(B) To introduce a speaker
(C) To describe a program

2 What did Mr. Armil found?

(A) A shelter for needy families
(B) A program to help families in need
(C) A global company

빈출 표현

A 다음의 표현들을 듣고 따라 해 보세요.

05-03

발표 / 연설 관련

I am here to talk about
저는 ~에 대해 이야기하려고 합니다

Today, you are going to learn ~
오늘 여러분은 ~에 대해 배우게 될 것입니다

Today, I want to explain ~
저는 오늘 ~을 설명하려고 합니다

We will be announcing the winners ~
우리는 수상자들을 발표할 것입니다

We are pleased/delighted to announce ~
우리는 ~을 발표하게 되어 기쁘게 생각합니다

인물 소개 관련

Please join me in welcoming ~
~를 함께 환영해 주십시오

It is my pleasure to introduce ~
~를 소개하게 되어 기쁩니다

I am honored to introduce ~
~를 소개하게 되어 영광입니다

He/She has been devoted to ~
그(녀)는 ~에 헌신해 왔습니다

He/She is best known for ~
그(녀)는 ~로 잘 알려져 있습니다

He/She has been with us for (기간)
~ 그(녀)는 ~동안 우리와 함께 해 왔습니다

He/She has had a great influence on ~
그(녀)는 ~에 많은 영향을 끼쳐왔습니다

do an outstanding job
뛰어난 업적을 이루다

begin his/her position as ~
~로서 직책을 시작하다

B 각각의 문장을 듣고 빈칸을 완성하세요.

05-04

1 Today, ______________ some recent changes in the employee welfare system.
저는 오늘 직원 복지 제도의 최근 변화에 대해 이야기 하려고 합니다.

2 We ______________ to Mr. Lee. ______________ in welcoming Mr. Lee.
우리는 Lee 씨에게 상을 수여하게 되어 기쁘게 생각합니다. Lee 씨를 함께 환영해 주십시오.

3 She ______________ for the past 30 years and has ______________ the development of the company.
그녀는 회사의 발전에 공헌하며 우리와 30년을 함께 해 왔습니다.

4 ______________ the employee of the year, Mr. McKinley.
올해의 직원인 McKinley 씨를 소개하게 되어 영광입니다.

5 Ms. Robinson ______________ of the training center.
Robinson 씨는 교육 센터장으로 그녀의 직책을 시작하였습니다.

6 He ______________ improving the work environment for the staff here.
그는 이곳의 직원들을 위해 근무 환경을 개선하는 데 큰 영향을 끼쳤습니다.

확인 학습

A 담화를 듣고 각 문제의 정답을 고르세요. 05-05

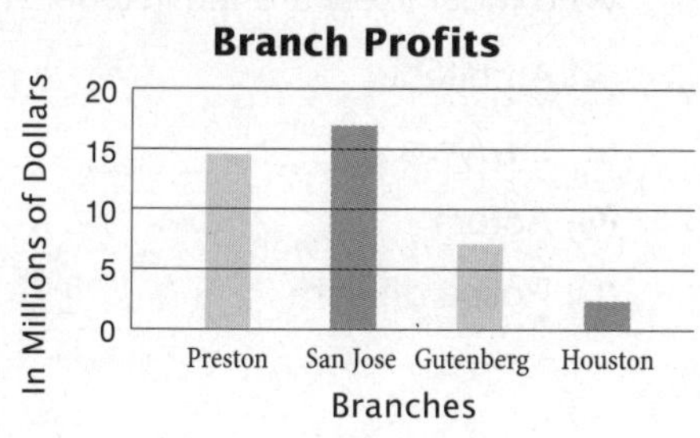

1 Look at the graphic. What branch is Ms. Spencer in charge of?

(A) Preston (C) Gutenberg
(B) San Jose (D) Houston

어휘
regional 지역의 professional knowledge 전문 지식 profitable 이익이 되는 encourage 격려하다 perform 수행하다

2 What are the listeners told to do after 12 P.M.?

(A) Sign up for a seminar
(B) Have a meal
(C) Take a photo
(D) Find a seat

어휘
photography 사진 organize 정리하다 manageable 관리 가능한 pass out 나눠주다 make sure 확실히 ~하다

B 각각의 담화를 다시 듣고 빈칸을 완성하세요. 05-06

1

W The next speaker I ______________ is Amy Spencer, who has ______________ for 10 years. ______________ she joined the company in 2008, she has been ______________. With her excellent ______________ skills and ______________, she made her branch ______________ this year. That's why she is ______________ her success stories and also to ______________ us to ______________ in our regions. I would like you to ______________ a ______________.

2

W ______________. Please take a seat ______________, and we will begin. Today, ______________ how to organize your photos online ______________. But before we begin, ______________ one detail about the conference. ______________, lunch is included with the conference. ______________ free lunch coupons ______________, so ______________ you get one before you leave. You can use it at the hotel restaurant ______________.

PART 4

실전 연습

A 다음 담화를 듣고 정답을 고르세요.

05-07

1 Who is the speaker?

(A) A store owner

(B) A store manager

(C) A politician

(D) An investor

2 Where is the store located?

(A) In North America

(B) In Asia

(C) In Europe

(D) In Australia

3 How can visitors get a free gift?

(A) By calling a hotline

(B) By completing a survey

(C) By subscribing to a publication

(D) By recommending a friend

4 Who most likely are the listeners?

(A) Architects

(B) Lawyers

(C) Actors

(D) Police officers

5 How many awards will be announced?

(A) 3

(B) 4

(C) 5

(D) 6

6 What will most likely happen next?

(A) A meal will be served.

(B) Guests will exit the building.

(C) A movie will start.

(D) Someone will come on stage.

B 담화를 다시 듣고 빈칸을 완성하세요. 05-08

[1-3]

W ______________ for the grand opening of our new location! As the store manager ______________ this branch of Derby's Music, let me be the first to ______________. This store is our first in Europe, and I hope to ______________. To start, ______________ to everyone here today. All you have to do is ______________. ______________ on any of the tablet computers that we have ______________.

[4-6]

M Good evening, everyone, and ______________ the 12th annual Architecture & Construction Achievements Awards Ceremony ______________ the Hong Kong Construction Initiative. ______________ of the ______________: Best Design, Most Practical, Most Ecofriendly, ______________, and Safest. Each category ______________ a committee of ______________, ______________, and ______________. ______________ of the evening is Best Design, and to announce the winner, the president of the Hong Kong Construction Initiative will be here. ______________ on stage ______________.

PART 4

06 관광 / 관람 / 견학

유형 연습

A 문제를 먼저 읽은 다음, 담화를 듣고 정답을 고르세요.

06-01

M Hi. I'm Blair, and I'll be your guide on this city bus tour today. We will travel around the city and see some of the most famous and interesting sights. Unfortunately, you cannot get off the bus anytime during the tour. If you want to go back to any places to view them close up, you will have to go back after the tour ends. I strongly recommend doing so for the palace because it has a special ceremony for the changing of the guards. It's an amazing performance, and you can see it for free.

M 안녕하세요. 저는 Blair이고, 오늘 버스 시티 투어의 가이드입니다. 저희는 도시를 관광하며 가장 유명하고 흥미로운 장소들을 보게 될 것입니다. 안타깝지만, 투어 도중에는 버스에서 하차할 수 없습니다. 만약 어떤 장소를 더 자세히 구경하고 싶다면, 투어가 끝난 후에 다시 방문해야 합니다. 멋진 근위병 교대식이 열리기 때문에 궁에 가 보시는 것을 추천합니다. 이는 멋진 행사이며, 여러분은 이를 무료로 관람하실수 있습니다.

Q What does the speaker recommend doing?

(A) Going to a magic performance in a park
(B) Visiting a free show at a palace
(C) Paying the cost of a tour package
(D) Checking the night scenery in a city

Q 화자가 추천하는 것은 무엇인가?

(A) 공원의 마술 공연에 가 보기
(B) 궁에서 하는 무료 공연을 방문하기
(C) 패키지 여행 비용을 지불하기
(D) 도시의 야경을 확인하기

정답 (B)

▶ 화자는 투어가 끝난 후에 근위병 교대식을 볼 것을 권했고, 그 행사는 무료라고 했다. 지문에 나온 ceremony performance를 보기에서 free show로 바꾼 보기 (B)가 정답이 된다.

핵심 포인트

- 관광, 관람, 견학 관련 담화는 박물관, 시설, 관광지 등의 장소에서 들을 수 있는 가이드의 설명이 주를 이룬다.
- 관광지에 대한 정보, 관람 시 주의사항 등의 세부 내용을 묻는 문제가 출제된다.

B 위 대화를 다시 듣고 질문에 대한 알맞은 답을 고르세요.

06-02

1 Who mostly like are the listeners?

(A) Clients
(B) Tourists
(C) Soldiers

2 What does the speaker say is not allowed?

(A) Eating at the palace
(B) Asking questions on the bus
(C) Getting off the bus during the tour

빈출 표현

A 전화 메시지와 관련된 다음의 표현들을 듣고 따라 해 보세요.

06-03

관광지 여행

tourism / tourist 여행 산업 / 여행객
tour guide 여행 가이드
guided tour 가이드가 있는 여행
take a look to ~ ~쪽을 보세요
you will see ~ ~을 보게 될 것이다
head over to ~ ~로 출발하다
on a city bus tour 시티투어 버스에서
bus/walking tour 버스/도보 여행
establishment 시설
historic building 역사적 건물
explore a city 도시를 탐험하다
at the end of a tour 여행 마지막에
in a region 지역에서
landmark 명소
itinerary 여행 일정표
seafood market 수산시장
wonder of nature 자연의 경이로움
a species of bird 새의 한 종류
complimentary bottled water 무료로 제공되는 물

박물관/시설 견학, 전시회 관람

tour of a museum 박물관 견학
newly renovated 새롭게 단장된
exhibit 전시하다; 전시품
the exhibition features ~ 전시회에서는 ~을 선보이다
exhibition 전시회
admission fee 입장료
free of charge 무료
on one's way out 나가는 길에
gift shop 기념품 가게
souvenir 기념품
take photographs 사진을 찍다
turn off one's camera 카메라를 끄다
not allowed to ~가 허락되지 않는다
not permitted 허락되지 않는다
showroom 전시실
masterpiece 걸작
donation 기부
wait in line 줄을 서서 기다리다
a great selection of paintings 다양한 종류의 그림
follow me this way 이쪽으로 저를 따라오세요

B 각각의 문장을 듣고 빈칸을 완성하세요.

06-04

1 You ______________ in the museum.
박물관 내에서는 사진 촬영이 허가되지 않습니다.

2 They will ______________ and ______________ next year.
그들은 이 역사적 건물을 재건하고 내년에 대중에게 공개할 것입니다.

3 The ______________ more than 100 paintings by Picasso.
이 현대 미술 전시회는 피카소의 작품 100 점 이상을 선보이고 있습니다.

4 The Statue of Liberty is ______________.
자유의 여신상은 뉴욕시의 명소입니다.

5 ______________ our next ______________.
다음 목적지로 출발하겠습니다.

6 You can ______________ on your right.
왼쪽에 있는 기념품점에서 기념품을 구입할 수 있습니다.

확인 학습

A 담화를 듣고 각 문제의 정답을 고르세요. 06-05

1 What does the speaker say is not allowed?

(A) Feeding the animals

(B) Taking photos with a flash

(C) Entering a cave

(D) Touching bats

어휘 forest 숲 cave 동굴 length 길이 sensitive 예민한

Van Dijk Brewery Tour	
Section 1	Beer Tasting
Section 2	Malting
Section 3	Fermenting
Section 4	Bottling & Shipping

2 Look at the graphic. Which section will the listeners go to at the end of the tour?

(A) Section 1

(B) Section 2

(C) Section 3

(D) Section 4

어휘 brewery 양조장 malting 맥아 제조하기 fermenting 발효하기 serve 제공하다 bottle 병에 담다 ship 운송하다 taste 맛보다

B 각각의 담화를 다시 듣고 빈칸을 완성하세요. 06-06

1

W All right, the ____________ is going to take us into Murphy Cave. This cave system is over 150 kilometers ____________, which makes it ____________. It's really ____________. We will only go in about 1 kilometer on today's tour. Now, there is ____________ that lives here, and it is very ____________. So flash photography ____________ within the cave. Normal photos are fine, but you ____________.

2

M Welcome to the Van Dijk Brewery tour. Let's start today with some information about the company. Did you know that Van Dijk beer ____________ around the world? Well, today, you are going to see ____________. You will see the major processes such as malting and fermenting. You will also see ____________ and ____________. And ____________, we will even offer you ____________ three of our most ____________. Follow me this way, please.

A 다음 담화를 듣고 정답을 고르세요.

06-07

1 Where is the talk taking place?

(A) On a bus

(B) In a museum

(C) In a factory

(D) In a theater

2 What is implied about the native history section?

(A) It is being renovated.

(B) It has been removed from the museum.

(C) It is free at all times.

(D) It is a private part of the building.

3 What does the speaker recommend the listeners do?

(A) Upload their photos to social media

(B) Sign up for a newsletter

(C) Exit through the garden path

(D) Visit the gift shop

4 Who most likely is the speaker?

(A) A waiter

(B) A fisherman

(C) A tour guide

(D) A show host

5 What does the speaker mean when she says, "No trip to our city is complete without a visit"?

(A) Not many people know about a place.

(B) There is a lot of competition for a place.

(C) Some people want to close an establishment.

(D) It is an essential part of the city.

6 What does the speaker say will happen tomorrow?

(A) The listeners will eat lunch at a famous restaurant.

(B) The listeners will visit the seafood market.

(C) A boat show will be at the docks.

(D) There will be a performance in a popular park.

B 담화를 다시 듣고 빈칸을 완성하세요

06-08

[1-3]

M And this ______________ of the museum. Thank you all ______________, and I ______________ your not being able to see the native history section ______________. If you bring your ticket back after May 1, you can see the ______________ native history ______________. On your way out, I suggest ______________. It has ______________ and postcards. You can even mail a postcard directly from the shop ______________.

[4-6]

W If you all ______________, ______________ the Stanley Diner. Opened in 1909, this family restaurant is ______________ in our city. No trip to our city is ______________, so we are going to ______________ tomorrow. For now, let's continue our walking tour ______________. There, we can learn a bit about ______________ here in Springfield and how it has grown into the nation's ______________. You will also have about an hour of free time to ______________.

PART 4

07 공공장소 공지 / 안내

유형 연습

A 문제를 먼저 읽은 다음, 담화를 듣고 정답을 고르세요.

07-01

M Attention, swimmers: The pool will be closed for the next 30 minutes for regular cleaning. Please exit the pool until the cleaning has been completed. You may still use the hot tub and spa as well as the lounge chairs. We recommend taking this chance to visit the concession stand to have a snack or to enjoy a cool drink. Thank you for your cooperation, and we hope you enjoy your time here.

M 수영하시는 분들은 잘 주목해 주세요: 정기 청소를 위해 30분간 수영장이 문을 닫을 것입니다. 청소가 완료될 때까지 수영장에서 나와 주시기 바랍니다. 휴게 의자뿐만 아니라 온수 욕조와 스파는 계속해서 사용하실 수 있습니다. 이 시간을 이용해서 구내 매점에 들러 간단한 간식과 시원한 음료를 즐겨주시기 바랍니다. 협조해 주셔서 감사 드리며, 즐거운 시간을 보내시기 바랍니다.

Q Why do the listeners have to leave the pool?

(A) It is closed for the day.

(B) Pool maintenance must be performed.

(C) There was an accident.

(D) A private party for special guests will begin.

Q 청자들은 왜 수영장을 떠나야 하는가?

(A) 오늘 하루 동안 문을 닫는다.

(B) 수영장 관리를 진행해야 한다.

(C) 사고가 있었다.

(D) 특별 손님을 위한 개인 파티가 시작될 것이다.

정답 (B)

▶ 청자들이 수영장에서 나가야 하는 이유를 묻고 있다. 안내의 초반부에서 '수영장이 정기 청소를 위해 30분간 문을 닫을 것이라고 (The pool will be closed for the next 30 minutes for regular cleaning.)' 하였으므로 정답은 (B)가 된다. 담화에서의 regular cleaning이 선택지에서는 pool maintenance로 표현되었다.

핵심 포인트

- 상점, 극장, 박물관 등과 같은 공공 시설에서 들을 수 있는 방송이 담화로 제시된다.
- 교통 시설의 지연, 변경과 관련된 안내 등이 출제 된다.
- 공지나 안내가 이루어지는 장소, 대상, 그리고 공지의 목적 등을 잘 파악하여야 한다.

B 위 대화를 다시 듣고 질문에 대한 알맞은 답을 고르세요.

07-02

1 According to the announcement, what can the listeners do while the pool is closed?

(A) Use a spa

(B) Get a massage

(C) Take a swimming lesson

2 What does the speaker recommend swimmers do?

(A) Take a break

(B) Grab a bite to eat

(C) Enjoy the hot tub

빈출 표현

A 다음의 표현들을 듣고 따라 해 보세요.

07-03

상점 / 백화점 관련

grand opening 개점
shoppers / patrons 쇼핑객들 / 고객들
grocery 식료품
special offer 특별 행사
proceed to the register 계산대로 가다
will be closed 문을 닫을 것이다
markdown 가격 인하
charge 청구하다
retailer 소매업자

교통 시설 관련

road work 도로 공사
commuter 통근자
delay 지연
bound for ~로 향하는
be scheduled to ~할 예정이다
roadside construction 노변 공사
apologize for the inconvenience 불편을 끼쳐 드려 죄송합니다

전시장 / 공연장 관련

performance / show 공연 / 쇼
intermission 막간 휴식 시간
audience 관객
turn off your mobile phones 휴대폰을 끄다
prepare for the show 쇼를 준비하다
refrain from taking photos 사진을 찍는 것을 삼가다
free of charge 무료인
appreciate your cooperation 협조에 감사하다
concession stand 구내 매점

유지 / 보수 관련

regular cleaning 정기 청소
inspection 검사, 조사
be temporarily closed 임시로 문을 닫다
for safety reasons 안전 상의 이유로
regular maintenance 정기 관리
shut down 중단하다, 폐쇄하다
out of service 서비스가 중단된

B 각각의 문장을 듣고 빈칸을 완성하세요.

07-04

1 We are so ________________ this may have caused.
이 일로 인해 불편을 끼쳐 드려 대단히 죄송합니다.

2 Express H1 ________________ for the next couple of months.
H1 고속도로가 안전 상의 이유로 몇 달간 폐쇄될 것입니다.

3 ________________ city hall ________________ soon.
시청 행 열차가 곧 도착합니다.

4 Please make sure to ________________ before the ________________.
공연이 시작되기 전에 반드시 휴대폰을 꺼 주시기 바랍니다.

5 We are going to ________________ with ________________ for shoppers.
우리는 고객들을 위한 특별 행사를 통해 개점을 축하할 것입니다.

6 The company gym ________________.
회사 헬스클럽은 정기 청소로 인해 임시로 문을 닫을 것입니다.

확인 학습

A 담화를 듣고 각 문제의 정답을 고르세요.

07-05

1 According to the speaker, why will the bus be delayed?

(A) Because there is construction
(B) Because the bus left late
(C) Because there will be an unexpected stop
(D) Because they need to get more gas

어휘
passenger 승객 commuter bus 통근 버스 bound for ~로 향하는 be schedule to ~할 예정이다 roadside construction 노변 공사 backed up (차가) 정체된 arrival time 도착 시간 delayed 지연된 keep ~ in mind ~을 명심하다 apologize for ~에 대해 사과하다

2 Where is the announcement taking place?

(A) At a bookstore
(B) At a mall
(C) At a museum
(D) At a theater

어휘
shortly 곧 remind 상기시키다 refrain from ~을 삼가다 cast 출연진 free of charge 비용 없이 appreciate 감사하다 cooperation 협조

B 각각의 담화를 다시 듣고 빈칸을 완성하세요.

07-06

1

M Good afternoon, passengers, and welcome aboard ______________ Chicago. Our trip ______________ 1 hour and 30 minutes. However, ______________ ______________, we expect that the roads will ______________ than usual. Our ______________ will likely ______________ by about 30 minutes, so please ______________. You can use the free Wi-Fi ______________ to e-mail or message anyone that ______________ about your schedule. ______________ that this delay may cause. Thank you.

2

W Ladies and gentlemen, welcome to the Fox Theater. Tonight's show, *The Story of a Boy*, ______________. We would like to ______________ to ______________. We would also like to ask you to ______________ ______________ or videos during the show. After the show, the cast will be ______________ in the lobby ______________. ______________ and hope you enjoy the show.

PART 4

실전연습

A 다음 담화를 듣고 정답을 고르세요. 07-07

1 According to the announcement, why was the schedule changed?

(A) There were too many passengers.

(B) Another flight needed to leave sooner.

(C) Some baggage has gone missing.

(D) The weather is bad.

2 What does the speaker say is available for travelers?

(A) A seat upgrade

(B) A free carry-on bag

(C) A hotel room coupon

(D) A meal

3 When can travelers leave for Moscow?

(A) Today at 9 P.M.

(B) Today at 11 P.M.

(C) Tomorrow at 11 A.M.

(D) Tomorrow at 9 P.M.

4 What does the speaker say about Pamela's Sporting Goods?

(A) It sells used sporting goods.

(B) Today is its first day of business.

(C) It has just finished some renovations.

(D) It is now under new ownership.

5 If customers buy tennis shoes, what can they get for free?

(A) Shoelaces

(B) A bag

(C) A sports towel

(D) Sports equipment

6 According to the announcement, what can customers do at the special event?

(A) Purchase a rare collector's item

(B) Receive a large discount

(C) Sign a membership contract

(D) Take a free class

B 담화를 다시 듣고 빈칸을 완성하세요. 07-08

[1-3]

M ________, ________. ________________ caused by ____________, the 9:00 P.M. Bard Airline flight to Moscow ____________ until tomorrow morning at 11:00 A.M. ________________ this may cause you. ______ ________________ to the nearest Bard Airline counter to ____________ about ________________. ________________, you can also ________________ at one of the airport hotels. Again, ________ ____________ and thank you ____________ Bard Airlines.

[4-6]

W Good evening, ____________. ________________ that Pamela's Sporting Goods ________________ for the first time today, and it is ________________. Today only, all customers can ________ ________________________________ a pair of tennis shoes. ______, the store will be giving a free lesson on ________________ ________________ during winter. You can find Pamela's Sporting Goods ________________________________ of the mall.

토익 실전 어휘 PART 4 UNIT 05 - 07

A 다음 표현의 우리말 뜻을 고르세요.

1	during the intermission	(a) 휴식 시간 동안에	(b) 평가하는 동안에
2	souvenir shop	(a) 구내 매점	(b) 기념품 가게
3	be devoted to	(a) ~을 고대하다	(b) ~에 헌신하다
4	subscribe to	(a) ~을 구독하다	(b) ~을 지원하다
5	outstanding ability	(a) 뛰어난 능력	(b) 부족한 능력

B 다음 우리말에 맞는 어휘를 고르세요.

1 올해의 최고 직원을 소개하게 되어 영광입니다.

→ I am (honored / pleasure) to introduce the best employee of the year.

2 에펠 탑은 프랑스 파리의 대표 건축물입니다.

→ The Eiffel tower is a (skyscraper / landmark) in Paris, France.

3 이 전시는 유명한 화가들의 작품 수백 점을 선보이고 있습니다.

→ This exhibit (features / schedules) hundreds of paintings by famous painters.

4 호텔 룸에 있는 무료로 제공되는 병에 든 생수를 드세요.

→ Enjoy the (available / complimentary) bottled water in your hotel room.

5 그녀는 임시직 직원들의 권리 향상에 큰 영향을 미쳤습니다.

→ She has had a great (significance / influence) on improving the rights of part-time workers.

C 각 문장의 괄호 안에 있는 단어들을 올바른 순서로 배열하세요.

1 We ______________________ and hope you have a good time.
(truly / your / appreciate / cooperation)
진심으로 협조해 주셔서 감사드리며 좋은 시간 보내시길 바랍니다.

2 He ______________________ for the last 20 years. (has / with / been / the company)
그는 지난 20년간 회사와 함께 했습니다.

3 ______________________ will be arriving shortly. (bound / the train / for / Oxford)
옥스포드로 가는 기차가 잠시 후 도착할 예정입니다.

4 This tour ______________________ two and a half hours. (is / scheduled / take / to)
이 여행은 2시간 30분 정도 소요될 예정입니다.

5 You are not ______________________ in the museum. (to / take / allowed / photographs)
박물관에서는 사진을 찍을 수 없습니다.

Half Test

LISTENING TEST

In the Listening test, you will be asked to demonstrate how well you understand spoken English. The entire Listening test will last approximately 20 minutes. There are four parts, and directions are given for each part. You must mark your answers on the separate answer sheet. Do not write your answers in your test book.

PART 1

Directions: For each question in this part, you will hear four statements about a picture in your test book. When you hear the statements, you must select the one statement that best describes what you see in the picture. Then find the number of the question on your answer sheet and mark your answer. The statements will not be printed in your test book and will be spoken only one time.

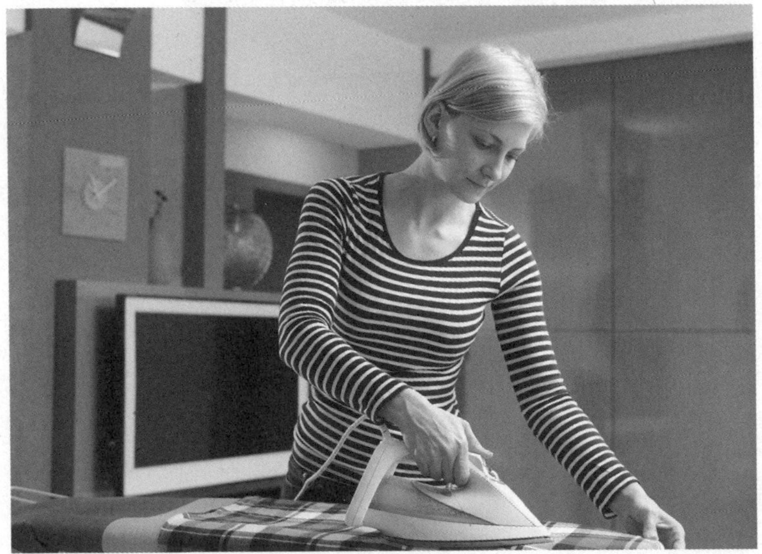

Statement (D), "She is ironing a garment," is the best description of the picture, so you should select answer (C) and mark it on your answer sheet.

1.

2.

GO ON TO THE NEXT PAGE

3.

PART 2

Directions: You will hear a question or statement and three responses spoken in English. They will not be printed in your test book and will be spoken only one time. Select the best response to the question or statement and mark the letter (A), (B), or (C) on your answer sheet.

4. Mark your answer on your answer sheet.

5. Mark your answer on your answer sheet.

6. Mark your answer on your answer sheet.

7. Mark your answer on your answer sheet.

8. Mark your answer on your answer sheet.

9. Mark your answer on your answer sheet.

10. Mark your answer on your answer sheet.

11. Mark your answer on your answer sheet.

12. Mark your answer on your answer sheet.

13. Mark your answer on your answer sheet.

14. Mark your answer on your answer sheet.

15. Mark your answer on your answer sheet.

16. Mark your answer on your answer sheet.

17. Mark your answer on your answer sheet.

PART 3

Directions: You will hear some conversations between two or more people. You will be asked to answer three questions about what the speakers say in each conversation. Select the best response to each question and mark the letter (A), (B), (C), or (D) on your answer sheet. The conversations will not be printed in your test book and will be spoken only one time.

18. Why does the woman want to meet the man?

(A) To discuss their new product
(B) To arrange a meeting time
(C) To launch a new product
(D) To prepare for a business trip

19. When are the speakers going to meet?

(A) On Monday
(B) On Tuesday
(C) On Wednesday
(D) On Thursday

20. What does the man say he will do?

(A) Reserve a flight ticket
(B) Send a car to the woman
(C) Call the director of Manufacturing
(D) Make a schedule for next week

21. Who most likely is the woman?

(A) A hotel clerk
(B) A store manager
(C) A technician
(D) A hotel guest

22. What problem is being discussed?

(A) A shower is broken.
(B) There is no warm water.
(C) A room is too noisy.
(D) There are too many guests on the floor.

23. What is the man be advised to do?

(A) Enjoy the swimming pool
(B) Take a break
(C) Use a shower by the pool
(D) Check out immediately

GO ON TO THE NEXT PAGE ►

24. Where does the conversation most likely take place?

(A) In a meeting room
(B) At a hotel
(C) At a convention center
(D) In an auditorium

25. What does the man imply when he says, "I think that worked out very well"?

(A) Some planning turned out to be effortless.
(B) A previous event was successful.
(C) They found a good location for an upcoming event.
(D) The office renovations were ahead of schedule.

26. What will the man probably do next?

(A) Call for a meeting to discuss an event
(B) Cancel their reservation at the city convention center
(C) Confirm a reservation at the Terrace Hotel.
(D) Contact a convention center about an event

---

27. What is the conversation mostly about?

(A) Conducting an interview
(B) Revising company policies
(C) Offering a person full-time employment
(D) Arranging a business trip

28. What does the woman say about Lena?

(A) She is not punctual.
(B) Her performance has been great.
(C) She gets along well with her coworkers.
(D) She is not interested in the job.

29. How will the man contact Lena?

(A) By e-mail
(B) By letter
(C) By phone
(D) In person

Shuttle Names	Destinations	Operating Hours
Blue	Amusement Park	Every 30 minutes
Red	Big C Shopping mall	Every 60 minutes
Yellow	Train Station	Every 30 minutes
Green	Big C Shopping Mall	Every 20 minutes

30. What does the woman ask the man for?

(A) The best way to get to the shopping mall
(B) The best way to avoid traffic
(C) How to make a reservation for the shuttle service
(D) How to save money on transportation costs

31. Why does the man say a taxi is not a good option?

(A) Because it is usually pricy
(B) Because there is a lot of traffic now
(C) Because it does not come to the building where she is
(D) Because the pickup time is not guaranteed

32. Look at the graphic. Which shuttle bus will the woman probably take?

(A) Blue
(B) Red
(C) Yellow
(D) Green

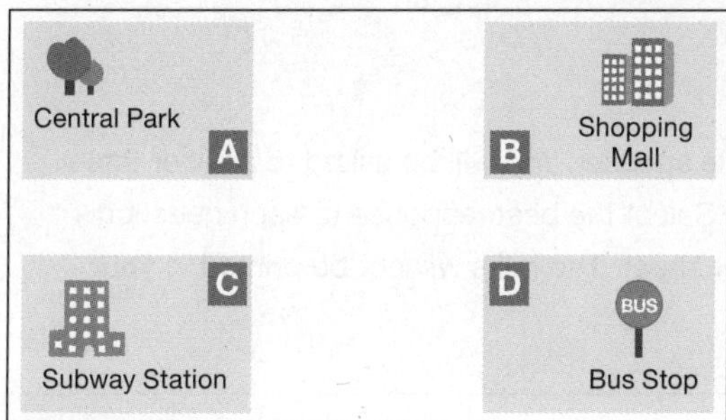

33. What are the speakers mainly discussing?

(A) Where to stay during their trip
(B) Where to go for vacation
(C) What to do during their vacation
(D) How to get to Buenos Aires

34. What did the man say about their previous trip?

(A) The food was awful.
(B) It was hard to get around.
(C) It was too crowded.
(D) The shopping mall was far away.

35. Look at the graphic. Where will the speakers probably stay?

(A) A
(B) B
(C) C
(D) D

GO ON TO THE NEXT PAGE

PART 4

Directions: You will hear some talks given by a single speaker. You will be asked to answer three questions about what the speaker says in each talk. Select the best response to each question and mark the letter (A), (B), (C), or (D) on your answer sheet. The talks will not be printed in your test book and will be spoken only one time.

36. Who is the speaker?

(A) The owner of Good Beats
(B) The organizer of an event
(C) A product designer
(D) A product manager

37. What product is being discussed?

(A) Headphones
(B) A mobile phone
(C) A computer game
(D) A fitness tracker

38. What is special about the product?

(A) It is good for the price.
(B) It is waterproof.
(C) It has additional new features.
(D) It comes with a free extended warranty.

39. According to the speaker, what happened recently?

(A) An IT conference was held.
(B) Some policies were changed.
(C) A new technician was hired.
(D) Some software was installed.

40. What was Jeremy asked to do?

(A) Delete some old software
(B) Provide software training
(C) Purchase some new software
(D) Stay in the office for a while

41. What are the listeners advised to do?

(A) Register for a training session
(B) Ask Jeremy for help in person
(C) Install some new software
(D) Attend an IT seminar

42. What is the talk mainly about?

(A) Next year's budget
(B) An upcoming move
(C) Public transportation
(D) A new company policy

43. What does the speaker imply when she says, "I think this is the right decision"?

(A) The new promotion was successful.
(B) The new location is convenient.
(C) Hiring more staff was a good choice.
(D) The company paid less money for the office.

44. What will the speaker probably do next?

(A) Discuss some ways to save money
(B) Share ideas on how to promote sales
(C) Give details about the new location
(D) Review a budget proposal

---

45. Where does the announcement most likely take place?

(A) At a library
(B) At a gym
(C) At a store
(D) At a lottery shop

46. What is the speaker announcing?

(A) A grand opening
(B) An upcoming renovation
(C) A clearance sale
(D) A celebratory event

47. What can a person win in the lucky drawing?

(A) A 50% discount
(B) Airline tickets
(C) A cash prize
(D) A free snack

Billy's Office Furniture
179 Broadway

May, 10

Item	Quantity	Unit Price
Chairs	2 units	$ 45
Table	1 units	$ 70
Cabinet	1 units	$ 120

Total: $280

48. What is the purpose of the call?

(A) To inform the listener that an ordered item is not in stock
(B) To place an order for additional chairs
(C) To give information about an ongoing sale
(D) To say that there is a problem with a receipt

49. What information is Mr. Parker asked to provide?

(A) An order number
(B) Credit card information
(C) A proof of purchase
(D) Contact details

50. Look at the graphic. How much money will be returned to the listener?

(A) 45 dollars
(B) 70 dollars
(C) 90 dollars
(D) 120 dollars

This is the end of the Listening test.

레벨업이 필요할 땐

토익 부스터 LC

정답 및 해설

다락원

PART 1 사진 묘사 Picture Description

01 1인 인물 사진

p.010

유형 연습

정답

1 × 2 × 3 × 4 ○ 5 ○
6 × 7 ×

해석

1 여자가 비즈니스 정장을 입고 있다.
2 여자가 재킷을 입고 있다.
3 여자가 팩스를 사용하고 있다.
4 여자가 복사기의 버튼을 누르고 있다.
5 여자가 사무기기 앞에 서 있다.
6 복사기에 종이가 걸렸다.
7 책이 바닥에 쌓여 있다.

확인 학습

정답

1 (B), (D) 2 (A), (B)

스크립트 및 해석

1

(A) A man is holding a pen.
(B) A man is reaching for a telephone.
(C) A man is staring at a computer screen.
(D) A man is working at a desk.

(A) 남자가 펜을 들고 있다.
(B) 남자가 전화기에 손을 뻗고 있다.
(C) 남자가 컴퓨터 화면을 쳐다보고 있다.
(D) 남자가 책상에서 일하고 있다.

해설 남자의 책상에 앉아서 전화기에 손을 뻗고 있는 사진이므로 'reach for (손을 뻗다)'와 'work at a desk (책상에서 일하다)'가 포함된 (A)와 (D)가 정답이 된다.

어휘 reach for ~로 손을 뻗다 stare 응시하다

2

(A) She is making food in the kitchen.
(B) She is wearing a pair of gloves.
(C) She is putting on an apron.
(D) She is carrying a tray.

(A) 그녀는 주방에서 요리하고 있다.
(B) 그녀는 장갑을 끼고 있다.
(C) 그녀는 앞치마를 두르고 있다.
(D) 그녀는 쟁반을 나르고 있다.

해설 wear는 상태 동사로 장갑을 착용하고 있는 의미를 표현하므로 (A)가 정답이 된다. 반면 'put on'은 착용한 상태를 묘사하는 표현이기 때문에 (C)는 오답이 된다.

어휘 put on ~을 입다 apron 앞치마 tray 쟁반

실전 연습

p.012

정답

1 (B) 2 (A) 3 (D) 4 (B)

스크립트 및 해석

1

(A) He is paying for some groceries.
(B) He is holding a basket.
(C) He is displaying merchandise on shelves.
(D) He is pushing a shopping cart.

(A) 그는 식료품을 계산하고 있다.
(B) 그는 바구니를 들고 있다.
(C) 그는 선반에 상품을 진열하고 있다.
(D) 그는 쇼핑 카트를 밀고 있다.

해설 남자가 진열대 옆에 바구니를 들고 서 있는 사진이므로 (B)가 정답이 된다. 다른 보기의 'pay for (계산하다)', 'display (전시하다)', 'push (밀다)'는 모두 남자의 동작과 상관없다.

어휘 grocery 식료품 merchandise 상품

2

(A) A woman is looking into a microscope.
(B) A woman is wearing glasses.
(C) A woman is using a microphone.
(D) A woman is cleaning some laboratory equipment.

(A) 여자는 현미경을 들여다 보고 있다.
(B) 여자는 안경을 끼고 있다.
(C) 여자는 마이크를 사용하고 있다.
(D) 여자는 실험실 장비를 청소하고 있다.

해설 실험실에 있는 여자가 현미경을 보고 있으므로 정답은 (A)이다. 'microscope (현미경)'와 'microphone (마이크)'는 발음이 유사하므로 주의하도록 하자.

어휘 microscope 현미경 laboratory 실험실 equipment 장비

3

(A) A man is washing a car with a hose.
(B) A man is fixing a car.
(C) A man is sweeping the road.
(D) A man is wearing a jacket.

(A) 남자가 호스로 세차하고 있다.
(B) 남자가 자동차를 고치고 있다.
(C) 남자가 길을 쓸고 있다.
(D) 남자가 재킷을 입고 있다.

해설 사진을 자세히 보면 호스로 세차를 하는 것이 아니라 길을 청소하고 있으므로 (A)는 정답이 될 수 없고, (C)의 sweep은 '빗자루로 쓸다'라는 의미이므로 이 또한 오답이다. 정답은 남자가 재킷을 입고 있는 모습을 설명하고 있는 (D)이다.

어휘 fix 고치다, 수리하다 sweep 쓸다

4

(A) She is arranging flowers.
(B) She is watering a potted plant.
(C) She is mowing the lawn.
(D) She is planting a tree.

(A) 그녀는 꽃꽂이를 하고 있다.
(B) 그녀는 화분에 물을 주고 있다.
(C) 그녀는 잔디를 깎고 있다.
(D) 그녀는 나무를 심고 있다.

해설 사진 속의 여자는 화분에 심긴 나무에 물을 주고 있으므로 정답은 (B)이다. 'arrange flowers'는 '꽃꽂이하다'라는 의미이며 'mow the lawn'은 '잔디를 깎다'라는 뜻이므로 (A)와 (B)는 정답이 될 수 없다. 여자가 나무를 심고 있지도 않으므로 (D) 또한 오답이다.

어휘 arrange flowers 꽃꽂이하다 mow the lawn 잔디를 깎다

02 2인 인물 사진 / 3인 이상 인물 사진 p.014

유형 연습

정답

1 ○ 2 × 3 × 4 ○ 5 ×
6 × 7 ○

해석

1 여자 중 한 명은 파일을 들고 있다.
2 그들은 서로를 보며 웃고 있다.
3 여자들은 화상 통화를 하고 있다.
4 둘 다 정장을 입고 있다.
5 그들은 서로 바로 옆에 앉아 있다.
6 한 여자가 주머니에서 노트를 꺼내고 있다.
7 여자들은 서로 반대 편에 앉아 있다.

확인 학습

정답

1 (B) 2 (B)

스트립트 및 해석

1

(A) The people are holding onto the railing.
(B) They are jogging along the river.
(C) Some people are exercising in the gym.
(D) The bridge is being built now.

(A) 사람들이 난간을 잡고 있다.
(B) 그들은 강을 따라 조깅하고 있다.
(C) 몇몇의 사람들이 체육관에서 운동하고 있다.
(D) 다리가 지금 건설되고 있다.

해설 사진 속의 두 사람은 강을 따라 조깅을 하고 있으므로 (B)가 정답이다. along은 '~을 따라서' 라는 의미의 전치사이다. 사진에서 다리가 보인다고 해서 'bridge'만 듣고 정답을 고르지 않도록 주의해야 한다.

어휘 railing 난간 gym 체육관

2

(A) They are shopping in a department store.
(B) They are trying on shoes.
(C) They are stacking up shoes in the shelf.
(D) They are picking up shopping bags.

(A) 그들은 백화점에 쇼핑을 하고 있다.
(B) 그들은 신발을 신어보고 있다.
(C) 그들은 선반에 신발을 쌓고 있다.
(D) 그들은 쇼핑백을 집어 들고 있다.

해설 여자 두 명이 신발 여러 켤레를 신어보고 있는 장면이다. 따라서 '신발을 신어 보고 있다'고 묘사한 (B)가 정답이 된다. 'try on'은 '옷이나 신발 등을 신어보다'라는 의미의 표현이다.

어휘 try on 입어보다 shelf 선반

실전 연습 p.016

정답

1 (B) 2 (B) 3 (A) 4 (C)

스트립트 및 해석

1

(A) The men are wearing glasses.
(B) The men are reviewing some documents.
(C) They are wearing casual clothes.
(D) They are looking out the window.

(A) 남자들이 안경을 쓰고 있다.
(B) 남자들이 문서를 검토하고 있다.
(C) 그들은 평상복을 입고 있다.
(D) 그들은 창 밖을 보고 있다.

해설 남자 두 명이 서류를 들고 함께 검토하고 있는 사진이므로 '남자들이 서류를 검토하고 있다'는 내용의 (B)가 정답이 된다. 남자들이 입고 있는 옷은 정장이므로 평상복을(casual clothes) 입고 있다고 설명한 (C)는 정답이 될 수 없다.

어휘 review 검토하다 casual clothes 평상복

2

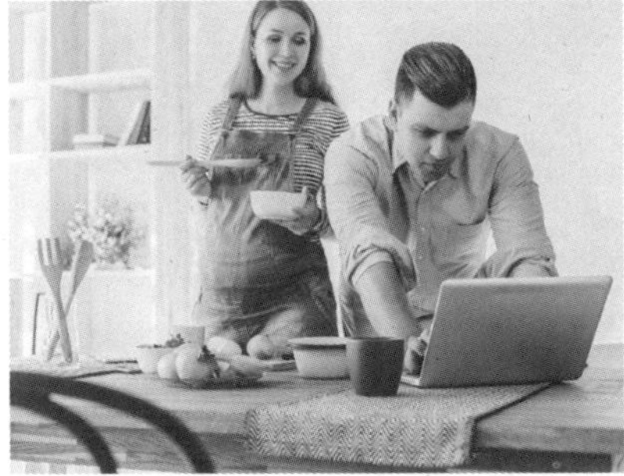

(A) They are repairing the computer.
(B) A man is staring at the monitor.
(C) A woman is searching for a file on the computer.
(D) They are working on the computer.

(A) 그들은 컴퓨터를 수리하고 있다.
(B) 한 남자가 모니터를 응시하고 있다.
(C) 한 여자가 컴퓨터에서 파일을 찾고 있다.
(D) 그들은 컴퓨터 작업을 하고 있다.

해설 남자는 컴퓨터에서 뭔가를 보고 있고, 그 뒤에서 여자가 지켜보고 있는 사진이다. 따라서 '남자가 모니터를 응시하고 있다'라고 한

(B)가 정답이 된다. 'working on the computer'만 듣고 (D)를 답으로 고르지 않도록 주의해야 한다.

어휘 stare at ~을 응시하다 search for ~을 찾다

3

(A) The men are working in the warehouse.
(B) They are stacking up the boxes.
(C) They are unpacking the packages.
(D) One of the men is opening a box.

(A) 남자들은 창고에서 일하고 있다.
(B) 그들은 박스를 쌓고 있다.
(C) 그들은 소포의 포장을 풀고 있다.
(D) 남자들 중 한 명은 상자를 열고 있다.

해설 한 남자는 박스를 쌓고 있고, 두 명의 남자는 그 뒤에서 대화를 나누고 있는 사진인데, '남자들이 창고에서 일하고 있다'라는 내용의 (A)가 이를 가장 잘 묘사하고 있다. 'stacking up the boxes'만 듣고 (B)를 답으로 고르지 않도록 주의해야 한다.

어휘 warehouse 창고 stack up 쌓아 올리다 unpack (안에 든 것을) 꺼내다

4

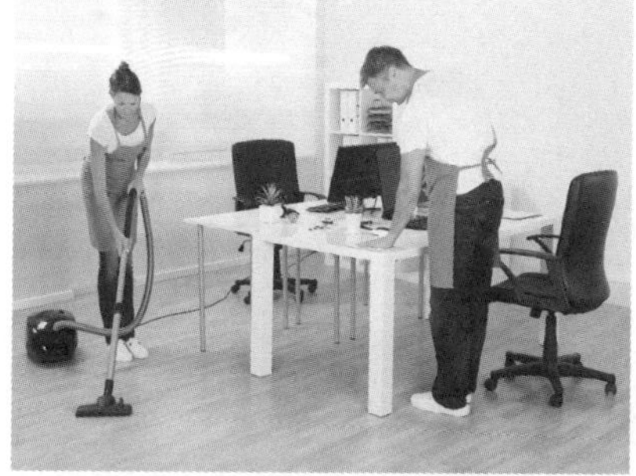

(A) The people are cleaning a garage.
(B) One of the people is sweeping the floor.
(C) Both of them are wearing aprons.
(D) The man is moving the chairs.

(A) 사람들이 차고를 청소하고 있다.
(B) 사람들 중 한 명은 바닥을 쓸고 있다.
(C) 두 사람 다 앞치마를 하고 있다.
(D) 남자는 의자들을 옮기고 있다.

해설 남자와 여자가 방을 정리하고 있는 사진이다. 두 사람 모두 앞치마를 착용하고 있으므로 (C)의 'Both of them are wearing aprons.'가 정답이 된다. 여자는 진공청소기로 바닥을 청소하고 있는 것이지 바닥을 쓸고 있는(is sweeping the floor) 것은 아니므로 (B)를 정답으로 고르지 않도록 주의해야 한다.

어휘 garage 차고 sweep 쓸다 apron 앞치마

03 사물 묘사 사진

p.018

유형 연습

정답

1 ○ 2 ○ 3 × 4 × 5 ×
6 × 7 ×

해석

1 꽃이 테이블에 놓여 있다.
2 방 안에 전등이 켜져 있다.
3 다과가 테이블 위에 놓여 있다.
4 꽃이 꽃병에 꽂혀있다.
5 소파와 시계가 마주보고 있다.
6 직원들이 카펫을 진공청소기로 청소하고 있다.
7 다과가 제공되고 있다.

확인 학습

정답

1 (B), (C) 2 (B)

스크립트 및 해석

1

(A) A laptop is being used.
(B) Some books are piled on the floor.
(C) A potted plant has been placed on the table.
(D) Glasses are positioned next to a cell phone.

(A) 노트북이 사용되고 있다.
(B) 책들이 바닥에 쌓여 있다.
(C) 화분에 심은 식물이 테이블 위에 놓여 있다.
(D) 컵이 휴대폰 옆에 놓여 있다.

해설 사물의 위치를 그림에서 확인한 후 전치사 표현을 잘 듣고 정답을 골라야 한다. 노트북 뒤에 책들이 놓여 있고 테이블 위에 화분이 있으므로 (B)와 (C)가 정답이 된다. 노트북을 사용하는 사람이 없으므로 (A)는 오답이며, 휴대폰 옆에는 컵이 아닌 안경이 있으므로 (D) 또한 오답이다.

어휘 pile 쌓다 potted plant 화분에 심은 식물

2

(A) Groceries have been placed in a cart.
(B) Fruit is on display in a store.
(C) A customer is weighing some fruit on a scale.
(D) Some food is being put into a basket.

(A) 식료품이 카트에 놓여 있다.
(B) 과일이 상점에 진열되어 있다.
(C) 고객이 저울에 과일 무게를 달고 있다.
(D) 음식이 바구니에 놓이고 있다.

해설 식료품이 카트에 놓여 있지 않으므로 (A)는 정답이 될 수 없으며, 사진에 사람이 등장하지 않기 때문에 (C)와 (D) 또한 오답이다. 과일이 진열된 상태를 묘사한 보기인 (B)가 정답이 된다.

어휘 grocery 식료품 customer 고객, 손님 scale 저울

실전 연습 p.020

정답

1 (B) 2 (A) 3 (B) 4 (D)

스크립트 및 해석

1

(A) There are trees in the park.
(B) A picnic basket has been left on the grass.
(C) A gardener is mowing the grass.
(D) Dishes are being served.

(A) 공원에 나무들이 있다.
(B) 소풍 바구니가 잔디 위에 놓여 있다.
(C) 정원사가 잔디를 깎고 있다.
(D) 음식이 제공되고 있다.

해설 사진에서 나무는 보이지 않고, 잔디를 깎고 있는 사람도 없으므로 (A)와 (C)는 오답이다. 음식을 나르고 있는 사람도 보이지 않기 때문에 (D)도 정답이 될 수 없다. 바닥에 놓여있는 바구니를 묘사한 보기 (B)가 정답이 된다.

어휘 gardener 정원사 mow 깎다

2

(A) Kitchen pots are positioned on the stove.
(B) Vegetables are being washed.
(C) Dishes have been stacked on the countertop.
(D) There is a knife on the chopping board.

(A) 냄비가 가스레인지 위에 놓여 있다.
(B) 야채가 씻겨지고 있다.
(C) 접시가 조리대에 쌓여 있다.
(D) 칼이 도마 위에 있다.

해설 냄비가 놓여 있는 상태를 표현한 보기 (A)가 정답이 된다. 사진에 접시는 보이지 않기 때문에 (C)는 정답이 아니다. 사람이 야채를 씻고 있는 사진도 아니므로 (B) 역시 오답이다.

어휘 countertop 조리대 chopping board 도마

3

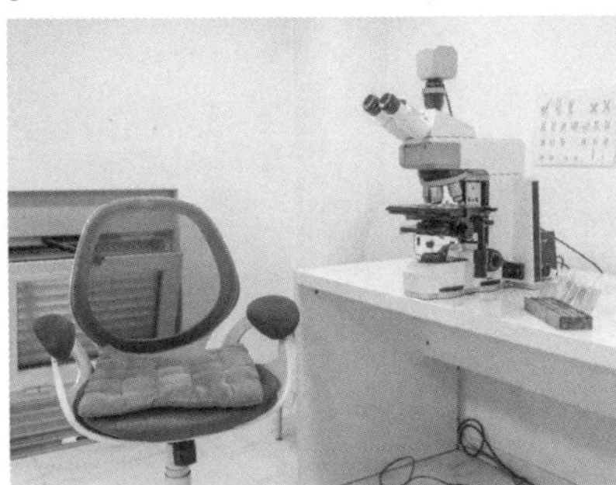

(A) Office equipment is being moved.
(B) A microscope has been placed on the table.
(C) A round table has been set up in the room.
(D) Lights have been installed on the ceiling.

(A) 사무기기가 옮겨지고 있다.
(B) 현미경이 테이블 위에 놓여 있다.
(C) 원형 탁자가 방안에 설치되어 있다.
(D) 전등이 천장에 설치되어 있다.

해설 사물의 상태를 나타낼 때에는 현재완료의 수동형(have/has been p.p.)이 사용된다. 따라서 현미경이 테이블 위에 놓여 있는 상태를 현재완료 수동형으로 묘사한 보기 (B)가 정답이 된다.

어휘 office equipment 사무기기 install 설치하다 ceiling 천장

4

(A) There are customers at a cash register.
(B) Products are being arranged on the shelves.
(C) A clerk is stocking the shelves with cans.
(D) A shopping cart has been filled with groceries.

(A) 계산대에 손님이 있다.
(B) 제품이 선반에 진열되고 있는 중이다.
(C) 점원이 선반을 캔으로 채우고 있다.
(D) 쇼핑 카트가 식료품으로 가득 차 있다.

해설 쇼핑 카트에 식료품이 가득 차 있는 사진을 현재완료 수동태로 묘사한 보기 (D)이다. 사진에 사람은 보이지 않으므로 (A)는 오답이다. 현재진행수동태(be + being + pp)가 들리면 사물이 주어일지라도 사람이 어떤 동작을 하고 있는 사진이어야 하는 경우가 대부분이다. 따라서 (B)와 (C) 또한 정답이 될 수 없다.

어휘 cash register 계산대 arrange 진열하다 stock 채우다

04 배경 묘사 사진 p.022

유형 연습

정답

1 ○ 2 ○ 3 × 4 × 5 ○
6 × 7 ×

해석

1 땅이 눈으로 덮여 있다.
2 나무 몇 그루가 집 근처에 심어져 있다.
3 집이 청소되고 있는 중이다.
4 눈이 치워져 있다.
5 두 집 사이에 나무들이 있다.
6 창문이 모두 열려 있다.
7 창문들이 닦이고 있다.

확인 학습

정답

1 (A), (D) 2 (B), (C)

스크립트 및 해석

1

(A) A boat docked in a harbor.
(B) There is a boat sailing in the water.
(C) The boat is ready to sail.
(D) There is a bridge over the water.

(A) 배가 항구에 정박해 있다.
(B) 항해하고 있는 보트가 있다.
(C) 배는 항해할 준비가 되어 있다.
(D) 물 위에 다리가 하나 있다.

해설 한 척의 배가 항구에 정박해 있고, 물 위에 다리가 있으므로 (A)와 (D)가 정답이 된다. 배가 항해하고 있지는 않고, 항해할 준비가 되었는지도 알 수 없으므로 (B)와 (C)는 오답이다.

어휘 dock 배를 부두에 대다 sail 항해하다

2

(A) Some cars have been parked in the driveway.
(B) There is a lawn near the house.
(C) There is a car in front of the house.
(D) The road is shaded by the house.

(A) 몇 대의 차량이 진입로에 주차되어 있다.
(B) 집 근처에 잔디가 있다.
(C) 집 앞에 자동차가 있다.
(D) 집의 그림자가 도로에 드리워져 있다.

해설 사진에서 집 앞에 잔디가 깔려 있는 모습을 볼 수 있고, 집 앞에 차 한 대가 주차되어 있으므로 (B), (C)가 정답이 된다.

어휘 driveway 진입로 lawn 잔디밭

실전 연습 p.024

정답

1 (B) 2 (B) 3 (A) 4 (C)

스크립트 및 해석

1

(A) Cars are stopped at the traffic light.
(B) Vehicles are traveling in both directions.
(C) The buildings are under construction.
(D) Some cars are being checked.

(A) 자동차들이 신호등에 멈춰 있다.
(B) 차량들이 양방향으로 주행하고 있다.
(C) 건물들이 건설 중이다.
(D) 몇몇 차량들이 점검을 받고 있다.

해설 양방향으로 차량들이 이동하고 있는 사진이므로 (B)가 정답이 된다. 차량들이 이동하고 있는 동작을 traveling이라는 동사를 이용한 것에 유의해야 한다. (C)는 building을 활용한 오답이며, 차량이 신호등에 멈춰 있거나 점검을 받고(being checked) 있지도 않으므로 (A)와 (D) 역시 정답이 될 수 없다.

어휘 traffic light 신호등 under construction 공사 중인

2

(A) The trees are being watered.
(B) A path runs through the woods.
(C) A hiking trail has been blocked.
(D) The road is being paved.

(A) 나무에 물을 주어지고 있다.
(B) 숲 사이로 길이 나 있다.
(C) 산책로가 차단 되어 있다.
(D) 도로가 포장되고 있다.

해설 숲 사이로 길이 나있다(run through the woods)는 표현을 이용하여 사진을 묘사하고 있는 (B)가 정답이 된다. (A)와 (D)는 진행형 수동태 문장이므로 사물을 묘사하는 사진으로는 적절하지 않으며, 산책로가 차단되어(has been blocked) 있지 않으므로 (C)도 정답이 아니다.

어휘 block 차단하다, 막다 pave (도로를) 포장하다

3

(A) There are shelves hanging on the wall.
(B) The garage is being cleaned.
(C) The tires are being put away.
(D) There is some equipment scattered on the floor.

(A) 벽에 선반이 걸려 있다.
(B) 차고가 청소되고 있다.
(C) 타이어가 치워 지고 있다.
(D) 바닥에 흩어져 있는 장비가 있다.

해설 창고 안에 선반이 벽에 걸려 있는데, 이를 'hanging on the wall'이라는 표현으로 설명하고 있는 (A)가 정답이 된다. 사진에 사람이 등장하지 않으므로 (B)와 (C)는 오답이며, 장비들은 바닥에 있지 않으므로 (D) 또한 정답이 될 수 없다.

어휘 hang 매달다 put away 치우다 scatter 흩어지다

4

(A) The bird is flying in the sky.
(B) Some people are waiting to get food.
(C) A statue is overlooking the square.
(D) The gate is wide open.

(A) 새가 하늘에서 날고 있다.
(B) 몇몇 사람들은 음식을 받기 위해 기다리고 있다.

(C) 조각상이 광장을 내려다 보고 있다.
(D) 문이 활짝 열려 있다.

해설 광장에 큰 조각상이 놓여 있는 장면의 사진이다. 'overlook the square(광장을 내려다 보다)'라는 의미의 표현을 사용하여 사진을 적절하게 묘사한 (C)가 정답이다.

어휘 statue 상, 조각상 overlook 내려다 보다 square 광장

토익 실전 어휘 | UNIT 01 - 04 p.026

A
1 (a) 2 (b) 3 (a) 4 (a) 5 (b)

B
1 towed 2 reviewing 3 planted
4 stacked 5 displaced

C
1 is watering potted plants
2 is taking a coat off / is taking off a coat
3 is trying on a necklace / is trying a necklace on
4 have been parked along
5 is reaching for a cell phone

PART 2 질의-응답 Questions & Responses

01 의문사 의문문 I - who, what p.028

who

유형 연습

정답
1 (A) 2 (B) 3 (B) 4 (A) 5 (A)

해석

1
신임 영업부장은 누구인가요?
(A) Sarah Baker예요.
(B) 보지 못했어요.

2
사무실을 수리하는 데 누구를 고용하셨나요?
(A) 대리점요.
(B) Beetle 건설요.

3
누가 예산 회의를 책임지고 있나요?
(A) 오후에요.
(B) 영업부 관리자요.

4
직원 교육에 대해서 누구와 이야기해야 하나요?
(A) 인사부요.
(B) 다음주요.

5
누가 예산안을 가지고 있나요?
(A) Sarah가 가지고 있는 것 같아요.
(B) 서랍장에 있어요.

확인 학습

정답
1 (B), (C) 2 (A), (B) 3 (A)
4 (B) 5 (A), (C) 6 (C)

스크립트 및 해석

1
Who is in charge of the Peterson project?
(A) The projector is not working.
(B) Ask the supervisor.
(C) Tim in the Sales Department.

누가 Peterson 프로젝트를 책임지고 있나요?
(A) 프로젝터는 고장 났어요.
(B) 관리자에게 물어보세요.
(C) 영업부의 Tim요.

해설 의문사에 집중해서 들어야 한다. 누구인지 묻는 who 의문문이므로, 구체적으로 사람을 언급한 (C)가 정답이 된다. 간접적으로 답한 보기 (B) 또한 정답이 될 수 있다.

어휘 in charge of ~을 담당하는

2
Who should I talk to about the training session?
(A) The Personnel Department.
(B) Ms. Kim might know.
(C) Yes, you can talk to me.

교육 과정에 대해 누구와 이야기해야 하나요?
(A) 인사부요.
(B) Kim 씨가 알고 있을지도 몰라요.
(C) 네, 저에게 얘기하세요.

해설 who 의문문에 대해 이름뿐만 아니라 직책이나 부서로 답할 수도 있다. 이 문제의 경우에도 이름으로 답한 (B)뿐만 아니라 부서명인 (A)도 정답이 될 수 있다.

3
Who is the head of the Accounting Department?
(A) It's Ms. Rylan.
(B) No, I don't have it.
(C) The evaluations have been finished.

회계부서장은 누구인가요?
(A) Rylan 씨요.
(B) 아니요. 저에게는 없어요.
(C) 평가가 끝났어요.

해설 who 의문문에 직접적으로 이름을 언급한 보기 (A)가 정답이 된다.

4

Who did you meet at the annual conference?
(A) I am the organizer.
(B) Employees at our competitors.
(C) He is not the right person.

연례 컨퍼런스에서 누구를 만났나요?
(A) 제가 주최자예요.
(B) 경쟁사에 있는 직원들요.
(C) 그는 적임자가 아니에요.

해설 누구를 만났는지 묻는 질문이므로 경쟁사 직원들 만났다고 답한 보기 (B)가 정답이 된다. (A)와 (C)도 사람을 언급하고 있기는 하지만 의미상 모두 정답으로 적절하지 않다.

어휘 annual 연례의 organizer 주최자

5

Who is going to give a speech at the seminar?
(A) I think Ann is.
(B) He was such an excellent speaker.
(C) It has not been decided yet.

누가 세미나에서 연설할 예정인가요?
(A) Ann이 할 것 같아요.
(B) 그는 훌륭한 발표자예요.
(C) 아직 결정되지 않았어요.

해설 이름을 언급한 보기 (A)가 정답이며, 아직 결정되지 않았다고 답한 (C) 역시 적절한 대답이다.

어휘 give a speech 연설하다

6

Who is writing the budget proposal?
(A) We're sending it tomorrow.
(B) On the second floor.
(C) I'll check and let you know.

누가 예산안을 작성하고 있나요?
(A) 우리는 그것을 내일 보낼 거예요.
(B) 2층에요.
(C) 확인한 다음 알려 드릴게요.

해설 (C)와 같이 '확인해 보고 알려 주겠다'는 의미의 간접적인 답변은 정답일 가능성이 높다. 이 문제에서도 (C)는 예산안 작성자를 묻는 질문에 대한 자연스러운 답변이다.

어휘 budget 예산 proposal 제안서

What

유형 연습

정답

1 (A) **2** (B) **3** (B) **4** (A) **5** (A)

해석

1

마케팅 부서에 무엇을 요청했나요?
(A) 작년의 판매 기록요.
(B) 질문이 많았어요.

2

Han 씨에게 연락하는 가장 좋은 방법은 무엇인가요?
(A) 연락처를 갖고 있지 않아요.
(B) 아마 휴대폰일 거예요.

3

설문 결과에 대해 어떻게 생각해요?
(A) 그들은 지금 떠나야 해요.
(B) 그것들은 만족스러웠어요.

4

몇 시에 호텔에 체크인할 수 있어요?
(A) 3시 이후에 언제든지요.
(B) 청소가 끝났을 거예요.

5

새 건축가의 이름이 무엇인가요?
(A) Carol Smith일 거예요.
(B) 좋은 영화예요.

확인 학습

정답

1 (B), (C)	**2** (A)	**3** (C)
4 (B)	**5** (B), (C)	**6** (A), (B)

스크립트 및 해석

1

What is the membership fee at the yoga center?
(A) All the staff members.
(B) Thirty dollars a month.
(C) I am not really sure.

요가센터에 회원비가 얼마예요?
(A) 모든 직원들요.
(B) 1개월에 30달러예요.
(C) 잘 모르겠어요.

해설 what으로 시작하지는 의문문이지만 가격을 묻는 질문이므로 이에 대한 정보를 제공하고 있는 (B)가 정답이 된다. 정확히 모른다고 답한 (C) 또한 정답이다.

어휘 fee 요금, 수수료

2

What do you think of the floor plan?
(A) It's a great design.
(B) He is an excellent architect.
(C) It needs to be cleaned.

평면도에 대해 어떻게 생각해요?
(A) 디자인이 좋아요.
(B) 그는 훌륭한 건축가예요.
(C) 청소가 필요해요.

해설 의견을 물을 때 'what do you think of/about'을 활용할 수 있다. 평면도에 대한 의견을 묻는 질문에 대해 긍정적으로 답한 보기 (A)가 정답이 된다.

어휘 floor plan 평면도 architect 건축가

3
What software would you recommend?
(A) Somewhere in the corner.
(B) I found it very creative.
(C) How about this one here?

어떤 소프트웨어를 추천하세요?
(A) 코너 어딘가에 있어요.
(B) 매우 창의적인 것 같아요.
(C) 여기에 있는 이것은 어떤가요?

해설 what 뒤에 명사가 올 경우 이를 잘 들어야 정답을 고를 수 있다. 어떤 소프트웨어를 추천하는지를 묻는 질문에 대해 특정 제품을 제안하는 (C)가 적절한 응답이다.

4
What floor is KT Technology on?
(A) I am working on it.
(B) There's a building directory there.
(C) They haven't delivered it yet.

KT 테크놀로지는 몇 층에 있나요?
(A) 지금 일하고 있어요.
(B) 저쪽에 건물 안내도가 있어요.
(C) 아직 배송하지 않았어요.

해설 3번 문제와 마찬가지로 what 뒤의 명사에 집중해야 한다. 몇 층인지를 묻는 질문에 대해 정확한 층수가 아닌, 정보를 확인할 수 있는 방법을 알려 주는 내용의 (B)가 응답으로 적절하다.

5
What did the accountant ask for?
(A) No, the sales representative did.
(B) He just asked a few questions.
(C) The tax forms.

회계사가 무엇을 요청했나요?
(A) 아니요, 영업사원이 했어요.
(B) 그는 몇 가지 질문을 했어요.
(C) 세금 양식요.

해설 의문사 의문문에 yes나 no로 답할 수 없기 때문에 보기 (A)는 오답이 된다. 질문을 했다는 내용의 (A)와 세금 양식을 요청했다고 답한 (B)가 적절한 응답들이다.

어휘 accountant 회계사 representative 대리인, 외판원

6
What time are you meeting with the lawyer?
(A) Right after lunch.
(B) At 11 o'clock.
(C) It's about the new contract.

변호사와 몇 시에 만나세요?
(A) 점심 시간 직후에요.
(B) 11시에요.
(C) 새로운 계약에 대해서요.

해설 몇 시인지를 묻는 질문이므로 정확한 시간과 때로 답한 보기 (A)와 (B)가 정답이 된다.

실전 연습 p.032

정답
1 (C) 2 (B) 3 (B) 4 (A) 5 (A)
6 (C) 7 (A) 8 (C) 9 (C) 10 (A)

스크립트 및 해석

1
Who's the new accounting manager?
(A) This report is complicated.
(B) He is away on vacation.
(C) Someone from headquarters.

신임 회계부장이 누구인가요?
(A) 이 보고서는 복잡해요.
(B) 그는 휴가를 떠나고 없어요.
(C) 본사에서 온 사람이에요.

해설 who 의문문에 대해 이름을 정확하게 언급하지 않았지만 본사에서 온 사람이라고 답한 (C)가 정답이 된다.

어휘 complicated 복잡한 on vacation 휴가 중인
headquarters 본사

2
What time does your train come?
(A) At Central Station.
(B) In about 10 minutes.
(C) Because trains are quicker.

당신이 탈 기차는 몇 시에 오나요?
(A) 중앙역에요.
(B) 10분 후에요.
(C) 기차가 더 빠르기 때문이에요.

해설 탑승할 기차가 도착하는 시간을 묻는 질문에 '10분 후'라고 답한 (B)가 적절한 대답이다. 여기에서 in 은 '~ 후에'라고 해석하는 것이 가장 자연스럽다.

어휘 quicker 더 빠른

3
Who chose the catering service for the banquet?
(A) I chose the venue.
(B) Tom at the reception desk.
(C) The food was excellent.

누가 연회 음식 제공 업체를 선택했죠?
(A) 제가 장소를 골랐어요.
(B) 접수처의 Tom요.
(C) 음식이 훌륭했어요.

해설 who로 묻는 질문에 직접적으로 이름을 언급한 보기 (B)가 정답이 된다. 질문과 연관된 어휘인 venue와 food를 사용해 혼란을 주는 (A)와 (C)는 오답이다.

어휘 venue 장소 reception desk 접수처

4
Who should I talk to about the company's move?
(A) The maintenance team.
(B) I asked him before.
(C) No, not in a month.

회사의 이전에 대해 누구와 이야기해야 하나요?
(A) 관리팀요.
(B) 제가 전에 그에게 물어봤어요.
(C) 아니요, 한 달 내에는 안 돼요.

해설 who로 묻는 의문문에 no로 답한 보기 (C)는 오답이다. '회사의 이전'과 관련하여 누구와 이야기해야 하는지를 묻고 있으므로 부서명으로 답한 보기인 (A)가 정답이다.

어휘 maintenance team 관리팀

5
What kind of desk should we order for our new office?
(A) I will keep my old one.
(B) We need more chairs.
(C) No, bigger ones.

사무실에서 쓰려면 우리는 어떤 종류의 책상을 주문해야 하나요?
(A) 저는 예전 것을 쓸 거예요.
(B) 의자가 더 필요해요.
(C) 아니요, 더 큰 것들요.

해설 의문사 의문문에 대해 yes나 no로 답할 수 없으므로 (C)는 오답이 되고, 문제에서 들린 desk와 연관된 chair로 혼동을 주는 보기 (B)도 역시 오답이다. 새 책상을 주문하지 않고 사용하던 것을 계속 쓸 것이라고 답한 (A)가 정답이 된다.

6
What took you so long to finish the budget report?
(A) It is quite tight this year.
(B) Alan helped me.
(C) I had a meeting to attend.

예산 보고서를 끝내는 데 왜 이렇게 오래 걸렸어요?
(A) 올해는 꽤 빠듯해요.
(B) Alan이 저를 도와줬어요.
(C) 참석해야 할 회의가 있었어요.

해설 'What took you so long ~?'은 '오래 걸린 이유가 무엇인지'를 묻는 내용이다. 이에 대해 회의에 참석해야 했다고 그 이유를 밝힌 보기 (C)가 가장 자연스러운 대답이다.

어휘 budget 예산 quite 꽤 tight 꽉 끼는, 빠듯한

7
Who is in charge of organizing the workshop?
(A) I believe Emily is.
(B) It was informational.
(C) It's not far from here.

워크샵을 준비하는 책임자는 누구인가요?
(A) Emily일 거예요.
(B) 정보가 있었어요.
(C) 여기에서 멀지 않아요.

해설 who에 대한 답으로 이름을 이야기한 보기 (A)가 정답이 된다. 나머지는 모두 질문과 관계없는 내용의 대답이다.

어휘 in charge of ~을 책임지는 informational 정보를 제공하는

8
What did you think of the parade yesterday?
(A) Are you available?
(B) Yes, it's on Sunday.
(C) It was too crowded.

어제 퍼레이드는 어땠어요?
(A) 지금 시간 되나요?
(B) 네, 일요일이에요.
(C) 너무 혼잡했어요.

해설 'what do you think of ~ / what did you think of ~'는 의견을 물을 때 사용되는 표현이다. 퍼레이드가 어땠는지를 묻는 질문에 대해 혼잡했다고 말한 (C)가 적절한 대답이다.

어휘 crowded 혼잡한

9
Who reviewed the applications?
(A) That sounds like a plan.
(B) About 5 million dollars.
(C) The general manager did.

누가 신청서들을 검토했나요?
(A) 좋은 계획처럼 들리는군요.
(B) 5백만 달러요.
(C) 총지배인께서 하셨어요.

해설 who로 시작하는 의문문이므로 직책으로 답한 보기인 (C)가 정답으로 가장 적절하다. 나머지 보기들은 의문사 who와 무관한 응답들이다.

어휘 review 검토하다 application 신청서

10
What do you think of the new work shifts?
(A) I can't complain.
(B) Ms. Cooper did.
(C) Yes, I work at night.

새 근무 교대에 대해서 어떻게 생각해요?
(A) 불평할 수 없어요.
(B) Cooper 씨가 했어요.
(C) 네, 밤에 일해요.

해설 의견을 묻는 질문에 대해 '불평할 수 없다 (= 만족한다)'고 답한 보기 (A)가 정답이 된다. 사람 이름으로 답한 (B)는 정답이 될 수 없으며, yes로 답한 (C) 또한 의문사 의문문의 답변이 될 수 없다.

어휘 work shift 근무 교대 complain 불평하다

02 의문사 의문문 II - which, when p.034

which

유형 연습

정답

1 (A) 2 (B) 3 (B) 4 (B) 5 (A)

해석

1
어떤 수업을 듣고 있나요?
(A) 건강 관리에 관한 것요.
(B) 그들은 그것을 제안하지 않아요.

2
어떤 신문을 구독하고 계신가요?
(A) 저는 독서를 즐기지 않아요.
(B) 당신이 어제 추천했던 것요.

3
그가 어느 부서로 가나요?
(A) 그렇게 생각하지 않아요.
(B) 제 생각에는, 영업부요.

4
어떤 것을 사고 싶으신 가요, 큰 것 아니면 작은 것요?
(A) 안타깝지만 그래요.
(B) 어떤 것이든 괜찮아요.

5
어느 거리에 은행이 있나요?
(A) Carol에게 물어보는 것이 좋겠어요.
(B) 저는 돈을 인출할 필요가 없어요.

확인 학습

정답

1 (B), (C) 2 (A), (C) 3 (C)
4 (A) 5 (B) 6 (A)

스크립트 및 해석

1
Which bag belongs to Mr. Evans?
(A) I don't belong here.
(B) The one with the red tag.
(C) The one in the corner.

어떤 가방이 Evans 씨의 것인가요?
(A) 저는 여기에 속해 있지 않아요.
(B) 빨간 딱지가 붙은 것요.
(C) 코너에 있는 것요.

해설 어떤 가방이 Evans 씨의 것인가라는 질문에 빨간 딱지가 붙은 것이라고 말한 (B)와, 코너에 있는 것이라고 답한 (C)가 정답이 된다. '~에 속하다'라는 동사 belong만을 듣고 답을 (A)로 하지 않도록 주의해야 한다.

어휘 belong to ~에 속하다

2
Which of the books should I buy?
(A) Neither. I can loan you both.
(B) The bookstore is right around the corner.
(C) Either is fine.

저는 어떤 책을 구입해야 하나요?
(A) 둘 다 아니에요. 제가 둘 다 빌려드릴 수 있어요.
(B) 서점은 코너를 바로 돌면 있어요.
(C) 어느 것이든 괜찮아요.

해설 어떤 책을 사야 하느냐는 질문에 대해 둘 다 아니며, 자신이 빌려주겠다고 답한 (A)와, 어떤 것이든 괜찮다고 답한 (C)가 정답이 된다. either는 '둘 중 하나'라는 의미로 선택의문문에서 어느 것이든 상관 없다고 답할 때 쓰인다.

어휘 loan 빌려주다

3
Which of the teams is in charge of payroll?
(A) It is being processed.
(B) The team played so well.
(C) Ms. Rolling's team, I guess.

어떤 팀이 급여를 담당하고 있나요?
(A) 그것은 처리되고 있어요.
(B) 그 팀은 아주 잘했어요
(C) 제가 알기로는, Rolling 씨의 팀이에요.

해설 급여를 담당하는 팀을 묻는 질문에 Rolling 씨의 팀이라고 답한 (C)가 정답이 된다.

어휘 payroll 급여

4
Which of you is interested in the workshop?
(A) Jeremy looks more interested.
(B) It was so helpful.
(C) It turned out so well.

당신들 중 누가 워크샵에 관심이 있나요?
(A) Jeremy가 더 관심을 갖고 있어요.
(B) 그것은 아주 유용했어요.
(C) 그것은 마무리가 잘되었어요.

해설 누가 워크샵에 관심이 있는지 묻는 질문에 대해 'Jeremy가 더 관심을 갖고 있다'고 답한 (A)가 정답이다.

어휘 turn out 되다, 되어 가다

5
Which of the restaurants do you want me to reserve a table at?
(A) The restaurant is closed.
(B) The one on Denver Street.
(C) I forgot to make a reservation.

제가 어떤 식당을 예약하기를 원하세요?
(A) 그 식당은 문을 닫았어요.
(B) Denver 가에 있는 것요.
(C) 저는 예약하는 것을 잊었어요.

해설 어떤 식당을 예약하기를 원하는지 묻는 질문에 대해 Denver 가에 있는 것이라고 답한 (B)가 정답이다. 여기에서 the one은 식당을 대신하는 대명사이다.

어휘 reserve 예약하다 make a reservation 예약하다

6
Which candidate do you think is more qualified?
(A) The guy with more experience.
(B) I don't have any qualifications.
(C) It's been discussed.

어떤 후보자가 더 적격이라고 생각해요?
(A) 경험이 더 많은 사람요.
(B) 저는 자격 요건을 갖추고 있지 않아요.
(C) 그것은 논의되었어요.

해설 어떤 후보자가 더 적격인지를 묻는 질문에 경험이 더 많은 사람이라고 답한 (A)가 적절한 대답이다. '자격 요건'이라는 의미의 qualifications만 듣고 (B)를 답으로 고르지 않도록 주의해야 한다.

어휘 candidate 후보자 qualified 자격을 갖춘 qualification 자격 요건

when

유형 연습

정답
1 (B) 2 (A) 3 (B) 4 (B) 5 (A)

해석

1
언제 이 건물로 이사하셨나요?
(A) 이전 것이에요.
(B) 6개월 전에요.

2
언제 이 회사를 떠날 계획인가요?
(A) 저의 상사와 먼저 이야기를 해 봐야 해요.
(B) 저는 여기에서 먼 곳에 살고 있지 않아요.

3
계약서의 세부 사항들을 언제 논의해야 할까요?
(A) 그건 그렇게 쉽지 않아요.
(B) 언제가 좋으세요?

4
언제 소포가 배달되나요?
(A) 저는 주문하지 않았어요.
(B) 다음주쯤에요.

5
언제 우리가 보고서 작성을 끝내야 하나요?
(A) 늦어도 다음주까지요.
(B) 적어도 우리가 그것을 해야 해요.

확인 학습

정답
1 (A), (C) 2 (B) 3 (A), (B)
4 (A), (B) 5 (B), (C) 6 (A)

스크립트 및 해석

1
When do we have to have our next company banquet?
(A) We'd better check with the manager.
(B) Last year's party was terrific.
(C) We haven't decided yet.

우리는 언제 다음번 회사 연회를 열어야 하나요?
(A) 우리가 매니저와 함께 확인하는 것이 좋겠어요.
(B) 지난해의 파티는 정말 좋았어요.
(C) 우리는 아직 결정하지 못했어요.

해설 언제 회사 연회를 열어야 하는지 묻는 질문에 대해 매니저에게 확인해 봐야 한다고 말한 (A)와 아직 결정하지 못했다고 말한 (C)가 의미상 적절하다.

어휘 banquet 연회 terrific 아주 좋은, 멋진

2
When did you come back from your business trip?
(A) Next Friday.
(B) Yesterday.
(C) I am still working on it.

출장에서 언제 돌아오셨나요?
(A) 다음 금요일에요.
(B) 어제요.
(C) 저는 여전히 그와 관련해서 일하고 있어요.

해설 출장에서 언제 돌아왔느냐는 질문에 대해 어제라고 답한 (B)가 정답이 된다. 의문사 when만 듣고 (A)의 Next Friday를 답으로 고르지 않도록 주의해야 한다.

3
When will the renovations be finished?
(A) It's hard to say.
(B) By the end of the month.
(C) The innovation was successful.

수리는 언제 끝날까요?
(A) 말하기 어렵군요.
(B) 이번 달 말쯤에요.
(C) 혁신은 성공적이었어요.

해설 공사가 언제 끝나는지를 묻는 질문에 대해 말하기 어렵다고 한 (A)와 이번 달 말이라고 한 (B)가 정답이 된다. (A)와 같이 불확실한 내용의 응답은 정답일 가능성이 높다. (C)는 질문의 renovation과 발음이 비슷한 innovation을 활용한 오답이다.

어휘 renovation 개조, 수리 innovation 혁신

4
When is the deadline for the project?
(A) It has been postponed until next month.
(B) I am not quite sure.

(C) I am working around the clock.

프로젝트 마감일이 언제인가요?

(A) 다음달까지 연기되었어요.

(B) 저도 확실히 모르겠어요.

(C) 저는 하루 종일 일하고 있어요.

해설 프로젝트 마감일을 묻는 질문에 다음달로 연기되었다고 답한 (A)가 적절한 정답이다. 3번 문제의 해설에서 언급했던 것처럼, '잘 모르겠다'는 의미의 불확실한 대답인 (B) 또한 적절한 응답이다.

5

When are we supposed to meet our clients?

(A) The meeting was good.

(B) That hasn't been decided yet.

(C) The day after tomorrow.

우리는 언제 의뢰인들을 만나기로 되어 있나요?

(A) 회의가 좋았어요.

(B) 아직 결정되지 않았어요.

(C) 모레요.

해설 의뢰인들을 언제 만나야 하는지 묻는 질문에 대해 결정되지 않았다고 한 (B)와 '모레'라고 답한 (C)가 정답이 된다. 여기에서도 불확실한 내용의 대답인 (B)가 정답으로 제시되고 있다.

어휘 be supposed to ~하기로 되어 있다 client 의뢰인

6

When should I remind you to leave?

(A) 30 minutes from now.

(B) This is a reminder.

(C) I hope so.

제가 언제 출발하라고 알려 드려야 하나요?

(A) 30분 뒤에요.

(B) 이것이 상기시켜주는 메시지예요.

(C) 저도 그러길 바라요.

해설 떠나는 시간을 언제 알려주어야 하느냐는 질문에 대해 지금으로부터 30분 뒤라고 말한 (A)가 정답이 된다. (B)의 reminder는 '상기시켜 주는 것'이라는 뜻의 명사이다.

어휘 remind 상기시키다 reminder 상기시키는 것

실전 연습 p.038

정답

1 (B) 2 (A) 3 (A) 4 (B) 5 (C)
6 (A) 7 (B) 8 (C) 9 (A) 10 (A)

스크립트 및 해석

1

Which of the computers do you want me to purchase?

(A) The sooner, the better.

(B) The latest one.

(C) It will cost a lot of money.

제가 어떤 컴퓨터를 구매하기를 원하시나요?

(A) 빠르면 빠를수록 좋아요.

(B) 가장 최신 것요.

(C) 그것은 돈이 많이 들 거예요.

해설 어떤 컴퓨터를 구매해야 하느냐는 질문에 대해 가장 최신 것이라고 답한 (B)가 정답이 된다.

2

When will the consultants arrive in Seoul?

(A) At the end of the week.

(B) They will help us a lot.

(C) Seoul is an attractive place.

컨설턴트들은 언제 서울에 도착하나요?

(A) 이번 주말에요.

(B) 그들이 우리에게 도움이 많이 될 거예요.

(C) 서울은 매력적인 곳이에요.

해설 컨설턴트들이 언제 서울에 도착하느냐는 질문에 이번 주말이라고 답한 (A)가 정답이 된다. 나머지 보기들은 모두 '시간'을 묻는 질문에 대한 대답이 아니다.

어휘 attractive 매력적인

3

Which highway should I take to get to the city?

(A) I am not familiar with this area.

(B) Take the subway.

(C) The traffic is awful.

도시로 가려면 어떤 고속도로를 이용해야 하나요?

(A) 저는 이 지역을 잘 몰라요.

(B) 지하철을 타세요.

(C) 교통 상황이 아주 나빠요.

해설 도시로 가려면 어떤 고속도로를 이용해야 하느냐는 질문에 이 지역에 대해 잘 모른다고 답한 (A)가 정답이 된다. (B)와 (C)도 역시 교통과 관련된 내용의 대답이기 때문에 혼동하지 않도록 주의해야 한다.

어휘 be familiar with ~에 대해 잘 알다 awful 끔찍한

4

Which of these shirts looks good on me?

(A) Men's clothing.

(B) The blue one.

(C) He doesn't look well today.

이 셔츠 중에 어떤 것이 저에게 어울리나요?

(A) 남성복이에요.

(B) 파란색요.

(C) 그는 오늘 몸이 좋아 보이지 않아요.

해설 어떤 셔츠가 어울리느냐는 질문에 대해 파란색이라고 답한 (B)가 정답이다. (C)의 'look well'은 '몸, 건강 상태가 좋아 보인다'라는 의미의 표현으로, 외모를 언급하는 데 사용되기에는 적절하지 않다.

어휘 look well 건강해 보이다

5

Which day suits you better, Monday or Friday?

(A) I enjoyed both of them.

(B) Today is Monday.

(C) The latter is better for me.

월요일과 금요일 중에서 언제가 더 좋으세요?
(A) 저는 둘 다 즐거웠어요.
(B) 오늘은 월요일이에요.
(C) 후자가 저에게는 더 좋아요.

해설 월요일이나 금요일 중 어느 날이 좋은지 '선택'을 요구하는 질문에 대해 '후자 (the latter)'가 더 좋다고 답한 (C)가 정답이 된다. '후자'의 반대인 '전자'는 'the former'로 표현할 수 있다.

어휘 suit 맞다, 좋다, 괜찮다

6
When is the quarterly report going to be ready?
(A) We are proofreading it now.
(B) We didn't do well last quarter.
(C) It has been rejected.

분기 보고서는 언제 준비되나요?
(A) 우리는 지금 교정을 보고 있어요.
(B) 우리는 지난 분기에 실적이 좋지 않았어요.
(C) 그것은 거절되었어요.

해설 분기 보고서가 언제 준비되는지를 묻는 질문에 대해 '지금 교정 중'이라고 답한 (A)가 정답이 된다. (B)는 질문의 quarterly와 유사한 단어인 quarter를 이용하여 혼동을 유발하고 있다.

어휘 proofread 교정을 보다 quarter 분기

7
When are you going to leave for the sales conference?
(A) It seems like a long time ago.
(B) After work today.
(C) The sales manager will be there.

영업 회의를 위해 언제 떠나실 건가요?
(A) 그것은 오래 전인 것 같아요.
(B) 오늘 퇴근 후에요.
(C) 영업 관리자가 거기에 올 거예요.

해설 영업 회의를 위해 언제 떠나는 지를 묻는 질문에 오늘 퇴근 후라고 답한 (B)가 정답이 된다. 과거를 의미하는 (A)와 참석자를 언급한 (C)는 모두 적절한 응답이 될 수 없는 내용이다.

8
Which of these products are made locally?
(A) I got it.
(B) They aren't produced anymore.
(C) Neither of them.

이 제품들 중 어떤 것이 이 근처에서 만들어 졌나요?
(A) 알겠습니다.
(B) 그것들은 더 이상 생산되지 않아요.
(C) 둘 다 아니에요.

해설 제품들 중 어느 것이 이 지역에서 만들어 졌는지를 묻는 질문에 대해 둘 다 아니라고 답한 (C)가 정답이 된다. 선택의문문의 경우 둘 다 부정하는 neither가 정답으로 제시되는 경우가 많다.

어휘 locally 근처에서, 가까이에서

9
Which department are you working in, Accounting or Finance?
(A) I am in Sales.
(B) Accountants will be here.
(C) I haven't been there.

어느 부서에서 근무하고 계신가요? 회계팀인가요 재무팀인가요?
(A) 저는 영업부에 있어요.
(B) 회계사들이 이곳으로 올 거예요.
(C) 저는 거기에 가 본 적이 없어요.

해설 회계팀과 재무팀 중 어느 팀에서 일하는지를 묻는 질문에 대해 두 팀이 아닌 '영업부'라고 답한 (A)가 정답이다. 선택의문문에서는 이와 같이 질문에서 언급된 두 가지가 아닌 제 3의 대상을 언급하여 답하는 경우도 있다.

10
When do you think I can get my car back?
(A) It's hard to tell.
(B) It has been sold already.
(C) Last Friday.

제가 언제쯤 차를 돌려 받을 수 있을까요?
(A) 말씀 드리기 어려워요.
(B) 그것은 이미 판매되었어요.
(C) 지난 금요일에요.

해설 언제쯤 차를 돌려 받을 수 있는지를 묻는 질문에 대해 말하기 어렵다고 한 (A)가 정답이 된다. 'I am not sure'나 'It's hard to tell'과 같이 직접적인 답변을 하지 않는 응답들도 정답이 될 수 있음에 유의해야 한다.

03 의문사 의문문 III - why, how

p.040

유형 연습

정답
1 (A) 2 (B) 3 (A) 4 (B) 5 (B)

해석

1
왜 환불을 원하시는 건가요?
(A) 이 제품은 파손되었어요.
(B) 5퍼센트 할인이에요.

2
왜 창고 매니저에게 전화하셨어요?
(A) 저희는 많이 있어요.
(B) 재고에 대해 문의하려고요.

3
지금 설문조사 결과를 보는 것이 어떨까요?
(A) 물론이죠. 시간이 있어요.
(B) 네, 괜찮아요.

4
82번 고속도로가 왜 막히는 것인가요?
(A) 우리는 차를 타고 갈 수 있어요.
(B) 공사 중이기 때문이에요.

5
Samuel 씨는 오늘 왜 퇴근했나요?
(A) 2층이에요.
(B) 건강 검진이 있어요.

확인 학습

정답

1 (A), (C)　2 (B), (C)　3 (A)
4 (A)　5 (A), (B)　6 (B), (C)

스크립트 및 해석

1
Why is your furniture covered in plastic?
(A) There's a water leak in the ceiling.
(B) He will recover soon.
(C) We are moving to a new house.

가구가 왜 비닐로 덮여 있어요?
(A) 천장에서 물이 새요.
(B) 그는 곧 회복할 거예요.
(C) 우리는 새 집으로 이사해요.

해설 가구가 비닐로 덮여 있는 이유를 묻는 질문에 물이 샌다고 답한 (A)와, 이사를 간다고 답한 (C)가 자연스러운 대답이다. (B)는 cover와 비슷한 발음의 단어인 recover를 사용하여 혼동을 유발하고 있다.

어휘 leak 새다; 누출　ceiling 천장　recover 회복하다

2
Why don't we put off the sales meeting?
(A) It's on the third floor.
(B) Okay. Let's reschedule it.
(C) How about this Friday then?

영업 회의를 연기하는 것이 어때요?
(A) 3층에 있어요.
(B) 좋아요. 재조정해요.
(C) 그럼 이번 금요일은 어때요?

해설 회의를 연기하자는 제안에 대해 일정을 재조정하자는 내용의 (B)와 특정한 요일을 제안하는 (C)가 적절한 응답이다. 회의 장소를 언급한 (A)는 질문과 무관한 대답이다.

어휘 put off 연기하다　reschedule 일정을 변경하다

3
Why did the Accounting Department send this memo?
(A) I haven't checked it yet.
(B) I'm sure they did.
(C) The figures are wrong.

왜 회계부서에서 이 메모를 보냈죠?
(A) 아직 확인하지 않았어요.
(B) 확실히 그랬을 거예요.
(C) 그 수치는 잘못되었어요.

해설 회계부서에서 메모를 보낸 이유를 묻는 질문에 대해 확인을 하지 못했다고 답한 보기 (A)가 정답이 된다. (B)는 did를 반복하였으며 (C)는 회계부서(Accounting Department)와 관련이 있는 단어인 수치(figure)를 언급하여 혼동을 유발하고 있다.

어휘 figure 수치

4
Why don't you attend the international conference?
(A) Let me think about it.
(B) By airplane.
(C) Room 201 is available.

국제 컨퍼런스에 참석하는 것이 어때요?
(A) 생각해 볼게요.
(B) 비행기로요.
(C) 201호실을 이용할 수 있어요.

해설 'Why don't you ~?'는 제안을 할 때 쓰는 표현으로서, 국제 컨퍼런스 참석을 제안하고 있다. 이에 대해 생각해 보겠다고 한 (A)가 적절한 응답이다. 질문에 나온 international과 연관이 있는 단어인 airplane를 사용한 보기 (B)는 오답이다.

5
Why don't you sign up for the contest?
(A) I'm considering it.
(B) That's a good idea.
(C) Because of the soccer game.

대회에 참가 신청을 하는 것이 어때요?
(A) 고려 중이에요.
(B) 좋은 생각이에요.
(C) 축구 경기 때문이에요.

해설 대회 참가 신청을 제안하는 질문에 긍정적으로 답한 보기 (A)와 (B)가 정답이 된다.

어휘 sign up for ~에 등록하다　consider 고려하다

6
Why do we need a laptop for the meeting?
(A) I don't have one.
(B) I haven't heard that.
(C) I think we will try our new Web site.

회의할 때 노트북이 왜 필요한가요?
(A) 저는 가지고 있지 않아요.
(B) 그런 말을 듣지 못했어요.
(C) 우리의 새 웹사이트를 이용해 보려는 것 같아요.

해설 노트북이 필요한 이유를 묻는 질문에 그런 말을 듣지 못했다고 답한 (B)와 그 이유를 설명한 보기 (C)가 정답이 된다.

How

유형 연습

정답

1 (B)　2 (A)　3 (A)　4 (B)　5 (B)

해석

1
어떻게 신청서를 제출해야 하나요?
(A) 수요일이에요.
(B) 우편으로요.

2
공항까지 어떻게 가야 하나요?
(A) 급행열차를 타고 이곳으로 올 수 있어요.
(B) 전화로요.

3
얼마나 자주 체육관에 가세요?
(A) 일주일에 두 번요.
(B) 차로요.

4
몇 개의 의자가 주문되었나요?
(A) 가구점에서요.
(B) 두 개인 것 같아요.

5
어떻게 공석이 있다는 것을 알았나요?
(A) 일주일 전에요.
(B) 신문에서 읽었어요.

확인 학습

정답

1 (C)	2 (A), (B)	3 (A), (B)
4 (B)	5 (C)	6 (A)

스크립트 및 해석

1
How often do you back up your computer files?
(A) Very soon.
(B) Call a technician.
(C) I hardly ever do it.

얼마나 자주 컴퓨터 파일을 백업하나요?
(A) 잠시 후에요.
(B) 기술자에게 전화하세요.
(C) 거의 하지 않아요.

해설 'how often'은 빈도를 묻는 질문이다. 얼마나 자주 파일을 백업하는지를 묻는 질문에 대해 거의 하지 않는다고 답한 (C)가 정답이 된다. (A)는 when으로 시작하는 질문에 대한 답이 될 수 있다.

어휘 technician 기술자 hardly 거의 ~않게

2
How far is it to the post office from here?
(A) It's about a ten-minute walk.
(B) I don't have any idea.
(C) Twice a day.

우체국이 여기에서 얼마나 먼 곳에 있나요?
(A) 도보로 약 10분이에요.
(B) 모르겠어요.
(C) 하루에 두 번요.

해설 거리를 묻는 질문에 도보로 약 10분이라고 답한 (A)가 정답이 된다. 불확실한 내용의 답변인 (B)도 정답이다.

3
How long have you been working for IKM Technology?
(A) For about five years.
(B) Almost a year.
(C) By taxi.

IKM 테크놀로지에서 얼마나 오래 일했어요?
(A) 약 5년 동안요.
(B) 거의 1년요.
(C) 택시로요.

해설 근무한 기간을 묻는 질문에 대해 기간으로 답한 보기 (A)와 (B)가 정답이 된다.

4
How should I send the proposal for the new construction project?
(A) I will finish it by tomorrow.
(B) By express mail.
(C) The road is blocked now.

신규 공사 프로젝트 제안서를 어떻게 보내야 하나요?
(A) 내일까지 끝낼 거예요.
(B) 속달 우편으로요.
(C) 지금 길이 막혀있어요.

해설 방법을 묻는 질문에 'by + 수단'으로 답한 보기인 (B)의 'By express mail'이 정답이 된다.

어휘 construction 건설 express mail 속달 우편

5
How did you get the discount coupon?
(A) Yes, it's a good deal.
(B) Usually ten percent off.
(C) I printed it online.

할인 쿠폰을 어떻게 구했어요?
(A) 네, 좋은 거래였어요.
(B) 보통 10퍼센트 할인해요.
(C) 온라인에서 출력했어요.

해설 할인 쿠폰을 받는 방법을 묻는 질문에 온라인에서 출력했다고 답한 보기 (C)가 자연스러운 대답이다. 의문사 의문문은 yes나 no로 답할 수 없으므로 보기 (A)는 오답이다. 할인율을 언급하고 있는 (B) 또한 정답으로 적절하지 않다.

어휘 deal 거래

6
How much did you pay for the new laser printer?
(A) I don't remember exactly.
(B) From ten to twenty.
(C) The shop near the corner.

새 레이저 프린터를 얼마에 구입했어요?
(A) 정확히 기억나지 않아요.
(B) 10시부터 12시까지요.

(C) 코너에 있는 상점요.

해설 가격을 묻는 문제에 대해 정확한 금액을 언급한 보기는 없지만 '기억나지 않는다'고 간접적으로 답한 (A)가 정답이 된다.

실전 연습

p.044

정답

1 (A) 2 (C) 3 (A) 4 (B) 5 (A)
6 (B) 7 (B) 8 (C) 9 (C) 10 (B)

스크립트 및 해석

1

Why did we order paper from a different supplier?
(A) The price was a lot cheaper.
(B) Through a sales representative.
(C) By Wednesday.

우리는 왜 다른 공급 업체에서 종이를 주문했어요?
(A) 가격이 더 저렴했어요.
(B) 영업사원을 통해서요.
(C) 수요일까지요.

해설 업체를 바꾼 이유를 묻는 질문에 대해 '가격이 저렴하기 때문'이라고 그 이유를 설명한 (A)가 정답이 된다.

어휘 supplier 공급 업체 sales representative 영업사원

2

Why don't you talk about the performance review tomorrow?
(A) It has been reviewed.
(B) It was a great concert.
(C) Sure. Tomorrow sounds good.

내일 업무 평가에 대해 얘기해 볼까요?
(A) 그것은 검토되었어요.
(B) 그것은 멋진 콘서트였어요.
(C) 물론이죠. 내일 괜찮아요.

해설 제안을 하는 질문에 대해 긍정적으로 답한 보기 (A)가 정답이다. (B)는 질문에서 들린 performance에서 연상되는 어휘인 concert를 이용한 오답이다.

어휘 performance review 업무 평가 review 검토하다

3

How long will it take to deliver these clothes?
(A) Two to three days.
(B) Yes, it's possible.
(C) Shipping and handling are not included.

이 옷들을 배송하는 데 얼마나 오래 걸릴까요?
(A) 2일에서 3일요.
(B) 네, 가능해요.
(C) 운송 및 취급료는 포함되어 있지 않아요.

해설 배송 기간을 묻는 질문에 대해 2일에서 3일이라는 기간으로 답한 보기 (A)가 정답이 된다. 의문사 의문문은 yes나 no로 답할 수 없으므로 보기 (B)는 오답이다.

어휘 deliver 배송하다 shipping and handling 운송 및 취급(료)

4

How far is your company from Central Station?
(A) It took me twenty minutes.
(B) It's only about 100 meters.
(C) How about a taxi?

회사는 Central 역에서 얼마나 멀리 떨어져 있나요?
(A) 20분 정도 걸렸어요.
(B) 겨우 100미터 정도예요.
(C) 택시는 어때요?

해설 'how far'는 거리를 묻는 질문이므로 100미터라는 거리의 단위로 답하고 있는 보기 (B)가 정답이다. (A)는 걸리는 시간을 말하고 있기는 하지만 과거형이기 때문에 적절한 대답이 아니다.

5

Why is the historic hotel on Pine Street closed?
(A) Because it's being restored.
(B) By tomorrow morning.
(C) I enjoyed my stay.

Pine 가에 있는 유서 깊은 호텔은 왜 문을 닫았나요?
(A) 복원 중이에요.
(B) 내일 아침까지요.
(C) 머무는 동안 즐거웠어요.

해설 why 의문문으로 호텔이 문을 닫은 이유를 묻고 있다. 이에 대해 복원 중이라고 그 이유를 설명하고 있는 보기 (A)가 정답이 된다.

어휘 historic 유서 깊은 restore 복원하다

6

How soon will you be finished with the assignment?
(A) No, you said you would.
(B) In about twenty minutes.
(C) Eric helped me a lot.

이 과제를 언제쯤 끝낼 수 있을 것 같아요?
(A) 아니요, 당신이 한다고 했잖아요.
(B) 약 20분 후에요.
(C) Eric이 저를 많이 도와주었어요.

해설 'how soon'은 '언제쯤, 얼마나 빨리'를 뜻한다. 언제쯤 과제를 끝낼 수 있는지를 묻는 질문에 '20분 후'라고 답한 (B)가 가장 적절한 응답이다.

어휘 assignment 과제

7

Why don't you take the afternoon flight to Chicago?
(A) It won't take long.
(B) I prefer a morning flight.
(C) I leave at two o'clock.

시카고로 가는 오후 비행기를 타는 것이 어때요?
(A) 오래 걸리지 않을 거예요.
(B) 저는 오전 비행기가 더 좋아요.
(C) 저는 2시에 떠나요.

해설 오후 비행기 탑승을 제안하는 질문에 대해 아침 비행기를 선호한다고 답한 보기 (B)가 자연스러운 응답이다.

8
Why did Mr. Tanaka call this meeting?
(A) I met him yesterday.
(B) By phone.
(C) Because sales are going down.

Tanaka 씨는 왜 회의를 소집했나요?
(A) 그를 어제 만났어요.
(B) 전화로요.
(C) 판매가 줄어들고 있기 때문이에요.

해설 회의 소집의 이유를 묻는 질문에 대해 판매량이 줄어들고 있기 때문(Because sales are going down)이라고 구체적인 이유를 언급한 (C)가 정답이 된다. 보기 (B)의 'By phone'은 연락 수단을 묻는 질문에 어울리는 응답이다.

어휘 call a meeting 회의를 소집하다 go down 하락하다

9
How do I enter your competition?
(A) Please come in.
(B) The winner gets a hundred dollars.
(C) You can find details on our Web site.

대회에는 어떻게 참가할 수 있나요?
(A) 어서 들어오세요.
(B) 승자는 100달러를 받게 됩니다.
(C) 웹사이트에서 자세한 사항을 확인할 수 있습니다.

해설 대회 참여 방법을 묻는 질문에 웹사이트에서 확인할 수 있다고 말한 보기 (C)가 정답이 된다. (B)는 competition에서 연상되는 어휘인 winner를 사용해 혼동을 주고 있다.

어휘 enter 들어가다, 참여하다 competition 경쟁, 시합 winner 승자 detail 세부사항

10
How do I get to the Gong Yoga Center?
(A) I exercise every day.
(B) Go straight down this road.
(C) For ten minutes.

Gong 요가 센터에 어떻게 가야 하나요?
(A) 저는 매일 운동해요.
(B) 이 길을 따라 직진하세요.
(C) 10분 동안요.

해설 길을 묻는 질문에 대해 정확하게 길을 안내하고 있는 내용의 보기 (B)가 정답이 된다.

어휘 go straight 직진하다

04 be동사 의문문

p.046

유형 연습

정답
1 (B) 2 (A) 3 (A) 4 (A) 5 (B)

해석

1
채용 과정은 이미 끝났나요?
(A) 그들은 선택될 거예요.
(B) 아직 끝나지 않았어요.

2
뭔가를 찾고 계신가요?
(A) 아니요, 그냥 둘러보는 거예요.
(B) 네 그럴 거예요.

3
우리는 제안서를 검토할 것인가요?
(A) 당신이 시간이 있을 때요.
(B) 아니요, 그것은 그렇지 않아요.

4
머물 곳을 찾을 수 있었나요?
(A) 네, 가까스로 하나 구했어요.
(B) 그것들은 매우 도움이 되었어요.

5
Takahashi 씨가 내일 리셉션에 올까요?
(A) 그녀는 거기에 있었어요.
(B) 확실히 모르겠군요.

확인 학습

정답

1 (A)	2 (B), (C)	3 (B)
4 (A), (C)	5 (A)	6 (B)

스크립트 및 해석

1
Was the training course canceled?
(A) Yes, because of financial problems.
(B) The course was about presentations.
(C) I will keep doing it.

교육 과정이 취소되었나요?
(A) 네, 재정적인 문제 때문에요.
(B) 그 과정은 발표에 관한 것이었어요.
(C) 제가 그것을 계속 할 거예요.

해설 교육 과정이 취소 되었는지를 묻는 질문에, 재정적인 문제 때문에 그렇다고 답하며 이유를 설명하고 있는 (A)가 정답이다.

어휘 cancel 취소하다 presentation 발표

2
Is the sales report ready for the board meeting?

(A) They will show up.
(B) I am still working on it.
(C) Yes, it is all set.

영업 보고서가 이사회에 맞춰 준비 될까요?
(A) 그들이 나타날 거예요.
(B) 저는 여전히 그것과 관련해서 일하고 있어요.
(C) 네, 준비되었어요.

해설 영업 보고서가 이사회에 맞춰 준비될 수 있느냐는 질문에 여전히 그 일을 하고 있다고 말한 (B)와 모두 준비되었다고 답한 (C)가 정답이 된다. (B)에서 볼 수 있는 것처럼, Yes-No question의 경우에도 yes나 no로 시작하지 않은 대답도 정답이 될 수 있다.

어휘 board meeting 이사회 show up 나타나다

3
Are you free to join me for dinner tonight?
(A) I already had lunch.
(B) I am sorry. I can't.
(C) Yes, I am opposed to it.

오늘 저녁 식사를 함께 하시겠어요?
(A) 저는 이미 점심을 먹었어요.
(B) 미안해요. 안 되겠어요.
(C) 네, 저는 그것에 반대해요.

해설 오늘 저녁을 함께 할 수 있는 시간이 있는지를 묻는 질문에 대해 거절하는 내용의 (B)가 정답이 된다. (C)의 'be opposed to'는 '~에 대해 반대하다'라는 의미로 상대방의 의견에 반대할 때 쓰는 표현이다.

4
Is it Mr. Williams who turned in his resignation?
(A) That is what I heard.
(B) They will find a replacement.
(C) No, it was Mr. Peterson.

Williams 씨가 사직서를 제출한 사람인가요?
(A) 저도 그렇게 들었어요.
(B) 그들이 대체할 사람을 찾을 거예요.
(C) 아니요, Peterson 씨였어요.

해설 Williams 씨가 사직서를 제출한 사람인지를 확인하는 질문에 대해 그렇게 들었다고 답한 (A)와 그것은 Peterson 씨라고 답한 (C)가 자연스러운 대답이다.

어휘 turn in ~을 제출하다 resignation 사직서 replacement 대체자

5
Were you able to contact the consultant?
(A) Yes, he will be here soon.
(B) No, I am not consulting anyone.
(C) People will ask about it.

컨설턴트에게 연락을 취할 수 있었나요?
(A) 네, 그는 곧 올 거예요.
(B) 아니요, 저는 누구와도 상의하고 있지 않아요.
(C) 사람들이 그것에 대해 물어볼 거예요.

해설 컨설턴트에게 연락을 취할 수 있었느냐는 질문에, '그가 곧 올 것'이라고 답하며 연락했음을 암시하고 있는 (A)가 정답이다. (B)는 consulting을, (C)는 consultant와 연관이 있는 'ask about'을 활용하여 혼동을 유발하고 있다.

6
Is the director supposed to be at the meeting?
(A) I will be gone for a few days.
(B) I suppose so.
(C) It's supposed to be good.

이사님은 회의에 참석할 예정인가요?
(A) 저는 며칠 동안 떠나 있을 거예요.
(B) 제 생각에는 그래요.
(C) 그것이 좋다고 들었어요.

해설 이사가 회의에 참석하는지를 묻는 질문에 대해 '그럴 것 같다'고 답한 (B)가 정답이 된다. (C)는 'be supposed to'를 반복한 오답이다.

어휘 suppose 생각하다, 추정하다

be + there / 미래 시점

유형 연습

정답
1 (A) 2 (A) 3 (B) 4 (B) 5 (A)

해석

1
그 제품에 대한 컴플레인이 있나요?
(A) 제가 알기로는 없어요.
(B) 그것은 생산되지 않았어요.

2
당신은 퇴사할 계획인가요?
(A) 진지하게 고민하고 있어요.
(B) 저는 그 일에 지원할 거예요.

3
이것이 그의 마지막 기회가 될까요?
(A) 그것은 쉬울 거예요.
(B) 제 생각에는 그래요.

4
Jack의 은퇴에 맞춰 계획된 것이 있나요?
(A) 그는 곧 은퇴할 거예요.
(B) 그것에 대해 잘 모르겠어요.

5
모임에 많은 사람이 있나요?
(A) 제가 예상했던 것보다 많아요.
(B) 저는 방금 돌아왔어요.

확인 학습

정답
1 (B), (C) 2 (A) 3 (A), (C)
4 (B) 5 (A) 6 (B)

스크립트 및 해석

1
Are we going to need additional supplies?
(A) The stationery store is right over there.
(B) Let me check.
(C) I don't think so.

우리에게 추가 용품이 필요할까요?
(A) 문구점은 바로 저기에 있어요.
(B) 제가 확인해 볼게요.
(C) 그렇지 않을 것 같아요.

해설 추가 용품이 필요한지를 묻는 질문에 대해 확인해 보겠다고 답한 (B)와 그렇지 않을 것 같다고 답한 (C)가 정답이 된다. 용품이라는 단어의 supplies만 듣고 'stationary store (문구점)'를 정답으로 고르지 않도록 주의해야 한다.

어휘 stationery store 문구점

2
Is it going to rain this afternoon?
(A) It probably will.
(B) No one knew about it.
(C) Turn it on.

오늘 오후에 비가 올까요?
(A) 아마 그럴 거예요.
(B) 아무도 그것에 대해 몰랐어요.
(C) 그것을 켜세요.

해설 오늘 오후에 비가 올 것인지를 묻는 질문에 대해 '아마 그럴 것'이라고 답한 (A)가 가장 자연스러운 대답이다. (B)는 과거 시제이므로 의미로 정답이 될 수 없다.

어휘 turn on ~을 켜다

3
Are there any promotional events going on?
(A) I hope so.
(B) In the Publicity Department.
(C) I am afraid not.

진행 중인 판촉 행사가 있을까요?
(A) 그러기를 바라고 있어요.
(B) 홍보팀에서요.
(C) 안타깝지만 없어요.

해설 진행중인 판촉 행사가 있느냐는 질문에 대해 그러기를 바란다고 말한 (A)와 안타깝지만 없다고 한 (C)가 정답이 된다. 가능한 답변으로는 'I think so.', 'I guess so.' 등이 있다.

4
Is the sales manager coming to the company banquet tonight?
(A) Sales haven't been very good.
(B) I wasn't told anything about it.
(C) Yes, it's the right decision.

영업부장이 오늘밤 회사 연회에 올까요?
(A) 영업 실적이 좋지 않았어요.
(B) 그것에 대해 아무것도 듣지 못했어요.
(C) 네, 그것이 옳은 결정이에요.

해설 영업부장이 오늘밤 회사 연회에 오는지를 묻는 질문에 대해 그것에 대한 이야기를 듣지 못했다고 답하고 있는 (B)가 정답이 된다. be told는 tell의 수동태로 '~을 전달 받다, 듣다'라는 의미로 해석된다. (A)는 sales를 이용하여 혼동을 유발하고 있다.

5
Will you be available for tomorrow's gathering?
(A) Sorry. I have something else to do.
(B) Nothing is available.
(C) We have gathered to talk about it.

내일 모임에 오실 수 있나요?
(A) 미안하지만, 다른 할 일이 있어요.
(B) 어떤 것도 이용 가능하지 않아요.
(C) 우리는 그것에 대해 이야기하려고 모였어요.

해설 내일 모임에 올 수 있는지를 묻는 질문에 대해 거절의 답변을 하고 있는 (A)가 정답이 된다. (B)는 available을 반복한 오답이며 (C)는 gather를 이용하여 혼동을 유발하였다.

어휘 gathering 모임 gather 모으다

6
Is Mike going to take the day off tomorrow?
(A) No, it's his day off.
(B) Yes, he said he is going to see a doctor.
(C) We are going on vacation.

Mike는 내일 하루 휴가를 낼 것인가요?
(A) 아니요, 그는 휴가예요.
(B) 네, 그는 병원에 간다고 했어요.
(C) 우리는 휴가를 갈 거예요.

해설 Mike가 내일 쉬는지를 묻는 질문에 대해, '병원에 간다고 했다'라고 답하면서 그가 쉬는 이유를 설명한 (B)가 자연스러운 대답이다. Yes-No Question이라고 해서 No만 듣고 (A)를 답으로 고르지 않도록 주의해야 한다.

실전 연습 p.050

정답

1 (A) 2 (A) 3 (B) 4 (C) 5 (B)
6 (B) 7 (B) 8 (A) 9 (C) 10 (C)

스크립트 및 해석

1
Was the weather nice when you were on vacation?
(A) Unfortunately, it rained all week.
(B) I had a great vacation.
(C) Yes, it was fruitful.

휴가 중에 날씨가 좋았나요?
(A) 안타깝게도, 일주일 내내 비가 내렸어요.
(B) 저는 멋진 휴가를 보냈어요.
(C) 네, 그것은 성과가 있었어요.

해설 휴가 때 날씨가 좋았느냐는 질문에 대해 일주일 내내 비가 왔다고 답한 (A)가 자연스러운 답변이다. (C)의 fruitful은 '성과가 있는'이라는 뜻으로 휴가를 설명하기에는 적절하지 않다.

어휘 fruitful 성과가 있는

2
Are the consultants going to come to Seoul?
(A) Yes, they said they would.
(B) He will help us.
(C) Last week.

컨설턴트들이 서울로 올까요?
(A) 네, 그들은 그렇게 하겠다고 말했어요.
(B) 그가 우리를 도와 줄 거예요.
(C) 지난주에요.

해설 컨설턴트들이 서울에 올 것인지를 묻는 질문에 대해 그들이 그렇게 하겠다고 말했다는 내용의 (A)가 정답이 된다. (B)는 질문과 무관한 내용이며, (C)는 과거를 언급하고 있으므로 정답이 될 수 없다.

3
Was your business trip successful?
(A) I am planning one.
(B) Much more than I had expected.
(C) It doesn't matter.

출장은 성공적이었나요?
(A) 저는 하나를 계획 중이에요.
(B) 제가 예상했던 것 보다 훨씬 더요.
(C) 상관없어요.

해설 출장이 성공적이었는지를 묻고 있는데, 예상한 것 이상이었다는 내용의 (B)가 자연스러운 대답이다. (B)의 much more 다음에는 successful이 생략된 것으로 볼 수 있다.

4
Is laundry service available 24 hours a day?
(A) I need to wash them.
(B) He won't be ready.
(C) Yes, you can dial 9.

세탁 서비스는 24시간 이용이 가능한가요?
(A) 저는 그것들을 세탁할 필요가 있어요.
(B) 그는 준비가 안 될 거예요.
(C) 네, 9번을 누르시면 됩니다.

해설 세탁 서비스가 24시간 이용 가능한지 묻는 질문에 대해 서비스를 이용하는 방법을 구체적으로 알려주고 있는 내용의 (C)가 정답이다. (A)는 laundry에서 연상되는 단어인 wash를 이용한 오답이며 (B)는 available에서 연상할 수 있는 be ready를 이용하여 혼동을 유발하고 있다.

5
Are you going to accept the offer?
(A) It's so kind of you.
(B) I am still undecided.
(C) Yes, I just finished them.

그 제안을 수락할 건가요?
(A) 당신은 참 친절하군요.
(B) 아직 결정하지 못했어요.
(C) 네, 저는 방금 그것을 끝냈어요.

해설 제안을 수락할 것인지 여부를 묻고 있다. 이에 대해 아직 결정을 하지 못했다고 답한 (B)가 정답이 된다. yes가 들린다고 해서 (C)를 정답으로 고르는 실수를 하지 않아야 한다.

어휘 accept 수락하다 undecided 정해지지 않은

6
Is there an admission fee for the museum?
(A) It's hard to get in.
(B) It's free.
(C) There is no one.

박물관의 입장료가 있나요?
(A) 입장하기 어려워요.
(B) 그것은 무료예요.
(C) 아무도 없어요.

해설 박물관에서 입장료를 받는지를 묻고 있는데, 이에 대해 무료라고 답한 (B)가 가장 자연스러운 대답이다. (C)의 no one은 아무도 없다는 뜻이므로 요금과는 무관한 내용이다.

어휘 admission fee 입장료

7
Is she the one who is in charge of hiring?
(A) She is not a responsible person.
(B) I don't think so.
(C) I thought about it.

그녀가 채용을 담당하고 있나요?
(A) 그녀는 책임감 있는 사람이 아니에요.
(B) 아닐 거예요.
(C) 제가 그것에 대해 생각해 봤어요.

해설 그녀가 고용을 담당하고 있는지를 묻는 질문에 대해, 아닐 것이라고 답한 (B)가 정답이 된다. 'I guess not', 'I suppose not' 등의 답변도 정답이 될 수 있다.

어휘 responsible 책임감 있는

8
Is it possible to review my report sometime this week?
(A) Of course. What time will be good for you?
(B) Sorry. I already finished it.
(C) I was busy.

제 보고서를 이번 주에 검토해 주실 수 있나요?
(A) 물론이죠. 언제가 좋을 것 같아요?
(B) 미안해요. 저는 이미 끝냈어요.
(C) 저는 바빴어요.

해설 보고서를 이번 주 중에 검토해줄 수 있는지를 묻고 있다. 이에 대해 언제가 좋을지 묻는 (A)가 적절한 응답이다. (C)는 과거 시제이며 (B)는 자신의 일을 끝냈다는 내용이므로 모두 정답이 될 수 없다.

9
Will you be free for next week's dinner?
(A) No, I was busy.
(B) I need more time.
(C) I will be away for 2 weeks.

다음주에 있을 저녁 식사에 올 수 있나요?
(A) 아니요, 저는 바빴어요.
(B) 저는 시간이 더 필요해요.
(C) 저는 2주 동안 떠나 있을 거예요.

해설 다음주에 있을 저녁 식사에 올 수 있는지를 묻고 있는데, 이에 대해 2주 동안 떠나 있을 것이라며 우회적으로 참석하지 못할 것이라고 답한 (C)가 자연스러운 대답이다. (A)도 정답처럼 들리기는 하지만 시제가 맞지 않아 정답이 될 수 없다.

10
Were there a lot of questions after the presentation?
(A) I am not good at it.
(B) There were many participants.
(C) Yes, that's why it finished late.

발표 후에 질문이 많았나요?
(A) 저는 그것을 잘하지 못해요.
(B) 참가자들이 많았어요.
(C) 네, 그래서 늦게 끝난 거예요.

해설 발표 후에 질문이 많았는지를 묻는 질문에 yes로 답한 후 그것이 늦게 끝난 이유라고 답한 (C)가 정답이다.

어휘 participant 참가자

05 조동사 의문문

p.052

Do / Have

유형 연습

정답
1 (B) 2 (A) 3 (A) 4 (A) 5 (B)

해석

1
작년에 금융 컨퍼런스에 참석했었나요?
(A) 이탈리아 로마에서요.
(B) 네, 작년 10월에 갔었어요.

2
컴퓨터에 새 소프트웨어 설치를 끝냈어요?
(A) 네, 어제 시간이 있었어요.
(B) 그는 좋은 기술자예요.

3
저와 이 보고서를 검토할 시간이 있으세요?
(A) 3시까지는 안 돼요.
(B) 제 책상 위에 있어요.

4
일요일에 식당이 문을 여나요?
(A) 물어봐야겠어요.
(B) 점심이 준비되었어요.

5
프리랜서 작가들에게 기사를 받았어요?
(A) 신청자 몇 명요.
(B) 아니요, 아직 하지 않았어요.

확인 학습

정답

1 (A), (C)	2 (C)	3 (B)
4 (A), (B)	5 (B), (C)	6 (A), (B)

스크립트 및 해석

1
Did you meet with your accountant?
(A) No, but I will.
(B) Sales are low.
(C) Yes, this morning.

회계사와 만나셨어요?
(A) 아니요, 하지만 그럴 거예요.
(B) 판매가 저조해요.
(C) 네, 오늘 아침에요.

해설 did로 시작하는 일반동사 의문문으로, 회계사와 만났는지를 묻고 있다. 이에 대해 아직 만나지 못했다는 내용의 (A)와 오늘 아침에 만났다고 한 (C)가 적절한 응답이다.

2
Did you work for KH Technology before?
(A) The interview is at 2 P.M.
(B) No, I like my job.
(C) Yes, for three years.

예전에 KH 테크놀로지에서 일했었나요?
(A) 인터뷰는 2시예요.
(B) 아니요, 저는 제 일이 좋아요.
(C) 네, 3년 동안요.

해설 do / does / did로 시작하는 의문문에 대해서는 yes나 no로 답할 수 있다. 특정 회사를 언급하며 그곳에서 일했었는지를 묻는 질문에 yes로 답하며 기간을 언급하고 있는 (C)가 적절한 대답이다.

3
Do they lock the storage room at 6 o'clock?
(A) There is a lot of room.
(B) Ask Tim in the Maintenance Department.
(C) Mostly boxes of paper.

그들은 6시에 저장고를 잠그나요?
(A) 공간이 많아요.
(B) 관리팀의 Tim에게 물어보세요.
(C) 대부분 종이 상자예요.

해설 6시에 문을 잠그는지를 묻는 질문에 다른 사람에게 물어보라고 한 보기 (B)가 정답이 된다. 이와 같이 질문에 대해 직접적인 답변을 하지 않는 보기가 정답으로 출제되는 경우가 많다.

어휘 storage room 저장고

4
Has the new cell phone model been released?
(A) Sorry. We don't have it yet.
(B) Yes, it's down the hall on your right.
(C) I bought a new laptop.

새 휴대폰 모델이 출시되었나요?
(A) 죄송해요. 저희는 아직 보유하고 있지 않아요.
(B) 네, 복도 끝 오른쪽에 있어요.
(C) 새 컴퓨터를 샀어요.

해설 새 휴대폰의 출시 여부를 묻는 질문에 대해 매장에 없다고 답한 (A)와 새로 출시된 휴대폰을 어디에서 찾을 수 있는지 알려주는 보기 (B)가 정답이 된다.

어휘 release 출시하다

5
Do you want to apply for our store's membership card?
(A) We can deliver it by Monday.
(B) No, thanks.
(C) Yes, that would be great.

저희 상점의 회원 카드를 신청하고 싶으세요?
(A) 금요일까지 배송해 드릴 수 있어요.
(B) 아니요, 사양할게요.
(C) 네, 좋을 것 같아요.

해설 회원 카드 신청을 원하는지 여부를 묻는 질문에 대해 거절하는 내용의 (B)와 긍정적으로 답한 (C)가 정답이 된다. (A)는 문제에 들린 store의 연상 어휘인 deliver를 사용해 혼동을 주고 있다.

어휘 apply for ~을 신청하다 deliver 배송하다

6
Has Mr. Shin arrived in New York yet?
(A) Yes, a few hours ago.
(B) No, he is arriving tomorrow.
(C) He'd be happy to.

Shin 씨는 뉴욕에 이미 도착했나요?
(A) 네, 몇 시간 전에요.
(B) 아니요, 내일 도착해요.
(C) 그가 좋아할 거예요.

해설 Shin 씨가 도착했는지를 확인하는 질문에 대해 이미 도착했다는 내용의 (A)와 내일 도착할 것이라는 내용의 (B)가 정답이 된다.

Can / Could / May / Should

유형 연습

정답
1 (B) 2 (A) 3 (B) 4 (A) 5 (B)

해석

1
다음주에 저를 회사에 태워 주실 수 있어요?
(A) 너무 멀어요.
(B) 제 차가 어제 고장 났어요.

2
더 조용한 장소로 옮겨야 할까요?
(A) 좋은 생각이에요.
(B) 그들은 새 아파트로 이사 갔어요.

3
제가 도와드릴까요?
(A) 점원을 부르세요.
(B) 지금은 아니에요.

4
프로젝터를 어떻게 시작하는지 제게 알려주시겠어요?
(A) 5분 뒤에 해 드릴게요.
(B) 네 608호에 있어요.

5
제 호텔 객실에서 국제 전화를 걸 수 있나요?
(A) 여기에서 계산하세요.
(B) 네, 그것은 무료예요.

확인 학습

정답
1 (C) 2 (B), (C) 3 (B)
4 (A) 5 (A), (C) 6 (A), (B)

스트립트 및 해석

1
Can you take me to our client's office this afternoon?
(A) Our customers are very pleased.
(B) It is near the post office.
(C) I didn't bring my car.

오늘 오후에 고객 사무실에 저를 데려 다 줄 수 있나요?
(A) 저희 고객들이 매우 기뻐하고 있어요.
(B) 우체국 근처에 있어요.
(C) 차를 가져오지 않았어요.

해설 차를 태워달라는 부탁에 대해 차를 가져오지 않았다며 우회적으로 거절하고 있는 (C)가 정답이 된다. (A)는 질문에서 언급된 clinet의 동의어인 customers를 이용하여 혼동을 유발하고 있고, (B)는 office를 반복한 오답이다.

어휘 customer 고객 pleased 기뻐하는

2
May I take a look at the lab test results?
(A) Where is the laboratory?
(B) Go ahead.
(C) They are on your desk.

제가 실험 결과를 봐도 될까요?
(A) 연구소가 어디에 있나요?
(B) 그렇게 하세요.
(C) 책상 위에 있어요.

해설 may로 시작하는 의문문은 허가를 구하는 의미이다. (B)의 'Go ahead'는 긍정적인 답변으로 결과를 보아도 좋다고 허락하는 의미의 대답이며 (C)는 실험 결과가 어디에 있는지를 알려 주고 있다.

어휘 laboratory 연구소

3
Can you update the new sales figures this morning?
(A) We did promotional events.
(B) Please wait until this afternoon.
(C) That's such a bargain.

오늘 아침에 새 판매 수치를 업데이트할 수 있어요?
(A) 우리는 홍보 이벤트를 했어요.
(B) 오늘 오후까지 기다려 주세요.
(C) 정말 저렴하네요.

해설 can 의문문은 가능 여부를 묻는 질문이다. 판매 수치를 업데이트할 수 있는지를 묻고 있는데, 이에 대해 기다려 달라고 말한 보기 (B)가 의미상 자연스럽다.

어휘 promotional 홍보의 bargain 싼 물건; 거래

4
Should I write a proposal to develop our new product's design?
(A) I think that's a great idea.
(B) I'm planning to buy it.
(C) The color is not too bright.

제가 신제품 디자인을 개발을 위한 제안서를 작성할까요?
(A) 좋은 생각인 것 같군요.
(B) 그것을 구입할 계획이에요.
(C) 그 색이 너무 밝지는 않아요.

해설 should로 시작되는 의문문으로서 제안하는 내용이다. 제안서를 쓰는 것이 좋은지를 묻는 질문에 대해 긍정적으로 답하고 있는 (A)가 정답이 된다.

5
Could you review the advertisement plans we created?
(A) I will do it first thing tomorrow morning.
(B) For twenty minutes.
(C) I did it this morning.

우리가 만든 광고 계획을 검토할 수 있나요?
(A) 내일 아침에 제일 먼저 할게요.
(B) 20분 동안요.
(C) 오늘 아침에 했어요.

해설 광고 계획을 검토해 줄 수 있는지 묻는 질문에 '내일 아침에 할 것이다'라고 말한 보기 (A)와 이미 했다고 답한 (C)가 정답이다.

6
Can you attend the awards ceremony on Wednesday?
(A) Sure. What time is it?
(B) Well, I don't think I can make it.
(C) Congratulations.

수요일에 시상식에 참석할 수 있어요?
(A) 물론이죠. 몇 시예요?
(B) 글쎄요. 못할 것 같아요.
(C) 축하해요.

해설 참석 여부를 묻는 질문에 거절하는 뜻으로 답한 보기 (B)가 적절한 대답이다. 'make it'은 '참석하다'의 뜻으로 쓰일 수 있다.

어휘 awards ceremony 시상식

실전 연습 p.056

정답
1 (B) 2 (A) 3 (A) 4 (C) 5 (C)
6 (A) 7 (A) 8 (C) 9 (A) 10 (A)

스크립트 및 해석

1
Could you show me how to operate this machine?
(A) It is on the second floor.
(B) I'm new to this, too.
(C) Suzanne called you earlier.

이 기계를 어떻게 작동하는지 가르쳐 주실 수 있나요?
(A) 그것은 2층에 있어요.
(B) 저도 처음이에요.
(C) Suzanne이 아까 전화했었어요.

해설 방법을 묻는 질문에 대한 답변으로, 본인도 처음이라서 잘 모른다고 말한 (B)가 가장 자연스럽다. (A)는 기계의 위치를 알려 주는 내용이며, (C)는 질문과 무관한 내용이다.

어휘 operate 조작하다, 작동하다

2
Should we sit outside on the patio to have lunch?
(A) Isn't it going to be cold?
(B) I'll have coffee.
(C) Three people are invited.

야외 테라스에 앉아서 점심을 먹을까요?
(A) 춥지 않을까요?
(B) 커피를 마실게요.
(C) 세 명이 초청되었어요.

해설 제안하는 내용의 의문문이다. 춥지 않겠냐고 말하며 다소 부정적인 답변을 하고 있는 (A)가 정답이다. 이와 같이 되묻는 질문이 정답이 되는 경우가 많다.

어휘 patio 파티오, 테라스

3
Did you see your dentist this afternoon?
(A) Oh, no. I forgot.
(B) Please remind me later.
(C) I have a fever.

오늘 오후에 치과의사를 만났나요?
(A) 오, 아니요. 잊고 있었어요.
(B) 나중에 다시 알려주세요.
(C) 열이 있어요.

해설 치과 의사를 만났는지 묻는 일반 의문문이다. 이에 대해 잊어서 만나지 못했다고 답한 보기 (A)가 정답이 된다.

어휘 dentist 치과의사 remind 상기시키다 fever 열

4
May I leave the office a little earlier today?
(A) In fact, she was a few minutes late.
(B) It shouldn't take long.
(C) Sure. Are you okay?

오늘 조금 일찍 퇴근해도 될까요?
(A) 사실, 그녀는 몇 분 늦었어요.
(B) 오래 걸리지 않을 거예요.
(C) 물론이죠. 괜찮아요?

해설 may로 시작하는 의문문으로서 허락을 구하고 있다. 일찍 퇴근해도 되는지 묻는 질문에 일찍 퇴근하라고 허락하며 몸 상태를 묻는 내용의 (C)가 자연스러운 대답이다.

어휘 take long 오래 걸리다

5
Do you recommend going to the new French restaurant?
(A) You need three recommendation letters.
(B) Why don't we meet at 3:30?
(C) Yes, it's the best place I've ever been.

새로 생긴 프랑스 식당에 가는 것을 추천하시나요?
(A) 추천서 세 부가 필요해요.
(B) 3시 30분에 만나는 것이 어때요?
(C) 네, 제가 가 본 곳들 중 최고예요.

해설 새로 생긴 식당을 추천하는지 묻는 질문에 긍정적으로 답하며 최고라고 말한 (C)가 정답이 된다. (A)는 질문의 recommend에서 파생된 명사인 recommendation을 사용하여 혼동을 유발한 오답이며, (B)는 만날 시간을 언급하고 있으므로 질문과 무관한 내용이다.

어휘 recommend 추천하다 recommendation letter 추천서

6
Have you ordered advance tickets for the opening game of the championship?
(A) Yes, a month ago.
(B) The show is on Sunday.
(C) Your order is ready.

챔피언 결정전 첫 경기의 티켓을 예매했나요?
(A) 네, 한 달 전에요.
(B) 공연은 월요일이에요.
(C) 주문하신 것이 준비되었어요.

해설 티켓을 예매했는지 묻는 질문에 한 달 전에 했다고 답한 보기 (A)가 자연스러운 대답이다. (B)는 game에서 연상되는 단어인 show를, (C)는 order를 반복하여 혼동을 유발한 오답들이다.

어휘 order 주문하다; 주문 advance ticket 예매권 opening game 개막전

7
Do you think the manual is too complicated?
(A) It should be simplified.
(B) No, it was created by Mark.
(C) Just follow the instructions.

설명서가 너무 복잡하다고 생각해요?
(A) 이것은 단순화 되어야 해요.
(B) 아니요, Mark가 만들었어요.
(C) 그냥 지시를 따르세요.

해설 설명서가 너무 복잡한지를 묻는 질문에 동의하는 표현으로 답한 보기 (A)가 정답이 된다. (B)는 질문과 무관한 내용이며, (C)는 manual과 비슷한 뜻의 단어인 instruction을 사용하여 혼동을 유발한 오답이다.

어휘 manual 설명서 complicated 복잡한 simplify 간단하게 하다 instruction 설명, 지시

8
Have you sent out the invitations to Ms. Gray's farewell party?
(A) She is retired.
(B) At the Hill Hotel.
(C) I don't have the guest list.

Gray 씨의 송별회 초대장을 보냈나요?
(A) 그녀는 은퇴했어요.
(B) 힐 호텔에서요.
(C) 저는 초대자 명단을 갖고 있지 않아요.

해설 현재완료 시제를 써서 초대장을 보냈는지 묻고 있다. 이에 대해 초대자 명단이 없어 보내지 못했다고 답한 (C)가 정답이 된다. (A)는 'farewell party'에서 연상되는 retired를 활용한 오답이며 (B)는 장소를 묻는 의문사 where에 대한 답변이다.

어휘 invitation 초대(장) farewell party 송별회 retire 은퇴하다

9
Can you make the speech no longer than twenty minutes?
(A) Okay, I will keep it short.
(B) It was at least thirty minutes.
(C) The speech was impressive.

연설을 20분이 넘지 않도록 해 주시겠어요?
(A) 좋아요. 짧게 할게요.
(B) 최소한 30분이었어요.
(C) 연설이 매우 인상적이었어요.

해설 연설을 짧게 해달라고 부탁하고 있는데, 이에 대해 짧게 하겠다고 답한 보기 (A)가 정답이 된다. (B)는 연설 시간을 언급하고 있지만 과거 시제이므로 정답이 될 수 없으며, (C)는 speech를 반복하여 혼동을 유발하고 있는 오답이다.

어휘 speech 연설 at least 적어도 impressive 인상적인

10
Does this parade happen every year?
(A) Every two years.
(B) I like crowds.
(C) It started yesterday.

이 퍼레이드가 매년 열리나요?
(A) 2년마다 열려요.
(B) 저는 사람이 많은 것이 좋아요.
(C) 어제 시작했어요.

해설 행사가 매년 열리는지를 묻는 질문에 2년 마다 열린다고 답한 보기 (A)가 자연스러운 대답이다.

어휘 parade 퍼레이드 crowd 사람들, 군중

토익 실전 어휘 | UNIT 01-05 p.058

A

1 (b) 2 (a) 3 (a) 4 (a) 5 (b)

B

1 operate 2 building directory
3 farewell party 4 sign up for
5 ask for

C

1 has not been decided
2 What do you think of
3 in charge of organizing
4 are we supposed to meet
5 Which of these products

06 간접의문문 / 선택의문문 p.059

간접의문문

유형 연습

정답

1 (A) 2 (B) 3 (A) 4 (A) 5 (B)

해석

1
다음 열차가 언제 오는지 아시나요?
(A) 30분 뒤에요.
(B) 그것은 아직 확정되지 않았어요.

2
누가 연설을 하게 되는지 들었나요?
(A) 그는 훌륭한 연사예요.
(B) Dobbins 씨가 할 거예요.

3
어디에서 회의가 열리는지 알려 주실 수 있나요?
(A) 컨퍼런스홀에서요.
(B) 미안해요. 할 수 없었어요.

4
어디에서 근무하는지 물어봐도 되나요?
(A) 저는 현재 실직 상태에요.
(B) 저는 그 프로젝트와 관련해서 일하고 있어요.

5
은행이 몇 시에 영업을 시작하는지 말씀해 주시겠어요?
(A) 지금은 닫았어요.
(B) 보통 아침 9시에요.

확인 학습

정답

1 (B) 2 (A) 3 (C)
4 (B), (C) 5 (C) 6 (B), (C)

스크립트 및 해석

1
Do you know why the company is hiring a new manager?
(A) We are still waiting.
(B) It needs one to lead a new team.
(C) Because it isn't ready.

회사에서 새로운 매니저를 채용 중인 이유를 아시나요?
(A) 우리는 여전히 기다리고 있어요.
(B) 새로운 팀을 이끌 사람이 필요해요.
(C) 그것은 준비가 되지 않았기 때문이에요.

해설 회사에서 새로운 매니저를 채용 중인 이유를 알고 있는지 묻고 있다. 이에 대해 팀을 이끌 사람이 필요하다고 구체적인 이유를 알려 주고 있는 (B)가 정답이 된다. (B)의 it은 the company를 대신해서 쓴 대명사이다.

어휘 manager 관리자, 매니저

2
Can you tell me how often the bus runs?
(A) Every 20 minutes.
(B) The traffic is awful.
(C) Public transportation would be nice.

얼마나 자주 버스가 운행되는지 알려 주시겠어요?
(A) 20분마다요.
(B) 교통 상황이 끔찍했어요.
(C) 대중 교통이 좋을 거예요.

해설 얼마나 자주 버스가 운행되는지 알려달라는 질문에 대해 '20분 마다'라고 답한 (A)가 정답이 된다.

3
Do you know what the sales figures are like this quarter?
(A) The Sales Department.
(B) I didn't like it.
(C) I haven't heard anything about them.

이번 분기의 매출액 수치가 어떤지 알고 있나요?
(A) 영업부요.
(B) 저는 그것이 맘에 들지 않았어요.
(C) 그것에 대해서 저는 아무것도 듣지 못했어요.

해설 이번 분기의 매출액 수치를 묻는 질문에 대해 아무것도 듣지 못했다고 답한 (C)가 정답이 된다. (C)의 them은 sales figures를 대신해서 쓴 대명사이다.

4
Did you hear who is coming to the R&D Department?
(A) I didn't hear from her.
(B) I haven't heard yet.
(C) Mr. Cummings will.

누가 연구 개발팀에 오는지 들었나요?
(A) 그녀에게서 소식을 듣지 못했어요.
(B) 아직 듣지 못했어요.
(C) Cummings 씨가 올 거예요.

해설 누가 연구 개발팀에 오는지를 들었는지 묻고 있다. 이에 아직 듣지 못했다고 답한 (B)와 누가 올 것인지를 알려 주고 있는 (C)가 정답이 된다. (A)의 'hear from ~'은 '~으로부터 소식이 오다/소식을 듣다'라는 의미의 표현이다.

5
Could you tell me why you didn't like the proposal?
(A) I wasn't told about it.
(B) He proposed it.
(C) The budget is an issue.

제안서가 마음에 들지 않았던 이유를 말씀해 주시겠어요?
(A) 저는 그것에 대해 듣지 못했어요.
(B) 그가 그것을 제안했어요.
(C) 예산이 문제예요.

해설 'could you ~'로 시작되는 의문문이므로 제안서를 마음에 들어하지 않았던 이유를 알려 달라고 부탁하는 내용이다. 이에 대해 구체적인 이유를 언급하고 있는 (C)가 정답이 된다.

어휘 issue 문제

6
Do you happen to know where the contracts are?
(A) You've already answered it.
(B) They are in the top drawer.
(C) Actually, I was looking for them too.

혹시 계약서들이 어디에 있는지 아시나요?
(A) 당신이 이미 그것에 답했어요.
(B) 그것들은 맨 위 서랍에 있어요.
(C) 사실, 저도 그것을 찾고 있었어요.

해설 계약서가 어디에 있는지 묻고 있는 질문에 대해 맨 위 서랍에 있다고 위치를 알려 주고 있는 (B)와 자신도 찾고 있다고 답한 (C)가 정답이 된다.

선택의문문

정답
1 (A) 2 (B) 3 (B) 4 (A) 5 (A)

해석
1
신문과 잡지 중에서 어느 것을 읽으실 건가요?
(A) 둘 다 아니에요. 그냥 쉬고 싶어요.
(B) 저는 둘 다 시도해 봤어요.

2
아침과 오후 중에서 언제 일하는 게 더 좋아요?
(A) 저는 너무 피곤해요.
(B) 저는 아침형 인간이에요.

3
현금과 신용카드 중에서 어느 것으로 결제하시겠어요?
(A) 그것은 지불되지 않았어요.
(B) 저는 현금이 충분하지 않아요.

4
소고기나 닭고기 중에서 어느 것을 드시겠어요?
(A) 둘 다 싫어요. 저는 배가 고프지 않아요.
(B) 저는 둘 다 먹었어요.

5
제가 도와드릴까요, 아니면 혼자 하시겠어요?
(A) 제가 혼자 처리할 수 있어요.
(B) 제가 당신과 함께 할게요.

확인 학습

정답

1 (A), (C)	2 (A)	3 (B)
4 (C)	5 (C)	6 (A), (B)

스크립트 및 해석
1
Would you like to have the red bag or the blue one?
(A) I like neither.
(B) I don't have time for it.
(C) I will go with the red one.

빨간 가방을 드릴까요 파란 것을 드릴까요?
(A) 둘 다 싫어요.
(B) 저에게는 그럴 시간이 없어요.
(C) 저는 빨간 것으로 할게요.

해설 빨간 가방과 파란 것 중 하나를 선택하라는 내용의 질문이다. 이에 대해 둘 다 싫다고 말한 (A)와, 빨간 것을 선택한 (C)가 정답이 된다. 선택의문문에서는 어느 것도 선택하지 않는다는 답변이 정답으로 출제되기도 한다.

어휘 go with ~을 받아들이다

2
Are you going on a business trip on Tuesday or Thursday?
(A) Neither. It has been canceled.
(B) I don't enjoy taking trips.
(C) Let's do that first.

화요일과 목요일 중에서 언제 출장을 가실 건가요?
(A) 둘 다 아니에요. 그것은 취소되었어요.
(B) 저는 여행을 즐기지 않아요.
(C) 그것을 먼저 하죠.

해설 화요일 아니면 목요일 중에서 언제 출장을 가느냐는 질문에 대해 둘 다 아니라고 답한 (A)가 정답이 된다. (B)는 trip을 반복한 오답이며 (C)는 질문과 무관한 내용의 답변이다.

3
Would you prefer to work in Finance or Accounting?
(A) No, thanks.
(B) Anywhere is fine.
(C) I don't want to go there.

재무팀과 회계팀 중 어느 부서에서 일하고 싶으세요?
(A) 고맙지만, 괜찮아요.
(B) 어디든 괜찮아요.
(C) 저는 거기에 가고 싶지 않아요.

해설 두 부서들 중 어디에서 일하기를 원하느냐는 질문에 대해, 어디든 괜찮다고 답한 (B)가 정답이 된다. 선택의문문에 대한 답변에서 either나 any가 쓰이면 둘 중 어느 것이든 상관없다는 의미이다.

4
Who do you think is more qualified for the job, Georgia or you?
(A) The more, the better.
(B) Both of us are unhappy.
(C) It's hard to say.

Georgia와 당신 중에 누가 그 일에 더 적합하다고 생각하나요?
(A) 많으면 많을수록 더 좋아요.
(B) 우리 둘 다 즐겁지 않아요.
(C) 말하기 어렵군요.

해설 Georgia와 당신 중에 누가 그 일에 더 적합한가를 묻는 질문에 대해 말하기가 어렵다고 답한 (C)가 정답이 된다. 'It's hard to say'는 곤란한 질문에 대한 답변이다.

5
Would you rather take a taxi or walk in the rain?
(A) I'd rather not say.
(B) My schedule is flexible.
(C) I don't have a preference.

택시를 타시겠어요 아니면 빗속을 걸으시겠어요?
(A) 말하지 않는 편이 낫겠어요.
(B) 제 일정은 유동적이에요.
(C) 특별히 선호하는 것은 없어요.

해설 선택의문문에 대해 특별히 선호하는 것이 없다고 답한 (C)가 정답이 된다. 'I don't have a preference.'는 선호하는 바가 없다라는 뜻으로 둘 중 어느 것이든 상관없다는 의미이다.

6
Will you be able to help me now, or should I wait more?
(A) I will be ready in a few minutes.
(B) I can do it right away.
(C) I am not patient enough.

지금 저를 도와주실 수 있나요, 아니면 제가 더 기다려야 할까요?
(A) 저는 몇 분 뒤에 준비될 거예요.
(B) 저는 지금 당장 할 수 있어요.
(C) 저는 충분한 인내심을 갖고 있지 않아요.

해설 지금 도와줄 수 있는지 아니면 기다려야 하는지를 묻는 질문에 대해, 몇 분 뒤에 준비될 것이라고 말한 (A)와 지금 당장 할 수 있다고 한 (B)가 자연스러운 대답들이다.

어휘 patient 참을성 있는

실전 연습 p.063

정답

1 (A) 2 (C) 3 (A) 4 (B) 5 (A)
6 (C) 7 (B) 8 (A) 9 (C) 10 (A)

스크립트 및 해석

1
Do you want me to mail this, or will you go to the post office yourself?
(A) Jack will mail it this afternoon.
(B) I am fond of it.
(C) The delivery will cost a lot.

제가 이것을 우편으로 보낼까요, 아니면 직접 우체국에 가시겠어요?
(A) Jack이 오늘 오후에 그것을 우편으로 보낼 거예요.
(B) 저는 그것을 좋아해요.
(C) 배달 비용이 많이 들 거예요.

해설 우편을 화자가 우편으로 보낼 것인지, 직접 우체국에 갈 것인지를 묻고 있다. 이에 대해 제3자인 Jack이 오늘 오후에 우편으로 보낼 것이라고 답한 (A)가 자연스러운 대답이다. (B)는 질문과 무관한 대답이며 (C)는 질문의 내용으로부터 연상할 수 있는 단어인 delivery를 활용한 오답이다.

어휘 be fond of ~을 좋아하다 delivery 배송

2
Can you tell me why you decided to leave the firm?
(A) I stopped working.
(B) There is no need to rush.
(C) I had trouble with my supervisor.

왜 회사를 떠나기로 결심했는지 말해 줄 수 있나요?
(A) 저는 일을 멈췄어요.
(B) 서두를 필요는 없어요.
(C) 상사와 문제가 있었어요.

해설 회사를 떠나기로 한 이유를 묻는 질문에 대해 상사와 문제가 있었다고 답한 (C)가 정답이 된다.

어휘 firm 기업 supervisor 상사

3
Would you like to have dinner tomorrow or sometime next week?
(A) I am free tomorrow.
(B) I don't think so.
(C) Dinner would be nice.

내일 저녁을 같이 할까요 아니면 다음주쯤 할까요?
(A) 저는 내일 한가해요.
(B) 저는 그렇게 생각하지 않아요.
(C) 저녁이 좋겠어요.

해설 내일과 다음주 중에서 저녁 식사 일정을 선택해야 하는 내용의 질문에 대해 내일이 한가하다고 답하고 있는 (A)가 적절한 대답이다. (B)는 질문의 내용과 무관하며 (C)는 dinner를 반복한 오답이다.

4

Did you hear who is going to apply for the position?

(A) No one showed up.

(B) Jack in HR.

(C) The application forms are over there.

그 직책에 누가 지원할지 들으셨나요?

(A) 아무도 나타나지 않았어요.

(B) 인사과의 Jack요.

(C) 지원서는 저기에 있어요.

해설 그 직책에 누가 지원하는지를 묻는 질문에 대해 지원자의 이름을 말하고 있는 내용의 (B)가 정답이 된다. no one만을 듣고 (A)를 정답을 고르지 않도록 주의해야 한다.

어휘 apply for ~에 지원하다 position 직책 application form 지원서

5

Should I order the office supplies today or next week?

(A) We can wait till next week.

(B) The stationery store is closed.

(C) You shouldn't do that.

사무용품을 오늘 주문할까요 아니면 다음주에 할까요?

(A) 다음주까지 기다려 보죠.

(B) 문구점은 닫았어요.

(C) 당신은 그렇게 하지 말아야 해요.

해설 사무용품을 오늘 주문해야 하는지, 다음주에 하는지를 묻는 질문에 대해 다음주까지 기다리자고 답한 (A)가 정답이 된다. 'stationery store'는 '문구점'이라는 의미로 'office supplies'와 관련하여 연상되는 어휘이다.

6

Do you know when the next train is scheduled to leave?

(A) They will come soon.

(B) We are running late.

(C) Let me check on that for you.

다음 열차가 언제 떠날 예정인지 아시나요?

(A) 그들은 곧 올 거예요.

(B) 우리는 시간이 없어요.

(C) 제가 한번 확인해 볼게요.

해설 다음 열차가 언제 떠날 예정인지를 묻는 질문에 대해 확인해 보겠다고 한 (C)가 정답이 된다. (A)는 주어가 복수형인 they이기 때문에 정답이 될 수 없다.

7

May I ask what kind of job you had previously?

(A) I have done it before.

(B) I was in marketing.

(C) Please answer me.

이전에 어떤 직업을 가지고 계셨는지 물어봐도 될까요?

(A) 저는 전에 그것을 해 본 적이 있어요.

(B) 저는 마케팅 쪽에 있었어요.

(C) 제 질문에 답해 주세요.

해설 이전에 어떤 직업을 가졌었는지 말해 달라는 질문에 대해 마케팅 분야에 있었다고 답한 (B)가 정답이 된다. (A)는 어떤 일을 했었는지 구체적으로 언급하고 있지 않기 때문에 정답이 될 수 없으며 (C)는 질문의 ask에서 연상되는 단어인 asnwer를 이용한 오답이다.

8

Can I leave now, or do you want me to stay a little longer?

(A) It's up to you.

(B) I can't live here.

(C) That's all I know.

제가 지금 떠나도 될까요, 아니면 제가 조금 더 머물기를 원하세요?

(A) 편하신 대로 하세요.

(B) 저는 여기에서 살 수 없어요.

(C) 그게 제가 아는 전부예요.

해설 지금 떠나도 될지, 더 머물러야 하는지를 묻는 질문에 대해 편한 대로 하라고 답한 (A)가 자연스러운 대답이다. (B)는 leave와 발음이 비슷한 live를 이용한 오답이다.

어휘 It's up to you. 편한 대로 하세요.

9

Do you know where the nearest convenience store is?

(A) Just a few things.

(B) Actually, it is not on sale.

(C) I am not familiar with this area.

가까운 편의점이 어디에 있는지 아시나요?

(A) 몇 가지 것들요.

(B) 그것은 할인 상품이 아니에요.

(C) 저는 이 지역에 대해 잘 알지 못해요.

해설 가까운 편의점의 위치를 묻는 질문에 대해 이 지역에 대해 잘 알지 못한다고 답한 (C)가 정답이 된다. 'I'm not familiar with this area.'는 장소를 묻는 문제의 정답으로 자주 출제된다.

어휘 convenience store 편의점

10

Do you need some help with the report, or can you do it yourself?

(A) I can handle it.

(B) Let's find out.

(C) I did it myself.

보고서와 관련해서 도움이 필요하세요, 아니면 혼자 하실 수 있나요?

(A) 제가 처리할 수 있어요.

(B) 같이 알아 봅시다.

(C) 제가 직접 그것을 했어요.

해설 보고서와 관련해서 도움이 필요한지, 아니면 혼자 할 수 있는지를 묻는 질문에 대해 처리할 수 있다고 답한 (A)가 정답이 된다. (C)는 과거 시제이므로 정답이 될 수 없다.

어휘 handle 해결하다 find out 알아내다

07 부가의문문 / 부정의문문

p.065

부가의문문

유형 연습

정답

1 (B) 2 (A) 3 (A) 4 (B) 5 (A)

해석

1
과제를 아직 제출하지 않으셨어요, 그렇죠?
(A) 면접을 잘 진행했어요.
(B) 안 했어요, 아마도 점심 시간 후에요.

2
오늘밤에 야근을 하지 않으실 거죠, 그렇죠?
(A) 안 하려고요, 약간 피곤해요.
(B) 네, 떠날 준비가 되었어요.

3
May 씨가 임금 인상을 받았어요, 그렇지 않나요?
(A) 어디에서 들으셨어요?
(B) 네, 그는 영업부로 이동할 거예요.

4
Jane은 아직 재고 조사를 안 했어요, 그렇죠?
(A) 2개 가지고 가세요.
(B) 안 했어요. 그녀는 바쁜 것 같았어요.

5
회의를 취소해야 해요, 그렇지 않나요?
(A) 그게 더 좋을 것 같아요.
(B) 3호실 아니었어요?

확인 학습

정답

1 (A), (B) 2 (C) 3 (A), (C)
4 (A), (C) 5 (A), (B), (C) 6 (A), (B)

스트립트 및 해석

1
You've been to Spain, haven't you?
(A) Yes, three times.
(B) I'm afraid I haven't.
(C) He just left the office.

당신은 스페인에 가 본 적이 있어요, 그렇지 않나요?
(A) 네, 세 번요.
(B) 가 본 적 없어요.
(C) 그는 방금 떠났어요.

해설 부가의문문의 경우 질문의 내용에 집중해야 한다. 즉, haven't you 부분에 신경 쓰지 말고 스페인에 가 본 적이 있으면 yes, 가 본 적이 없으면 no로 답하면 된다. 따라서 보기 (A) Yes, three times. 와 보기 (B) I'm afraid I haven't.가 정답이 된다. (B)와 같이 yes나 no가 생략된 답변이 주어지는 경우도 많다.

2
There is a post office around the corner, isn't there?
(A) By express mail.
(B) The shop is closed.
(C) There used to be one down the road.

코너 근처에 우체국이 있어요, 그렇지 않나요?
(A) 속달 우편으로요.
(B) 상점은 닫았어요.
(C) 길을 따라가면 하나 있어요.

해설 우체국의 위치를 확인하려는 질문에 대해 길을 따라가면 있다고 확인해 주고 있는 내용의 (C)가 정답이 된다.

3
You didn't call Dr. Petal, did you?
(A) Yes, this morning.
(B) I need to see the dentist.
(C) Am I supposed to?

당신은 Petal 박사님께 전화하지 않았어요, 그렇죠?
(A) 했어요, 오늘 아침에요.
(B) 치과에 가야 해요.
(C) 제가 그래야 하나요?

해설 전화를 했다면 yes로 답할 수 있으므로 아침에 했다고 말한 보기 (A)는 정답이다. 그리고 'be supposed to'는 '~하기로 되어 있다'라는 의미인데, 그렇게 해야 하는지를 되묻고 있는 내용의 (C)도 정답이 될 수 있다.

4
You haven't booked your flight, have you?
(A) Actually, I just did.
(B) I borrowed a couple of books.
(C) No, I've been busy lately.

당신은 비행기를 예약하지 않았어요, 그렇죠?
(A) 사실, 방금 했어요.
(B) 책 몇 권만 빌릴게요.
(C) 안 했어요, 최근에 바빴어요.

해설 비행기 예약 여부를 묻고 있는데, 방금 예약했다고 말한 (A)와 바빠서 하지 않았다는 내용의 (C) 가 정답이 된다. 질문의 book은 '예약하다'라는 의미의 동사인 반면에 (B)의 book은 명사이다.

5
The projector can be fixed, can't it?
(A) We might need a new one.
(B) I need to look into it.
(C) I just called a technician.

프로젝터는 수리될 수 있어요, 그렇지 않나요?
(A) 우리는 새것이 필요할지도 몰라요.
(B) 살펴봐야겠어요.
(C) 기술자를 불렀어요.

해설 프로젝터를 고칠 수 없으므로 새것을 사야 할지도 모른다고 답한 보기 (A)와 살펴봐야겠다는 내용의 보기 (B) 그리고 수리를 위해 기술자를 불렀다고 말한 보기 (C)가 모두 정답이 된다.

6
Mr. Anderson hasn't given you the files, has he?
(A) Yes, I got them yesterday.
(B) I think he forgot.
(C) The documents should be kept safely.

Anderson 씨는 그 파일을 당신에게 주지 않았어요, 줬나요?
(A) 네, 어제 받았어요.
(B) 그가 잊었던 것 같아요.
(C) 문서를 안전하게 보관해야 해요.

해설 'has he'가 없다고 생각하면 yes로 답해야 할지, no로 답해야 할지 헷갈리지 않는다. 질문의 내용만을 생각해 보면 파일을 받았는지 묻는 내용이므로, 파일을 받았다고 직접적으로 답한 (A)와 Anderson 씨가 잊었던 것 같다며 받지 못했다는 사실을 간접적으로 전달하고 있는 (B)가 정답이다.

부정의문문

유형 연습

정답
1 (B) 2 (A) 3 (B) 4 (A) 5 (A)

해석
1
근처에 백화점이 있지 않나요?
(A) 도로가 폐쇄되었어요.
(B) 네, 코너 근처에 있어요.

2
Ford 씨에게 소포를 배달하지 않았나요?
(A) 죄송해요. 지금 할게요.
(B) 네, 아래에 있어요.

3
차가 지난주에 고장 나지 않았나요?
(A) 벌써 했어요.
(B) 네 수리점에 있어요.

4
진료 약속이 오늘 아침이지 않나요?
(A) 기억나게 해주어서 고마워요.
(B) 그는 훌륭한 외과 의사예요.

5
Diane은 보통 3시에 여기에 도착하지 않나요?
(A) 네, 하지만 오늘은 아파요.
(B) 우리는 직장에 늦었어요.

확인 학습

정답
1 (B), (C) 2 (A), (C) 3 (A), (B)
4 (B), (C) 5 (A), (B) 6 (A)

스크립트 및 해석
1
Why wasn't Ms. Rice at work this morning?
(A) At three in the afternoon.
(B) She called in sick.
(C) I think Kelly might know.

Rice 씨는 오늘 아침에 왜 출근하지 않았나요?
(A) 오후 3시에요.
(B) 병가를 냈어요.
(C) Kelly가 알고 있을지도 몰라요.

해설 출근하지 않은 이유를 묻는 질문에 병가를 냈다는 내용의 (B)와, 다른 사람을 언급하며 그 사람이 알지도 모른다고 답한 (C)가 적절한 응답이다.

2
Aren't you supposed to be on vacation?
(A) Yes, but I rescheduled it.
(B) I'm going to Hawaii.
(C) No, it is next week.

당신은 휴가 중이어야 하지 않나요?
(A) 맞아요, 하지만 재조정했어요.
(B) 하와이로 갈 거예요.
(C) 아니요, 다음주예요.

해설 'be supposed to'는 '~하기로 되어있다'는 뜻이다. 부정으로 물었기 때문에 현재 휴가 중이어야 하는 것이 맞으면 yes로 답하고, 아니라면 no로 답할 수 있다. 그러므로 yes로 답하고 나서 일정을 재조정해야 한다고 답한 (A)와 no로 답한 다음 휴가가 다음주라고 답한 (C)가 정답이 된다.

어휘 reschedule 일정을 변경하다

3
Can't you meet with the clients after lunch?
(A) Sorry. I am busy all afternoon.
(B) I don't think so.
(C) Not that I know of.

점심시간 이후에 고객과 만날 수 없어요?
(A) 미안해요. 오후 내내 바빠요.
(B) 안 될 것 같아요.
(C) 제가 아는 바로는 그렇지 않아요.

해설 고객과 만날 수 없다고 부정적으로 답하고 있는 (A)와 (B)가 정답이다.

4
Shouldn't we organize Ms. Hunt's retirement party?
(A) She is on her way.
(B) I am working on it.
(C) She said she didn't want any.

우리가 Hunt 씨의 은퇴식을 준비해야 하지 않을까요?
(A) 그녀는 오고 있는 중이에요.
(B) 제가 하고 있어요.
(C) 그녀가 원하지 않는다고 했어요.

해설 자신이 은퇴식을 준비하고 있다고 말한 (B)와 준비할 필요가 없다는 정보를 전달하고 있는 (C)가 적절한 응답이 된다.

어휘 organize 준비하다 retirement 은퇴

5
Aren't the volunteers coming today?
(A) No, they changed their minds.
(B) Not until next Monday.
(C) Why don't you sign up?

오늘 자원봉사자들이 오지 않나요?
(A) 아니요, 그들은 마음을 바꾸었어요.
(B) 다음주 월요일까지는 아니예요.
(C) 등록하는 것이 어때요?

해설 자원봉사자가 오지 않으면 no로 답할 수 있으므로 마음을 바꾸어 오지 않는다고 답한 보기 (A)는 정답이다. 그리고 다음주 월요일까지는 오지 않는다고 말한 보기 (B)도 적절한 응답이다.

어휘 volunteer 자원봉사자

6
Aren't you going to attend the conference in London?
(A) No, it has been canceled.
(B) She isn't going.
(C) Mr. Lim organized it.

런던에서 열리는 컨퍼런스에 참석하지 않을 것인가요?
(A) 하지 않아요, 취소되었어요.
(B) 그녀는 가지 않을 거예요.
(C) Lim 씨가 준비했어요.

해설 컨퍼런스에 참석하지 않겠다고 부정적으로 답한 보기 (A)가 정답이 된다. 보기 (B)는 주어가 she이기 때문에 오답이다.

어휘 attend 참석하다

실전 연습 p.069

정답
1 (C) 2 (C) 3 (A) 4 (B) 5 (B)
6 (A) 7 (A) 8 (A) 9 (B) 10 (A)

스크립트 및 해석

1
Doesn't Helen usually leave the office at five?
(A) She is my supervisor.
(B) No, we start at four.
(C) Yes, but she has a deadline to meet today.

Helen은 보통 5시에 퇴근하지 않나요?
(A) 그녀는 제 상사예요.
(B) 아니요, 우리는 4시에 시작해요.
(C) 네, 하지만 그녀는 오늘 마감 기한을 맞춰야 해요.

해설 Helen이 대개 5시에 퇴근하는 것이 사실이라면 yes로 답할 수 있다. 따라서 yes로 답하고 오늘은 마감 기한 때문에 늦는다고 답한 보기 (C)가 정답이 된다.

어휘 supervisor 상사 deadline 마감 기한

2
These umbrellas are produced by our new supplier, aren't they?
(A) No, it is not raining.
(B) Maybe next month.
(C) No, the old one made them.

이 우산은 새로운 공급 업체가 만든 것이군요, 그렇지 않나요?
(A) 아니요, 비는 오지 않아요.
(B) 아마 다음주에요.
(C) 아니요, 이전 업체가 만들었어요.

해설 새로운 공급 업체가 아니라 이전 업체라고 답한 보기 (C)가 적절한 응답이다. 질문의 umbrella만을 듣고 (A)를 정답으로 골라서는 안 되며, (B)는 질문과 무관한 내용의 보기이다.

어휘 supplier 공급 업체

3
Ms. Forster hasn't approved the budget proposal, has she?
(A) She did yesterday.
(B) About six copies.
(C) At the staff meeting.

Forster 씨는 예산안을 승인하지 않았어요, 그렇죠?
(A) 어제 했어요.
(B) 약 6부요.
(C) 직원 회의에서요.

해설 예산안 승인 여부를 묻는 질문이다. 이에 대해 yes/no가 생략되어 있지만 어제 승인했다고 답한 보기 (A)가 정답이 된다.

어휘 approve 승인하다 budget proposal 예산안

4
You said the proposal would be ready this week, didn't you?
(A) No, he will reschedule the event.
(B) Yes, it is on your desk.
(C) Five days ago.

당신은 제안서가 이번 주에 준비된다고 말했었죠, 그렇지 않나요?
(A) 아니요, 그는 그 행사를 재조정했어요.
(B) 네, 책상 위에 있어요.
(C) 5일 전에요.

해설 제안서가 이번 주에 준비된다고 말한 것이 맞는지를 묻는 질문에 대해 yes로 답한 다음 제안서가 있는 위치를 설명하고 있는 내용의 (B)가 가장 적절한 응답이다.

어휘 reschedule 재조정하다

5
Aren't you traveling to Mongolia at the end of this month?
(A) I prefer an aisle seat.
(B) No, not until next October.
(C) Through a travel agency.

이달 말에 몽골로 여행을 가지 않으세요?
(A) 저는 복도석이 더 좋아요.
(B) 아니요, 다음 10월까지는 아니에요.
(C) 여행사를 통해서요.

해설 여행을 가지 않는다고 부정으로 답한 후에 10월 이후에 간다고 말한 보기 (B)가 정답이다. (A)의 'aisle seat (복도석)'은 질문에 들린 'travel (여행하다)'과 연관된 어휘를 사용하여 혼동을 주는 오답 보기이다.

어휘 aisle seat 복도석 not until ~까지는 아닌 through ~를 통해서 travel agency 여행사

6
Ms. Kelly will reserve the meeting room, won't she?
(A) Yes, she said she'd do that.
(B) When did she book it?
(C) Her office is upstairs.

Kelly 씨가 회의실을 예약할 거예요, 그렇지 않나요?
(A) 네, 벌써 했다고 말했어요.
(B) 언제 그것을 예약했어요?
(C) 그녀의 사무실은 위층이에요.

해설 회의실 예약 여부를 묻는 질문에 대해 벌써 예약했다고 한 보기 (A)가 정답이다. (B)는 '예약하다'라는 의미인 book을, (C)는 meeting room에서 연상되는 단어인 office를 이용하여 혼동을 유발한 오답 보기이다.

어휘 reserve 예약하다 book 예약하다 upstairs 위층

7
Isn't there a job opening on the accounting team?
(A) You are welcome to apply.
(B) The shop is closed right now.
(C) The figures are a little off.

회계팀에 공석이 있지 않나요?
(A) 지원하신다면 환영이에요.
(B) 그 상점은 지금 닫았어요.
(C) 그 수치는 약간 잘못되었어요.

해설 공석이 있는지를 묻는 질문에 대해 지원을 권유하는 내용의 보기 (A)가 가장 자연스러운 응답이다. (B)는 질문에 언급된 opening의 반대말인 closed를 들려 주어 혼동을 유발하였고, (C)는 accounting team에서 연상되는 figures를 이용한 오답이다.

어휘 job opening 공석 accounting team 회계부서 figure 수치 off 벗어난

8
You liked the last candidate we interviewed today, didn't you?
(A) He is the right person for the job.
(B) The job interview has been delayed.
(C) We will hire only one candidate.

당신은 우리가 오늘 면접했던 마지막 후보자가 마음에 드시죠, 그렇지 않아요?
(A) 그는 그 일에 적합한 사람이에요.
(B) 그 면접은 미뤄졌어요.
(C) 우리는 한 명의 후보자만 채용할 거예요.

해설 한 후보자에 대해 묻는 질문에 대해 그가 적임자라고 답한 보기 (A)가 답변으로서 가장 자연스럽다. 질문에 들린 단어 candidate가 그대로 들린 보기 (C)는 혼란을 주는 오답이다.

어휘 candidate 후보자 delay 미루다, 연기하다 hire 고용하다

9
Isn't the art exhibition supposed to be on June 17?
(A) I was deeply impressed with that.
(B) It has been postponed.
(C) No, for twenty days.

미술 전시회가 6월 17일로 예정되어 있지 않나요?
(A) 그것에 깊게 감명했어요.
(B) 그것은 연기되었어요.
(C) 아니요, 20일 동안요.

해설 전시회의 일정을 묻는 질문에 대해 '연기되었다'고 답한 보기 (B)가 정답이 된다.

어휘 art exhibition 미술 전시회 be supposed to ~하기로 되어 있다 deeply 깊게 impress 감동시키다 postpone 연기하다, 미루다

10
You enlarged the text size, didn't you?
(A) Yes, it was too small.
(B) No, the room is big.
(C) The printer is not working.

당신은 글자 크기를 확대했군요. 그렇지 않나요?
(A) 네, 너무 작았거든요.
(B) 아니요, 그 방은 커요.
(C) 프린터가 고장 났어요.

해설 글자 크기를 확대했는지 묻는 질문에 긍정으로 답하고 그 이유를 언급한 보기 (A)가 정답이 된다. (B)는 질문의 size에서 연상되는 단어인 big을 이용한 오답이며, (C)는 'text size'를 듣고 printer를 연상시켜 혼동을 유발하고 있다.

어휘 enlarge 확대하다

08 제안의문문 / 요청의문문

p.071

제안의문문

유형 연습

정답

1 (A) 2 (A) 3 (B) 4 (B) 5 (A)

해석

1
다음 이사회를 취소하는 것이 어떨까요?
(A) 그것은 좋은 생각이 아니에요.
(B) 우리가 그것을 준비했어요.

2
기술자를 부르는 것이 어떨까요?
(A) 좋은 생각이에요.
(B) 저는 그것을 하지 않았어요.

3
결과물을 인쇄하는 것이 어떨까요?
(A) 그것은 월요일에 마감이에요.
(B) 미안하지만, 프린터가 고장 났어요.

4
제가 당신의 사무실에 그것을 갖다 놓을까요?
(A) 저는 그렇게 하지 않겠어요.
(B) 그렇게 해주시면 감사하겠어요.

5
잠시 휴식을 취하시겠어요?
(A) 그렇게 하지 않는 것이 좋겠어요.
(B) 그것은 고장 났어요.

확인 학습

정답

1 (A), (B) 2 (A) 3 (A), (C)
4 (A), (B) 5 (A) 6 (A)

스크립트 및 해석

1
Why don't we have some snacks delivered?
(A) Great. I am hungry.
(B) I think we had better.
(C) Yes, I heard it was good.

간식을 배달시키는 것이 어떨까요?
(A) 좋아요. 저도 배가 고파요.
(B) 그렇게 하는 것이 좋겠어요.
(C) 네, 그것이 좋다고 들었어요.

해설 간식을 배달시키자는 제안에 대해 긍정적으로 답한 (A)와 (B)가 정답이 된다. 의문사 의문문에 대해 yes로 답한 (C)는 정답이 될 수 없다.

어휘 snack 간단한 식사 had better ~하는 것이 좋다

2
How about preparing a training session for the new employees?
(A) You bet.
(B) I am sorry, but no more hiring.
(C) I didn't like it.

신규 직원들을 위해 교육 과정을 준비하는 것이 어떨까요?
(A) 바로 그거예요.
(B) 죄송하지만, 추가 채용은 없어요.
(C) 저는 그것을 좋아하지 않았어요.

해설 신규 직원들을 위해 교육 과정을 준비하는 것이 어떤지를 묻는 질문에 긍정적으로 답한 (A)가 정답이 된다. 'You bet.'은 '바로 그것이다, 물론이다'라는 의미의 표현으로서 of course, certainly 등과 바꾸어 쓸 수 있다.

3
Would you like me to bring some brochures?
(A) I already got one.
(B) You'd better take a look at it.
(C) That will be great.

제가 소책자를 가져다 드릴까요?
(A) 저는 이미 하나 받았어요.
(B) 그것을 한 번 보는 것이 좋겠어요.
(C) 그러면 좋겠어요.

해설 소책자를 갖다 주기를 원하는지 묻는 질문에 대해 이미 받았다고 말한 (A)와 그게 좋겠다고 답한 (C)가 정답이 된다. (A)의 one은 a brochure를 가리킨다.

어휘 brochure 브로셔, 소책자 take a look at ~을 보다

4
Why don't you move these cabinets to the corner?
(A) I'd rather not.
(B) That's a good idea.
(C) We'd better call a technician.

이 캐비닛들을 코너로 옮기면 어떨까요?
(A) 저는 하지 않는 것이 좋겠어요.
(B) 좋은 생각이에요.
(C) 우리가 기술자를 부르는 것이 좋겠어요.

해설 캐비닛들을 코너로 옮기자는 제안에 대해 하지 않는 것이 좋겠다고 한 (A)와 좋은 생각이라고 답한 (B)가 정답이 된다. (C)는 질문과 무관한 내용의 응답이다.

5
Would you like to hire more sales representatives to promote sales?
(A) I'd love to, but we can't afford to do it.
(B) Okay, I've heard about it.
(C) I didn't need one.

판매 촉진을 위해서 영업 사원을 더 채용하고 싶으세요?
(A) 그러고 싶지만, 그렇게 할 여유가 없군요.
(B) 물론이죠. 그것에 대해 들은 적이 있어요.
(C) 저는 필요가 없었어요.

해설 판매 촉진을 위해 영업 사원을 더 고용하고 싶은지를 묻는 질문에 대해 그러고 싶지만 여유가 없다고 답한 (A)가 정답이 된다. 'afford to ~'는 '~할 만한 시간적, 경제적 여유가 있다'라는 의미이다.

어휘 sales representative 판매 대리인, 영업 사원

6
Would you like me to pick up your lunch while I am gone?
(A) That would be wonderful.
(B) You didn't have to.
(C) We should do it.

제가 외출한 동안에 점심을 사다 드릴까요?
(A) 그렇게 해 주시면 좋죠.
(B) 당신은 그럴 필요가 없었어요.
(C) 우리가 그것을 해야 해요.

해설 외출한 동안에 점심을 사다 주겠다는 제안에 대해 그러면 좋겠다고 답한 (A)가 정답이 된다.

요청의문문

유형 연습

정답

1 (A) **2** (B) **3** (B) **4** (B) **5** (A)

해석

1
이 지역에 대한 정보지를 좀 얻을 수 있을까요?
(A) 물론이죠. 여기 있어요.
(B) 우리는 예산에 돈이 없어요.

2
제가 이 테이블을 옮기는 것을 도와주시겠어요?
(A) 저는 괜찮아요. 감사합니다.
(B) 물론이죠, 언제 제가 할까요?

3
볼륨을 조금 작게 해주시겠어요.
(A) 그 음악은 좋지 않았어요.
(B) 미안해요. 그렇게 시끄러운 줄 몰랐어요.

4
이것을 사무실에 갖다 놓아 주시겠어요?
(A) 아니요, 저는 이미 그것을 끝냈어요.
(B) 네, 제가 그쪽으로 갈 거에요.

5
제가 오늘 조금 일찍 퇴근해도 괜찮을까요?
(A) 물론이죠.
(B) 그건 제 걱정이 아니에요.

확인 학습

정답

1 (C) **2** (A), (B) **3** (B)
4 (A) **5** (B), (C) **6** (A)

스크립트 및 해석

1
Could you please fill out this application form?
(A) The job is not available.
(B) I will apply for the job.
(C) I've already done it.

이 지원서를 작성해 주시겠어요?
(A) 그 일자리는 더 이상 지원 가능하지 않아요.
(B) 제가 그 자리에 지원할 거예요.
(C) 제가 이미 했어요.

해설 지원서를 작성해 달라는 요청에 대해, 자신이 이미 했다고 답한 (C)가 정답이 된다. (A)는 일자리가 충원되었다는 내용으로 질문의 application form을 듣고 고를 가능성이 있는 오답이다. (B) 또한 일자리에 지원할 것이라는 내용으로 혼동을 유발하고 있다.

어휘 fill out 작성하다 application form 지원서 available 이용할 수 있는

2
Do you mind changing the training schedule?
(A) Of course not. When is good for you?
(B) I don't think that's possible.
(C) It's time to learn something new.

제가 교육 일정을 변경해도 될까요?
(A) 물론이죠. 언제가 좋으세요?
(B) 그것은 가능할 것 같지 않네요.
(C) 이제 새로운 것을 배울 때예요.

해설 교육 일정을 변경할 수 있느냐는 질문에 대해 '물론이죠, 언제가 좋으세요?'라고 답한 (A)와 그것은 가능할 것 같지 않다고 한 (B)가 정답이 된다.

3
Would you call a taxi to take me to the airport?
(A) No, thanks. I will do it myself.
(B) Sure. When do you need it?
(C) The traffic was unreal.

제가 공항에 갈 수 있도록 택시를 불러 주시겠어요?
(A) 아니요, 괜찮아요. 제가 직접 할게요.
(B) 물론이죠. 언제 필요하세요..
(C) 교통 상황이 매우 나빠요.

해설 공항에 갈 수 있도록 택시를 불러 달라는 요청에 대해, 그렇게 하겠다고 답하고 있는 (B)가 정답이 된다. (A)는 요청하는 질문에 대한 답변이 될 수 없는 내용이며, 현재의 교통 상황을 언급한 (C)도 정답이 될 수 없다.

어휘 unreal 믿을 수 없는

4
Do you think you could help me with this financial report?
(A) I am busy with other things.
(B) Sorry. I don't know that.
(C) I don't believe it.

재무 보고서와 관련해서 저를 도와주실 수 있나요?
(A) 제가 다른 일로 바빠요.
(B) 죄송하지만, 저는 모르겠어요.
(C) 믿지 못하겠어요.

해설 재무 보고서와 관련해서 도와달라고 요청하는 질문에 대해 다른 일로 바쁘다며 거절하고 있는 (A)가 정답이다.

어휘 financial 금융의, 재정의

5
Could you help me find the M&A file?
(A) I am good. No, thanks.
(B) I have no idea where it is.
(C) I think I saw it in the drawer.

인수 합병 파일을 찾는 것을 도와주시겠어요?
(A) 저는 괜찮아요. 감사합니다.
(B) 어디에 있는지 전혀 모르겠어요.
(C) 제가 서랍에서 본 것 같아요.

해설 인수 합병 파일을 찾는 것을 도와달라는 요청에 대해, 어디에 있는지 모른다고 한 (B)와 자신이 서랍에서 보았다고 답한 (C)가 정답이 된다. (A)는 사양하는 표현이다.

어휘 drawer 서랍

6
Would you mind turning off the air conditioner?
(A) Actually, I do. It's hot in here.
(B) I don't think so.
(C) They will probably like it.

에어컨을 끄는 것이 싫으신가요?
(A) 사실은, 그래요. 여기는 덥거든요.
(B) 제 생각에는 그렇지 않아요.
(C) 그들이 아마도 그것을 좋아할 거예요.

해설 에어컨을 꺼달라는 요청에 대해 더워서 안 될 것 같다고 답한 (A)가 정답이 된다. mind는 '꺼려하다'라는 의미이므로, 'Do you mind ~', 'Would you mind ~'라고 요청 했을 때, 괜찮으면 'No, I don't.'로 답하고, 괜찮지 않으면 'Yes, I do.'라고 답해야 한다.

어휘 mind 꺼려하다, 싫어하다 turn off 끄다

실전 연습 p.075

정답
1 (A) 2 (A) 3 (B) 4 (C) 5 (B)
6 (C) 7 (C) 8 (B) 9 (B) 10 (A)

스크립트 및 해석

1
Would you please copy the results of the survey for the manager?
(A) I will do it after the meeting.
(B) The copy machine is working fine.
(C) Same here.

관리자를 위해 설문 조사 결과를 복사해주시겠어요?
(A) 회의가 끝난 후에 제가 할게요.
(B) 복사기는 작동이 잘 됩니다.
(C) 저도요.

해설 설문 조사 결과를 복사해달라는 요청에 대해 회의 끝나고 하겠다는 (A)가 정답이 된다. (B)는 'copy machine'을 들려 주어 혼동을 유발하고 있으며 (C)는 질문과 무관한 의미이다.

어휘 copy 복사하다 survey 설문

2
Could you please hand these documents over to Mr. Brown?
(A) Sure. I am available.
(B) It's my mistake.
(C) I could do with a hand.

이 문서들을 Brown 씨에게 전달해주시겠어요?
(A) 물론이죠. 제가 할 수 있어요.
(B) 그건 제 실수예요.
(C) 저는 도움이 필요해요.

해설 문서들을 Brown 씨에게 전달해달라는 요청에 대해, 자신이 할 수 있다고 답한 (A)가 정답이 된다.

어휘 hand 도움, 도움의 손길

3
Why don't we take a break before going over this report?
(A) So far, so good.
(B) Sounds like a great idea.
(C) Nothing has been broken.

보고서를 검토하기 전에 잠시 쉬는 것이 어떨까요?
(A) 지금까지는 좋아요.
(B) 좋은 생각이에요.
(C) 어떤 것도 깨지지 않았어요.

해설 보고서를 검토하기 전에 잠깐 휴식을 취하자는 요청에 대해 좋은 생각이라고 답한 (B)가 정답이 된다. (C)의 broken은 '깨진'이라는 의미이며, 질문의 break는 '휴식'이라는 의미이다.

4
How about stopping at the gas station before we head for the airport?
(A) Fill up the tank, please.
(B) I will get one for you.
(C) I think we just passed it.

공항으로 가기 전에 주유소에 들르는 것이 어때요?
(A) 기름을 채워 주세요.
(B) 제가 당신을 위해 하나 가지고 올게요.
(C) 우리가 방금 주유소를 지난 것 같아요.

해설 공항으로 가기 전에 주유소에 들르자는 제안에 대해, 방금 주유소를 지난 것 같다고 말한 (C)가 정답이 된다. (A)는 주유할 때 쓰는 표현이며 (B)는 질문과 동떨어진 내용이다.

어휘 gas station 주유소 head ~로 향하다

5
Could you take a look at my computer before you leave?
(A) Sorry. It's empty.
(B) I will try, but I can't guarantee anything.
(C) I can't find my computer.

떠나기 전에 제 컴퓨터를 봐주시겠어요?
(A) 미안하지만, 그것은 비어 있어요.
(B) 해보겠지만, 어떤 것도 장담할 수는 없어요.
(C) 제 컴퓨터를 찾지 못하겠어요.

해설 떠나기 전에 자신의 컴퓨터를 봐달라고 한 요청에 대해 해보겠다고 말한 (B)가 정답이 된다. (A)는 질문의 leave를 '남겨 두다'라는 뜻으로 이해했을 때 연상되는 단어인 empty를 이용한 오답이며, (C)는 computer를 반복한 오답이다.

어휘 empty 비어 있는 guarantee 보증하다

6
Do you think you could give me a pay raise?
(A) Sure. I would appreciate it.

(B) He raised me up.
(C) Sorry. Not this year.

임금을 인상해 주실 수 있나요?
(A) 물론이죠. 그래 주시면 감사하겠습니다.
(B) 그는 나의 기분을 북돋아주었어요.
(C) 미안합니다. 올해는 안 됩니다.

해설 임금을 인상해달라는 요청에 대해, 올해는 안 된다고 거절하는 내용의 (C)가 정답이 된다. (B)의 raise up은 '기분을 북돋아주다'라는 의미의 표현이다.

어휘 pay raise 임금 인상 appreciate 감사하다

7
Why don't we reschedule Jack's retirement party for next week?
(A) Because I didn't plan it.
(B) I will be retiring soon.
(C) Let me think about it.

Jack의 은퇴 기념 파티를 다음주로 조정하는 것이 어떨까요?
(A) 제가 그것을 기획하지 않았기 때문이에요.
(B) 저는 곧 은퇴해요.
(C) 그것에 대해 생각해볼게요.

해설 Jack의 은퇴 기념 파티 일정을 다음주로 조정하자는 요청에 대해, 생각해보겠다고 답한 (C)가 정답이 된다. (A)는 질문과 무관한 내용이며 (B)는 retire를 반복한 오답이다.

8
Why don't you take a few days off and relax?
(A) I didn't turn it off.
(B) I'd love to.
(C) The best vacation ever.

며칠 쉬면서 휴식을 취하는 게 어때요?
(A) 저는 그것을 끄지 않았어요.
(B) 저도 그러고 싶어요.
(C) 최고의 휴가였어요.

해설 휴식을 취하라는 제안에 대해 자신도 그러고 싶다고 답한 (B)가 정답이 된다. (A)는 질문의 take off와 발음이 비슷한 turn off를 들려 주면서 혼동을 유발하고 있으며 (C)는 day off와 의미가 같은 vacation을 이용한 오답이다.

9
Do you mind helping me with the inventory?
(A) I don't mind working long hours.
(B) Of course not.
(C) Sure. I can do that.

재고 정리를 도와주시겠어요?
(A) 저는 오래 일하는 것을 꺼리지 않아요.
(B) 물론이죠.
(C) 안 돼요. 제가 할 수 있어요.

해설 재고 정리를 도와달라는 요청에 대해 그렇게 하겠다고 답한 (B)가 정답이다. 질문이 'Do you mind ~'로 시작하기 때문에, 요청을 수락할 경우 (B)의 'of course not'과 같이 부정문으로 답해야 한다. (C)와 같이 sure로 답하면 거절의 의미가 된다.

어휘 mind 꺼려하다, 싫어하다 inventory 재고

10
Would you like to give a speech at the opening ceremony?
(A) Sorry, but I will pass this time.
(B) He is such a good speaker.
(C) Not at all.

개회식에서 연설을 하시겠어요?
(A) 죄송하지만, 이번에는 하지 않을게요.
(B) 그는 정말 훌륭한 연사예요.
(C) 전혀 아니에요.

해설 개회식에서 연설을 하겠느냐는 질문에 대해 이번에는 하지 않을 것이라고 답한 (A)가 정답이 된다. pass는 여러 가지 뜻이 있지만, 여기에서는 '건너 뛰겠다'라는 뜻으로 쓰였다.

어휘 opening ceremony 개회식

09 평서문 p.077

문제점을 언급하는 경우

유형 연습

정답
1 (B) 2 (A) 3 (A) 4 (B) 5 (A)

해석

1
우리는 기름이 다 떨어져가요.
(A) 제 차가 고장 났어요.
(B) 주유소가 어디예요?

2
프로젝터를 못 켜겠어요.
(A) 빨간 버튼을 눌러보세요.
(B) 사진이 선명하지 않아요.

3
보고서에 있는 숫자가 정확하지 않아요.
(A) Lee 씨가 다시 교정을 볼 거예요.
(B) 도와줘서 고마워요.

4
제 비행기가 8시간쯤 연착되었어요.
(A) 공항이 너무 복잡해요.
(B) 다른 비행기를 타지 그래요?

5
제 노트북이 고장 났어요.
(A) 새것이지 않아요?
(B) 어떻게 되었어요?

확인 학습

정답
1 (B) 2 (B), (C) 3 (C)
4 (A), (B) 5 (B) 6 (A), (C)

스크립트 및 해석

1
The coffee maker is out of order.
(A) It might need more cups.
(B) Did you call a repairman?
(C) The shipment is delayed.

커피 메이커가 고장 났어요.
(A) 컵이 더 필요할지도 몰라요.
(B) 수리 기사를 불렀어요?
(C) 배송이 지연되었어요.

해설 커피 메이커가 고장 났다는 내용의 평서문이다. 이에 대해 수리 기사를 불렀는지 묻고 있는 (B)가 가장 자연스러운 응답이다. 컵이 더 필요하거나 배송 지연과는 관련이 없는 내용이므로 (A)와 (C)는 오답이다.

어휘 out of order 고장 난 repairman 수리 기사 shipment 배송

2
I don't think I can finish the budget report today.
(A) We are short of money.
(B) Is it urgent?
(C) I'd love to help you.

오늘 예산 보고서를 끝낼 수 없을 것 같아요.
(A) 우리는 돈이 부족해요.
(B) 급한 일이에요?
(C) 당신을 도와주고 싶어요.

해설 보고서를 끝낼 수 없을 것 같다는 말에 그 보고서가 급한 일인지 묻는 (B)와 도움을 주겠다는 (C)가 정답이 된다. (A)는 budget에서 연상되는 내용의 'short of money'를 들려 주고 있다.

어휘 short 부족한 urgent 급한

3
I didn't realize that the pharmacy was closed today.
(A) Dr. Wilson is on vacation.
(B) You'd better see a doctor.
(C) The one on Maple Street is open.

오늘 약국이 문을 닫았는지 몰랐어요.
(A) Wilson 선생님은 휴가 중이에요.
(B) 의사를 만나보는 게 좋겠어요.
(C) Maple 가에 있는 약국은 열었어요.

해설 약국이 문을 닫았는지 몰랐다는 말에 영업 중인 약국을 안내해 주는 보기 (C)가 정답이 된다.

어휘 pharmacy 약국

4
I can't find the confidential personnel files.
(A) Nancy was looking at them yesterday.
(B) Have you looked into the safe?
(C) The key is missing.

기밀 인사 파일을 찾지 못하겠어요.
(A) Nancy가 어제 보고 있었어요.
(B) 금고를 살펴봤어요?
(C) 열쇠를 분실했어요.

해설 파일을 찾지 못하겠다는 문제점을 이야기하고 있는데, 이에 대해 Nancy가 보고 있었다는 내용의 (A)와 금고를 살펴봤는지를 묻는 (B)가 정답이 될 수 있다. 열쇠를 분실한 것과 파일을 찾지 못하는 것 사이에는 관계가 없으므로 (C)는 오답이다.

어휘 confidential 기밀의 personnel 인사과 safe 금고

5
This product brochure is outdated.
(A) Let's go outside.
(B) The marketing team is updating it.
(C) I like the design.

이 제품 설명서는 오래된 거예요.
(A) 밖에 나가시죠.
(B) 마케팅팀이 업데이트하고 있어요.
(C) 디자인이 좋아요.

해설 오래된 제품 설명서에 대해 언급하고 있다. 이에 대해 업데이트 중이라고 말한 보기 (B)가 정답이 된다.

6
The photocopier has a paper jam again.
(A) I think we need a better one.
(B) The report is on your desk.
(C) Do you want me to take a look?

복사기에 종이가 또 걸렸어요.
(A) 더 좋은 것을 사야겠어요
(B) 보고서는 책상 위에 있어요.
(C) 제가 봐 드릴까요?

해설 복사기의 문제점을 언급한 내용에 대해 새것으로 교체하자고 한 (A)와 도움을 제안하는 (C)가 정답이 된다.

정보나 의견을 전달하는 경우

유형 연습

정답
1 (B) 2 (A) 3 (A) 4 (B) 5 (B)

해석

1
수리 공사가 6월에 시작될 거예요.
(A) 공사 중이에요.
(B) 5월에 시작하기로 되어 있지 않나요?

2
이탈리아 여행을 취소하려고 전화했어요.
(A) 재조정하실 거예요?
(B) 그는 휴가 중이에요.

3
실내에 있지 말고 산책을 하세요.
(A) 네, 맑은 공기가 필요해요.
(B) 오늘 지각했어요.

4
그 소프트웨어는 새 버전으로 업그레이드 되었어요.
(A) 며칠 전에요.
(B) 괜찮던가요?

5
오늘 늦게 호텔 객실과 비행기를 예약할 거예요.
(A) 정말 재미있었어요.
(B) 어디로 가시나요?

확인 학습

정답

1 (B)	2 (A), (B)	3 (A), (C)
4 (B), (C)	5 (B)	6 (A), (C)

스크립트 및 해석

1
I think Mr. Harris is the perfect candidate for the project.
(A) My interview went well.
(B) Yes, he is reliable.
(C) Only two candidates.

Harris 씨가 그 프로젝트의 적임자라고 생각해요.
(A) 제 면접은 잘 진행되었어요.
(B) 네, 그는 신뢰가 가요.
(C) 겨우 두 명의 지원자들뿐이에요.

해설 Harris 씨가 적임자라고 생각한다는 말에 동의하는 답변인 보기 (B)가 정답이 된다. (A)는 면접(interview)을 언급하여 혼동을 유발하고 있으며 (C)는 candidate를 반복하고 있다.

어휘 candidate 지원자 interview 면접

2
You should put on a protective helmet at the construction site.
(A) Where can I get one?
(B) Then I have to borrow one.
(C) I am wearing a hat.

공사장에서는 안전모를 착용해야 해요.
(A) 어디에서 찾을 수 있죠?
(B) 그렇다면 하나 빌려야겠어요.
(C) 저는 모자를 쓰고 있어요.

해설 안전모를 착용해야 한다는 말에 안전모가 있는 곳을 묻는 보기 (A)와 빌려야겠다고 말한 (B)가 정답이다. (C)의 hat은 안전모가 아니므로 정답이 될 수 없다.

어휘 put on 착용하다 protective helmet 안전모 construction site 공사장 borrow 빌리다

3
I put your mail on your desk.
(A) Thanks. I will check it later.
(B) I hope it arrives soon.
(C) I didn't see anything.

제가 당신 책상에 우편물을 놓았어요.
(A) 고마워요. 나중에 확인할게요.
(B) 곧 도착하면 좋겠어요.
(C) 아무것도 못 봤는데요.

해설 우편물을 책상위에 놓았다는 말에 고마움을 표현한 (A)와 보지 못했다고 말한 (C)가 정답이 된다.

4
I heard that we are all getting a bonus at the end of this month.
(A) I am looking for the bank.
(B) I didn't expect that.
(C) Do you know how much it will be?

우리 모두가 이달 말에 보너스를 받을 거라고 들었어요.
(A) 은행을 찾고 있어요.
(B) 기대하지 않았어요.
(C) 얼마인지 아세요?

해설 보너스를 받을 것이라는 소문에 대해 기대하지 않았다고 답한 (B)와 구체적인 액수를 묻는 (C)가 자연스러운 응답이다.

어휘 look for ~을 찾다

5
The quarterly report is due this week.
(A) Sales are not bad.
(B) I thought it was last week.
(C) It was quite impressive.

분기 보고서가 이번 주에 마감이에요.
(A) 판매가 나쁘지 않아요.
(B) 지난주라고 생각했어요.
(C) 꽤 인상적이에요.

해설 보고서 제출 마감 기한에 관한 정보를 전달하고 있다. 마감이 이번 주라는 말에 대해 지난주인 줄 알았다고 답한 보기 (B)가 적절한 응답이다.

어휘 quarterly 분기의 impressive 인상적인

6
I think we should put off our office party.
(A) I agree with you.
(B) We are running late.
(C) How about next Friday then?

회식을 연기해야 할 것 같아요.
(A) 동의해요.
(B) 우리는 늦었어요.
(C) 그러면 다음주 금요일이 어떨까요?

해설 회식을 연기해야 한다는 말에 동의하고 대안을 제시하는 답변인 보기 (A)와 보기 (C)가 정답이 된다.

어휘 put off 연기하다

실전 연습 p.081

정답

1 (A) 2 (B) 3 (A) 4 (B) 5 (C)
6 (A) 7 (C) 8 (C) 9 (C) 10 (B)

스크립트 및 해석

1

These new computers are so much faster.
(A) They really are.
(B) Sorry. I already had some.
(C) We should update the software.

이 신형 컴퓨터는 훨씬 빠르네요.
(A) 정말 그래요.
(B) 미안해요. 이미 있어요.
(C) 우리는 소프트웨어를 업데이트해야 해요.

해설 컴퓨터가 빠르다고 한 말에 동의한 보기 (A)가 정답이 된다. (B)와 (C)는 질문과 무관한 내용들이다.

2

I want to take the afternoon flight to Sydney.
(A) For my brother's graduation.
(B) How about the morning one?
(C) It was a short trip.

시드니 행 오후 비행기를 타고 싶어요.
(A) 제 오빠의 졸업식 때문이에요.
(B) 아침 비행기는 어때요?
(C) 짧은 여행이에요.

해설 오후 비행기를 타고 싶다는 말에 다른 제안을 하는 답변인 보기 (B)가 정답이 된다. 이와 같이 되묻거나 다른 제안을 하는 보기가 정답으로 제시되기도 한다.

어휘 graduation 졸업식

3

I can't get the copier to work properly.
(A) Does it need a new cartridge?
(B) The other supplier has better paper.
(C) I got to work at 10 o'clock.

이 복사기를 제대로 작동시킬 수가 없어요.
(A) 새 카트리지가 필요한가요?
(B) 다른 공급 업체의 종이가 더 좋아요.
(C) 저는 10시에 출근했어요.

해설 복사기에 문제가 있다는 말에 대안을 제시하고 있는 보기 (A)가 정답이 된다. 종이 공급 업체를 언급한 (B)와 출근 시간을 알려주는 내용의 (C)는 모두 무관한 대답들이다.

어휘 properly 제대로

4

Professor Garcia will be free on Thursday morning.
(A) I have never been here before.
(B) What about Tuesday morning?
(C) The classroom is upstairs.

Garcia 교수님은 목요일 오전에 시간이 되시나요.
(A) 저는 여기에 와 본 적이 없어요.
(B) 수요일 오전은 어떠세요?
(C) 교실은 위층이에요.

해설 목요일 오전에 약속을 잡으려는 말에 대해 다른 일정을 제안하는 보기 (B)가 정답이 된다.

어휘 upstairs 위층에

5

I don't know how to use this new fax machine.
(A) I can join you.
(B) No, I have been using it well.
(C) I saw the manual somewhere.

새 팩스를 어떻게 사용하는지 모르겠어요.
(A) 저도 참여할게요.
(B) 아니요, 저는 잘 사용하고 있었어요.
(C) 설명서를 어딘가에서 봤어요.

해설 기기의 사용법을 모르겠다는 말에 대해 설명서를 보았다고 언급한 보기 (C)가 적절한 응답이다. (B)는 use를 반복한 오답이다.

어휘 manual 설명서

6

I found a new supplier for the plastic containers we use.
(A) Are the prices better?
(B) Take the inventory, please.
(C) We bought a lot of bottles.

우리가 사용하는 플라스틱 용기를 제작하는 새 공급 업체를 찾았어요.
(A) 가격이 더 나은가요?
(B) 재고를 조사해 주세요.
(C) 우리는 병을 많이 샀어요.

해설 새 업체를 찾았다는 말에 가격이 더 나은지를 묻는 (A)가 정답이 된다. (B)는 supplier에서 연상되는 단어인 inventory를, (C)는 container에서 연상되는 bottle을 이용하여 혼동을 유발하고 있다.

어휘 container 용기, 그릇 take the inventory 재고를 조사하다

7

I haven't heard who was chosen as vice president.
(A) It was last Friday.
(B) Please have a seat.
(C) I believe it was Ms. White.

저는 누가 부사장으로 선출되었는지 듣지 못했어요.
(A) 지난 금요일이었어요.
(B) 앉으세요.
(C) White 씨예요.

해설 부사장으로 누가 선출되었는지 모른다는 말에 대해 누구인지 알려주고 있는 (C)가 정답이 된다. (A)는 선출된 날짜를 알려 주는 내용이며 (B)는 엉뚱한 대답이다.

어휘 vice president 부사장

8
I just found out that the new security system didn't work.
(A) Yes, we repaired it yesterday.
(B) It is a safe neighborhood.
(C) Did you call the maintenance team?

새 보안 시스템이 고장 났다는 것을 지금 알았어요.
(A) 네, 어제 고쳤어요.
(B) 안전한 동네예요.
(C) 관리팀을 부르셨나요?

해설 새 보안 시스템이 고장 났다는 말에 관리팀을 호출했는지 묻는 보기 (C)가 정답이 된다. 지금 고장 난 것을 발견했다고 했으므로 어제 고쳤다는 내용의 (A)는 정답이 될 수 없으며, (B)는 security를 듣고 'safe neighborhood'를 떠올리도록 유도하는 오답이다.

어휘 security 보안 neighborhood 동네 maintenance team 관리팀

9
I'd like to fill this prescription, please.
(A) No worries.
(B) I took the medication.
(C) When do you want to pick it up?

이 처방전대로 약을 지어 주세요.
(A) 걱정하지 마세요.
(B) 이 약을 복용했어요.
(C) 언제 찾아가기를 원하세요?

해설 약국에서 일어날 수 있는 대화이다. 처방전대로 약을 지어 달라고 한 말에 준비된 약을 찾아가기를 원하는 시간을 묻는 보기 (C)가 정답이 된다.

어휘 fill this prescription 처방전대로 조제하다 medication 약 pick up 찾아가다

10
We have to cancel the outdoor concert.
(A) A rock music festival.
(B) I think it is too late.
(C) Yes, I would love to go.

우리는 야외 콘서트를 취소해야 할 것 같아요.
(A) 록 콘서트 축제요.
(B) 너무 늦은 것 같아요.
(C) 네, 가고 싶어요.

해설 콘서트를 취소해야 한다고 하는 말에 취소하기에는 너무 늦었다고 말한 (B)의 'I think it is too late.'가 정답이 된다.

어휘 outdoor 야외의

토익 실전 어휘 | UNIT 06 - 09 p.083

A
1 (a) 2 (b) 3 (a) 4 (a) 5 (b)

B
1 due 2 held 3 confidential
4 in cash 5 candidate

C
1 are going to get a bonus
2 happen to know what he does
3 you want me to come with
4 Aren't you supposed to
5 like me to take you

PART 3 대화문 Short Conversations

01 회의 / 행사 p.086

유형 연습

정답
1 (A) 2 (B)

해석
1
화자들은 주로 무엇에 대해 이야기 하고 있는가?
(A) 새로운 웹사이트
(B) 마케팅 전략
(C) 제품의 하자

해설 대화의 첫 부분에서 여자는 새 웹사이트를 다시 디자인 한 것부터 한번 논의해 보자고(Let's start today's meeting by discussing the new Web page redesign.) 하였으므로 (A)가 정답이 된다.

2
화자들은 어떤 문제를 논의하고 있는가?
(A) 자금의 부족
(B) 회사 로고의 불일치
(C) 새로운 로고의 형편 없는 디자인

해설 자신들의 기존 로고가 새 웹사이트에서 어울리지 않는다고(Our old logo looks kind of bad on the new Web site.) 언급되어 있으므로 (B)가 정답이다.

빈출 표현

1 call off this meeting
2 I think we should
3 convention center / host the events
4 attend the seminar / sign up for
5 come up with / promote sale
6 go over today's agenda

확인 학습

정답

1 (D) 2 (B)

스크립트 및 해석

1

M Well, I think that's all we need to take care of today. Do you have any other questions?
W I don't think so. Oh, actually, there is one thing. I want to know when the Frederick Building project will be finished.
M That's hard to say. We've had some problems getting a few required construction permits, so there have been some major delays.
W I see. Well, if you get a more certain timeline for the project, please let me know.

M 이것이 우리가 오늘 다룰 내용의 전부입니다. 혹시 다른 질문이 있나요?
W 아니에요. 오, 실은, 하나 있어요. Frederick 빌딩 프로젝트가 언제 끝나는지 알고 싶어요.
M 말하기 어렵군요. 필요한 건설 허가를 받는 데 다소 어려움이 있었어요. 그래서 상당한 지연이 있었어요.
W 알겠어요. 그러면, 프로젝트와 관련해서 더 정확한 일정이 나오면, 저에게 알려 주세요.

남자가 "That's hard to say"라고 말했을 때 남자가 의미하는 것은 무엇인가?
(A) 그 정보는 비밀이다.
(B) 그는 여자에게 말하기를 원하지 않는다.
(C) 그는 여자에게 이메일로 알려줄 것이다.
(D) 그는 지금 확신할 수 없다.

해설 남자는 이 말을 한 후에 '필요한 건설 허가를 받는데 조금 어려움이 있었고, 그래서 상당한 지연이 좀 있었다(We've had some problems getting a few required construction permits, so there have been some major delays)'고 하였다. 이는 현재 상황이 확실하지 않다는 의미이므로 정답은 (D)이다.

2

M So, Sharon, did you get the results of the survey about the venue for the end-of-the year party?
W I did. Here are the results. Contrary to our expectations, Paradise Palms got the most votes.
M But do you know what? I just got a call from them, and they said they are fully booked on the day of the party.
W Oh, no. Our employees really want that place. What should we do?
M We should probably have the party at the second-most popular place.
W Yeah, I think so. I will call them and make a reservation before the end of the day.

M 그런데, Sharon, 연말 파티 장소에 대한 설문 조사 결과를 받았나요?
W 네. 여기 결과가 있어요. 우리의 예상과 달리, Paradise Palms가 가장 많은 표를 얻었어요.
M 하지만, 그거 아세요? 거기에서 전화가 왔는데, 우리가 파티를 하는 날에 예약이 완료되었다고 하더군요.
W 오, 이런. 직원들이 그 장소를 정말 원하고 있는데. 어떻게 해야 할까요?
M 아마도 두 번째로 인기가 있는 곳에서 파티를 여는 것이 좋겠네요.
W 네, 그렇겠네요. 오늘 내로 그쪽에 전화해서 예약을 할게요.

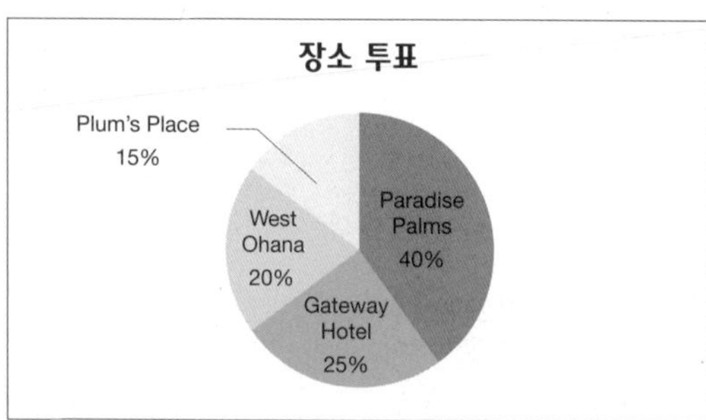

시각정보를 보시오. 화자들은 어디에서 행사를 개최할 것 같은가?
(A) Paradise Palms
(B) Gateway Hotel
(C) West Ohana
(D) Plums' place

해설 직원들이 원했던 Paradise Palms는 예약이 완료되었다고 하였고, 두 번째로 인기가 있는 곳에서 파티를 하자(We should probably have the party at the second-most popular place)고 하였으므로 그래프 상에서 두 번째로 많은 표를 얻은 Gateway Hotel에서 행사를 개최하게 될 것임을 알 수 있다.

실전연습 p.089

정답

1 (B) 2 (A) 3 (C) 4 (B) 5 (D) 6 (A)

스크립트 및 해석

[1-3]

M1 Let's get started. The first thing we need to discuss is our decrease in cell phone accessory sales. Does anyone have any ideas?
M2 I think we can improve sales if we have more packages that include accessories when you buy a new phone.
W You have a point there. Right now, the packages are really limited, and most customers aren't interested in them. I think we need more options for them.
M1 I like that idea. Suki, can you work with the sales team to come up with some new package ideas?

W Sure. I will prepare some sample packages that we can discuss at next week's meeting.

M1 자 이제 시작해 보죠. 우리가 먼저 논의할 것은 휴대폰 액세서리의 판매 감소와 관한 것입니다. 아이디어가 있는 사람 있나요?
M2 제 생각에는 새 휴대폰을 살 때 액세서리가 포함되어 있는 패키지를 더 다양하게 한다면 판매를 늘릴 수 있을 것 같아요.
W 그 말에 일리가 있어요. 지금은 패키지의 종류가 많지 않아서, 대부분의 소비자들이 그것에는 관심이 없거든요. 우리가 더 많은 옵션을 제공하는 것이 좋을 것 같아요.
M1 저도 그게 좋다고 생각해요. Suki, 영업팀과 함께 새로운 패키지 아이디어를 생각해 낼 수 있나요?
W 물론이죠. 다음 회의에서 논의할 수 있도록 몇 가지 패키지 샘플을 준비해 볼게요.

어휘 decrease 감소 improve 향상시키다 limited 제한된, 많지 않은 come up with 생각해 내다

1
회사는 어떤 문제를 갖고 있는가?
(A) 충분한 휴대폰 액세서리를 보유하고 있지 않다.
(B) 휴대폰 액세서리를 충분히 판매하고 있지 못하다.
(C) 고객들이 휴대폰 옵션에 대해 불평해왔다.
(D) 아무도 휴대폰 액세서리를 판매하고 싶어 하지 않는다.

해설 대화의 첫 부분에서 먼저 논의할 것은 휴대폰 액세서리의 판매 감소와 관한 것이라고(decrease in cell phone accessory sale) 언급되어 있으므로 (B)가 정답이다.

2
여자가 "You have a point there"라고 말할 때 그녀가 의미하는 것은 무엇일 것 같은가?
(A) 그녀는 남자의 의견에 동의한다.
(B) 그녀는 그 제안에 대해 확신할 수 없다.
(C) 남자들은 그 아이디어에 대해 더 생각해 보아야 한다.
(D) 남자들은 처음부터 시작해야 한다.

해설 남자는 패키지를 보다 다양화한다면 판매를 늘릴 수 있을 것 같다고(we can improve sales if we have more packages) 의견을 제시했고, 여자는 이에 대해 그 말에 일리가 있다고(You have a point there) 말하였다. 즉, 여자는 남자의 의견에 동의하고 있으므로 정답은 (A)이다.

3
여자는 무엇을 하겠다고 말하는가?
(A) 더 많은 휴대폰 액세서리를 판매하는 것
(B) 최신 휴대폰 모델을 연구하는 것
(C) 새로운 액세서리 패키지의 아이디어를 생각해 내는 것
(D) 매장으로 이동하는 것

해설 대화의 후반부에서 여자는 새로운 패키지 샘플을 준비해 보겠다고(I will prepare some sample packages) 하였으므로 (C)가 정답이 된다.

[4-6]

W Thanks for making time to meet with me today. We have so much to do to prepare before the new professor arrives.
M Of course. Have you found an office for him to use yet?
W Yes, there is a space available in the humanities building, so I will finish the preparations this week. But we still need someone to pick him up from the airport when he arrives. Do you think Dr. Hall can do it?
M I'm not sure, but I can ask her. Could you e-mail me his flight details?
W Sure, I'll send them right over. When can you talk with Dr. Hall?
M Actually, let me give her a ring right now.

W 오늘 저에게 시간 내주셔서 고마워요. 새로운 교수님이 도착하기 전에 해야 할 일이 많아요.
M 네. 교수님이 이용할 사무실은 마련이 되었나요?
W 인문대 건물에 공간이 있어서 이번 주에 준비를 마칠 거예요. 하지만 누군가가 그분이 도착할 때 공항에 가서 모셔와야 해요. Hall 박사님이 해 줄 수 있을까요?
M 확실히는 모르겠지만, 제가 물어볼게요. 저에게 항공 스케줄을 이메일로 보내 주시겠어요?
W 네, 지금 바로 보낼게요. Hall 박사님과 언제 이야기하실 수 있어요?
M 지금 바로 해 볼게요.

4
화자들은 어디에서 일 할 것 같은가?
(A) 판매 현장에서
(B) 대학교에서
(C) 건설 회사에서
(D) 호텔에서

해설 new professor, office, Dr. Hall 등의 어휘들로 미루어 보아 화자들이 근무하는 곳은 대학교일 것이라고 추측할 수 있다. 정답은 (B)이다.

5
화자들은 주로 무엇에 대해 이야기 하고 있는가?
(A) 그들의 다음 회의 일정
(B) 회사 정책 변경
(C) 사무실 개조
(D) 새로 임용된 교수

해설 여자는 새로운 교수가 도착하기 전에 할 일이 많다고(We have so much to do to prepare before the new professor arrives.) 말하였다. 따라서 정답은 (D)이다.

6
남자는 이어서 무엇을 할 것 같은가?
(A) Hall 박사에게 전화를 건다
(B) 그의 비행 스케줄을 이메일로 보낸다
(C) 새로운 교수에게 연락한다
(D) 새로운 사무실을 준비한다

해설 대화의 후반부에서 언제 전화를 할 수 있느냐는 여자의 질문에 대해 남자는 지금 하겠다고(let me give her a ring right now) 답하였으므로 남자가 할 일은 (A)임을 알 수 있다.

02 업무 / 일정

p.091

유형 연습

정답

1 (B) 2 (A)

해석

1

저녁 식사는 어디에서 할 것인가?

(A) 이탈리아 음식점에서

(B) 인도 음식점에서

(C) 중국 음식점에서

해설 여자의 첫 번째 대화에서 인도 음식점으로 예약했다는(I booked a table at the Indian restaurant) 내용이 있으므로 정답은 (B)이다.

2

여자는 이어서 무엇을 할 것인가?

(A) 남자에게 이메일을 보낼 것이다.

(B) Hock 씨에게 연락할 것이다.

(C) 테이블을 예약할 것이다.

해설 이어서 할 일을 묻는 질문의 경우 대화의 마지막 부분을 집중해서 들어야 한다. 대화의 후반부에서 남자는 예약 사항을 이메일로 보내 달라고(Can you e-mail me the reservation details) 요청했고, 여자는 그렇게 하겠다고(Of course) 대답하고 있다. 따라서 정답은 (A)이다.

빈출 표현

1 want to have a day off / have to get approval
2 get an extension on the budget report
3 put off the company banquet
4 calling about the reimbursement
5 call off the outdoor event scheduled
6 reviewing the safety records

확인 학습

정답

1 (C) 2 (D)

스크립트 및 해석

1

W Hey, Jim, have you seen the quarterly reports from the Marketing Department yet? They told me they would be ready by today, but I haven't heard from them.

M No, I haven't heard anything either. Maybe they are running behind schedule. I know they are busy this time of year. Do you want me to give them a call?

W That's all right. I'm going downstairs now, so I'll just stop by. Do you need anything else from them?

M I don't think so. Thanks anyway.

W 안녕, Jim, 마케팅 부서에서 보낸 분기별 보고서를 봤나요? 오늘까지 준비될 것이라고 했는데, 아직 받지 못했거든요.

M 아니요, 저도 아무 소식을 듣지 못했어요. 아마도 일정이 늦어지는 것 같아요. 매년 이맘때 바쁘잖아요. 제가 전화해 볼까요?

W 괜찮아요. 제가 지금 아래층에 가니까, 잠깐 들러 볼게요. 그 밖에 필요한 것이 있나요?

M 없어요. 어쨌든 고마워요.

여자는 이어서 무엇을 할 것 같은가?

(A) 마케팅 부서에 전화하기

(B) 분기별 보고서 작성하기

(C) 마케팅 부서에 방문하기

(D) Jim의 업무를 도와 주기

해설 남자는 아래층에 가는 길에 들른다고(I'm going downstairs now, so I'll just stop by) 하였는데, 이는 마케팅 부서에 들른다는 의미이므로 정답은 (C)이다.

2

M Ms. Carter, I wonder if I can have next Monday off. Do you think that would be possible?

W Next Monday? Yeah, I think that should be okay. Did you make an official request on the digital scheduling system?

M Not yet. I wanted to check with you first to make sure it would be okay.

W Okay, well, make sure you file your request by the end of the day so that I can approve your time off.

M That sounds good. Thanks, Ms. Carter.

M Carter 씨, 제가 다음주 월요일에 쉬어도 될지 모르겠네요. 가능할까요?

W 다음주 월요일요? 네, 괜찮을 것 같아요. 디지털 일정 시스템에 공식으로 요청했나요?

M 아직요. 먼저 당신에게 괜찮을지 확인을 받으려고요.

W 알았어요, 그럼, 제가 승인할 수 있도록 오늘 퇴근 전까지 요청해 주세요.

M 좋아요. 고마워요, Carter 씨

여자가 "I think that should be okay"라고 말할 때 그녀가 암시하는 것은 무엇인가?

(A) 남자는 추가 업무를 할 필요가 없다.

(B) 남자는 프로젝트 마감일을 연장해야 한다.

(C) 남자는 전근을 신청할 수 있다.

(D) 남자는 월차를 써도 된다.

해설 인용된 말은 월요일에 쉬어도 되는지를 묻는(I wonder if I can have next Monday off) 남자의 말에 대한 답변으로서 "괜찮을 것 같아요"라는 의미이다. 따라서 정답은 (D)이다.

실전연습 p.094

정답

1 (C) 2 (B) 3 (C) 4 (B) 5 (A) 6 (B)

스크립트 및 해석

[1-3]

W James, I have a client coming this afternoon to discuss a small business loan. He has all of his business accounts with us, so it's a very important meeting. Can you book Room 105 at 2:00 P.M. for me, please?

M Room 105? That's where the new teller training will be happening this afternoon. Do you want me to look for another room?

W Oh, yes, that would be great. Could you check the schedule?

M Yeah, it looks like there is another room free at 2:00 P.M. It's the biggest room available at that time. I'll e-mail you the details.

W Perfect. Thank you so much.

W James, 오늘 오후에 소기업 대출을 논의하기 위해서 고객이 방문해요 그의 모든 기업 계좌가 우리 회사 것이어서, 이는 매우 중요한 회의예요. 저를 위해서 오후 2시에 105호를 예약해 주겠어요?

M 105호요? 오늘 오후에 신규 창구 직원 교육이 그곳에서 있을 거예요. 제가 다른 곳을 알아볼까요?

W 아, 네, 좋아요. 일정을 확인해 줄래요?

M 네, 2시에 다른 방이 비는 것 같아요. 그 시간에 비어 있는 곳들 중 가장 큰 방이에요. 자세한 사항을 이메일로 보낼게요.

W 완벽해요. 정말 고마워요.

어휘 client 고객 loan 대출 account 계좌 teller 은행의 창구 직원 detail 세부 사항

시간	방 번호	수용 인원
오후 2:00시	105	8
	106	10
	107	12
	108	6

1

화자들은 무엇을 논의하고 있는가?

(A) 고객에게 대출해 주는 것

(B) 계좌를 개설하는 것

(C) 회의실을 예약하는 것

(D) 사업 고객에 연락하는 것

해설 대출과 계좌에 대한 언급이 있었지만 주제는 컨퍼런스 룸을 예약하는 것이다. 따라서 보기 (C)의 'Reserving a conference room'이 정답이 된다.

2

남자는 무엇을 할 것이라고 말하는가?

(A) 회의를 취소한다

(B) 여자에게 방 정보를 보낸다

(C) 회의에 참석한다

(D) 신규 창구 직원들을 교육한다

해설 남자는 자세한 사항을 이메일로 보낸다고(I'll e-mail you the details) 말하고 있으므로, 방 정보를 보낸다는 내용의 (B)가 정답이 된다.

3

시각정보를 보시오. 여자는 어디에서 회의를 할 것인가?

(A) 105호

(B) 106호

(C) 107호

(D) 108호

해설 남자는 회의할 방을 그 시간에 비어 있는 가장 큰 방이라고(It's the biggest room available at that time) 하였는데, 시각정보에서 가장 많은 인원을 수용할 수 있는 방은 12명을 수용할 수 있는 107호이다. 따라서 정답은 (C)이다.

[4-6]

W Hi, Hans. I reviewed the trip you planned for Globi Technology. You did an excellent job.

M Thanks. I really enjoyed working with them on their travel plans.

W How would you feel about becoming our newest team leader? I think that you would do a wonderful job managing your own group of agents.

M Wow, do you really think so? I don't know what to say. That would be an amazing opportunity for me.

W Well, think about it over the weekend, and we can discuss the details next Monday.

W 안녕하세요 Hans. 당신이 Globi 테크놀로지를 위해 계획을 세운 여행을 검토했어요. 정말 훌륭해요.

M 고마워요. 그들과 함께 그들의 여행 계획을 세우는 것은 정말 즐거웠어요.

W 저희의 새 팀장이 되는 것에 대해 어떻게 생각해요? 저는 당신이 팀원들을 훌륭하게 관리할 수 있을 것이라고 생각해요.

M 와, 정말 그렇게 생각하세요? 뭐라고 말해야 할지 모르겠어요. 저에게는 엄청난 기회가 될 거예요.

W 주말에 생각해 보고 다음주 월요일에 세부적인 것들에 대해 얘기해 봐요.

어휘 review 검토하다 team leader 팀장 manage 관리하다 agent 대행인 opportunity 기회

4

화자들은 어디에서 일할 것 같은가?

(A) 은행에서

(B) 여행사에서

(C) 법률 회사에서

(D) 이사 회사에서

해설 남자가 여행 계획 세우는 것이 즐거웠다고(I really enjoyed working with them on their travel plans.) 말했으므로 정답은 여행사인 보기 (B)이다.

5
여자는 남자에게 무엇을 제안했는가?
(A) 승진
(B) 새로운 사무실
(C) 해외 여행
(D) 추가 휴가

해설 여자는 남자에게 새 팀장이 되는 것이 어떻겠냐고(How would you feel about becoming our newest team leader?) 물었으므로 정답은 (A)이다.

6
남자가 "I don't know what to say"라고 말할 때 그가 의미하는 것은 무엇인가?
(A) 그는 혼란스럽다.
(B) 그는 놀랐다.
(C) 그는 그 주제에 익숙하지 않다.
(D) 그는 지금 도와줄 수 없다.

해설 여자의 승진 제안에 대해 남자는 "I don't know what to say" 라고 말했으므로 놀라움을 표현했다고 볼 수 있다. 따라서 보기 (B)가 정답이 된다.

03 인사 / 채용

p.096

유형 연습

정답
1 (B) 2 (A)

해석
1
Mina는 어떤 문제를 언급하고 있는가?
(A) 비밀 번호를 잊었다.
(B) 인사팀 웹사이트에 접속할 수 없다.
(C) 자신의 웹사이트를 업데이트할 수 없다.

해설 Mina는 인사팀 웹사이트의 직원 페이지에 접속할 수 없다(I can't log into my employee page on the HR Web site)고 하였으므로 정답은 (B)가 된다.

2
Sasha는 어디에서 일할 것 같은가?
(A) 인사팀에서
(B) 기술팀에서
(C) 회계팀에서

해설 Sasha는 Mina가 인사팀 웹사이트의 직원 페이지에 접속할 수 없는 문제를 해결하기 위해 그녀의 사번을 물어보고(What's your employee ID number?) 나서 안내 이메일을 보냈다. 인사팀과 관련된 문제를 해결해 주고 있으므로 Sasha는 인사팀 직원일 것이다.

빈출 표현

1 take a day off
2 job opening
3 job fair / potential employees
4 recruit new staff
5 apply for / position / cover letter
6 renew your contract / performance evaluation

확인 학습

정답
1 (B) 2 (A)

스크립트 및 해석
1

M Have you reviewed the applicant résumés for the new programmer position? I sent them to your office last week.
W I started, but I haven't finished yet. There was a lot of interest in the position, so it's taking longer than expected.
M Yeah, I noticed that there were a lot more applications than last time. I'm happy about the increase in popularity.
W It's great. I should be finished by the end of the week, so let's go over them together next Monday.
M Perfect. See you then.

M 신입 프로그래머에 지원하는 사람들의 이력서를 검토했나요? 지난주에 제가 사무실로 보냈는데요.
W 시작하기는 했지만, 아직 끝내지는 못했어요. 그 직책에 많은 관심이 있어서, 예상보다 시간이 많이 걸리고 있어요.
M 네 저도 지난번보다 지원자가 더 많다는 것은 알고 있었어요. 관심이 많아져서 다행이에요.
W 잘된 일이죠. 제가 이번 주말까지 마무리할테니, 다음주 월요일에 함께 검토해 보도록 해요.
M 좋아요. 그때 봐요.

다음주 월요일에는 무슨 일이 있을 것인가?
(A) 그들은 신규 직원을 채용할 것이다.
(B) 화자들은 함께 이력서를 볼 것이다.
(C) 여자는 남자에게 이력서를 보낼 것이다.
(D) 화자들은 입사 지원자들에게 연락을 할 것이다.

해설 대화의 후반부에서 여자는 다음주 월요일에 함께 검토하자고 (let's go over them together next Monday) 하였으므로 정답은 (B)이다.

2

W What time will the new interns arrive on Monday?
M The orientation is scheduled to start at 9:00 A.M. Have you finished preparing their info packets yet?
W Not quite, but they will be ready by the end of the day. Do you have a final number on how many interns are coming?

M There should be 12, so make sure to print enough packets for each of them.
W Will do. Thanks, Barry.

W 새로운 인턴들은 월요일에 몇 시까지 도착하나요?
M 오리엔테이션이 오전 9시에 시작될 예정이에요. 정보 안내서 준비는 완료했나요?
W 아직은 아니지만, 오늘까지는 준비될 거예요. 최종적으로 얼마나 많이 인턴들이 오는지 알고 있나요?
M 12명이 될테니, 안내서가 충분히 준비되도록 확실하게 해주세요.
W 그럴게요. 고마워요, Barry.

화자들은 어디에서 근무할 것 같은가?
(A) 인사부
(B) 마케팅부
(C) 회계부
(D) 제품개발부

해설 대화의 내용은 오리엔테이션 준비에 관한 것이다. 그러므로, 화자들은 인사부(Human Resources)에서 일한다고 보는 것이 타당하다. 정답은 (A)이다.

실전연습 p.099

정답
1 (B) 2 (D) 3 (A) 4 (B) 5 (A) 6 (A)

스크립트 및 해석
[1-3]

M Excuse me. I'm sorry to bother you, but I think there was a mistake with my last paycheck. My commission wasn't included.
W You have to be kidding. You're the third person who has had this problem this month. Do you have your paycheck information with you?
M Oh, really? Yes, here is my info. How long should it take to correct the problem?
W Let's see. Yes, this shouldn't be a problem. I'll process it right now, and you should receive the missing money on Wednesday morning.
M Oh, that's great. Thank you so much.

M 귀찮게 해서 죄송하지만, 지난번 급여에 문제가 있는 것 같아요. 수수료가 포함이 되지 않았어요.
W 농담하는 거죠. 이번 달에만 같은 문제를 가진 사람이 세 번째군요. 지금 급여 명세서를 갖고 있나요?
M 오, 그래요? 여기 있어요. 문제를 해결하는 데 얼마나 걸릴까요?
W 글쎄요. 네, 문제 없어요. 제가 바로 해결할게요. 수요일 아침에 미수령액을 받을 수 있을 거예요.
M 네, 잘 됐네요. 감사합니다.

어휘 bother 귀찮게 하다 paycheck 급여, 봉급 commission 수수료 correct 바로잡다 process 절차

1
남자는 왜 사무실을 방문하고 있는가?
(A) 그는 급여를 잃어버렸다.
(B) 그는 급여를 제대로 받지 못했다.
(C) 그에게는 추가의 돈의 필요하다.
(D) 그는 개인 정보를 수정하고 싶어 한다.

해설 남자는 급여에 자신이 받아야 할 수수료가 포함되어 있지 않다고(My commission wasn't included) 하였으므로 정답은 (B)이다.

2
여자는 왜 "You have to be kidding"이라고 말하는가?
(A) 남자가 거짓말을 하고 있다고 비난하기 위해서
(B) 남자에게 다시 오라고 요청하기 위해서
(C) 남자에게 농담을 그만두라고 말하기 위해서
(D) 자신이 놀랐다는 사실을 보여 주기 위해서

해설 여자는 이 말을 한 다음에 같은 문제를 가진 사람이 이번 달에만 세 번째라고(You're the third person who has had this problem this month) 하였다. 따라서 여자는 자신도 놀랐다는 사실을 보여 주기 위해 이 말을 했음을 알 수 있다.

3
수요일에는 무슨 일이 있을 것인가?
(A) 남자는 제대로 급여를 받을 것이다.
(B) 여자가 남자에게 다시 연락할 것이다.
(C) 남자가 사무실로 돌아올 것이다.
(D) 여자가 남자의 요청을 처리할 것이다.

해설 여자는 남자의 문제를 바로 처리할 것이며 받지 못한 돈을 수요일 오전에 받을 수 있을 것이라고(I'll process it right now, and you should receive the missing money on Wednesday morning) 하였으므로 정답은 (D)가 된다.

[4-6]

M Hello. I'm interested in applying for a position as a Web page designer, but I have a question.
W Of course. Thanks for your interest in the position. How can I help you?
M I wonder when the starting date for the position is. It says here on the Web site that it starts on July 15. I also would like to know when the application deadline is.
W Oh, yes, the expected starting date is July 20. The 15th is for programmers and the floor manager. And all applications are due by June 1. Do you have any other questions?
M No, that's exactly what I needed to know. Thank you.
W You're very welcome. Have a great day.

M 여보세요. 저는 웹페이지 디자이너에 지원하고 싶은데, 궁금한 점이 하나 있어요.
W 네. 관심을 가져 주셔서 감사합니다. 무엇을 도와드릴까요?
M 언제 근무가 시작되는지 궁금해서요. 여기 웹사이트에는 7월 15일에 시작된다고 기재되어 있어요. 지원 마감일이 언제인지도 알고 싶어요.

W 아, 네. 예상되는 근무 시작일은 7월 20일이에요. 15일은 프로그래머와 매장 매니저의 근무 시작일이고요. 그리고 모든 지원서는 6월 1일 마감이에요. 다른 질문 있으신가요?
M 아니요. 그게 정확히 제가 알고 싶었던 것이에요. 감사합니다.
W 천만에요. 좋은 하루 보내세요.

어휘 apply for ~에 지원하다 interest 관심 application 지원 deadline 마감일

직책	공석	부서
웹페이지 디자이너	2	온라인관리부
프로그래머	4	컴퓨터개발부
제품연구 개발	2	연구개발부
매장 관리자	1	영업부

4
남자는 왜 전화를 했는가?
(A) 지원을 취소하기 위해서
(B) 지원 절차에 대해 알아 보기 위해서
(C) 일자리에 지원하기 위해서
(D) 웹사이트 주소를 알기 위해서

해설 남자는 근무 시작일과 지원 마감일을 묻고 있으므로 정답은 (B)가 된다.

5
지원 마감일은 언제 인가?
(A) 6월1일
(B) 6월 20일
(C) 7월 15일
(D) 7월 20일

해설 여자는 모든 지원서가 6월1일까지 마감이라고(all applications are due by June 1) 하였으므로 정답은 (A)이다.

6
시각정보를 보시오. 남자가 고용이 된다면 어떤 부서에 일할 것 같은가?
(A) 온라인관리부
(B) 컴퓨터개발부
(C) 연구개발부
(D) 영업부

해설 남자는 웹페이지 디자이너 지원에 관심이 있다고(I'm interested in applying for a position as a Web page designer) 하였는데, 표에 따르면 웹 디자이너가 일하는 부서는 온라인관리부(online management)이므로 정답은 (A)임을 알 수 있다.

 04 여행 / 출장

p.101

유형 연습

정답
1 (B) 2 (A)

해석
1
행사는 언제 시작하는가?
(A) 11일에
(B) 12일에
(C) 13일에

해설 대화의 중반부에 여자는 행사가 12일에 시작될 것(the event starts on the 12th)이라고 하였으므로 정답은 (B)이다.

2
남자가 "You can count on me"라고 말할 때 그가 의미하는 것은 무엇인가?
(A) 표를 예약할 것이다.
(B) 기꺼이 표를 계산할 것이다.
(C) 그는 여자와 함께 갈 것이다.

해설 남자의 'you can count on me'라는 말은 여자가 표를 예약해야 한다고(you should book four tickets) 말한 것에 대한 대답이다. 따라서 정답은 (A)이다.

어휘 count on ~를 믿다 reserve 예약하다 accompany 동반하다

빈출 표현

1 without a form of identification
2 put your carry-on baggage / in the overhead compartment
3 an aisle seat / a window seat
4 fill out this form
5 book two hotel rooms
6 The accommodations / fully booked

확인 학습

정답
1 (C) 2 (B)

스크립트 및 해석
1

W Excuse me, but I think you are in my seat. My ticket says I'm in 5A, the window seat.
M Oh, really? Let me check my ticket. Hmm... Oh, I'm so sorry. It says that I'm seated right behind you. That was my mistake.
W That's no problem. I don't mind changing seats with you. It will be easier than having you move.
M That's so kind of you. Thank you so much. I'll let the flight attendant know.

W 실례지만, 제 자리에 앉아 계신 것 같네요. 제 표에 5A, 창가석이라고 적혀 있거든요.
M 오, 정말요? 표를 확인해 볼게요. 흠... 오, 정말 죄송해요. 바로 당신 뒤에 앉아야 하는군요. 제 실수예요.
W 괜찮아요. 자리를 바꾸는 것도 좋고요. 당신이 이동하는 것보다 그게 쉽잖아요.
M 정말 친절하시군요. 고마워요. 제가 승무원에게 알릴게요.

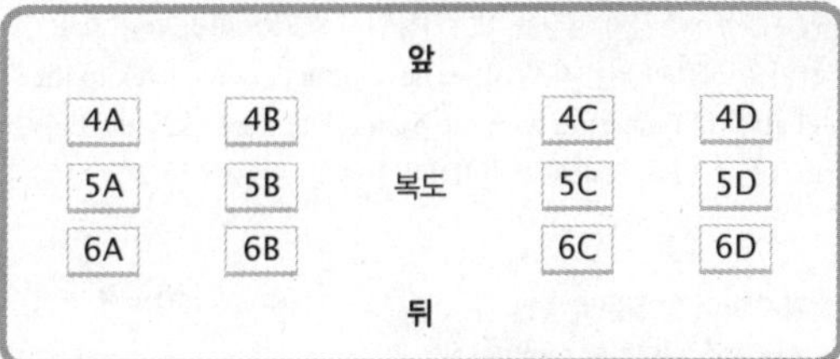

시각정보를 보시오. 여자는 어디에 앉을 것인가?
(A) 5A
(B) 5B
(C) 6A
(D) 6B

해설 여자의 자리는 5A이고, 남자의 자리는 6A이지만 여자가 그냥 남자의 자리에 앉겠다고(I don't mind changing seats with you) 하였으므로 보기 (C)가 정답이 된다.

2

W Hello. I'm calling to sign up for the Las Vegas Technology Exhibition taking place next month. My company would like to register for a booth.
M Okay. Is this your first time attending the conference?
W No, we have had a booth every year for the last 3 years.
M Oh, then registration should be very simple. What name did you register under last year? I can use last year's records to create a new registration for this year.

W 여보세요. 다음달에 열리는 라스베가스 기술박람회에 등록하려고 전화했어요. 저희 회사는 부스를 예약하려고 해요.
M 알겠어요. 컨퍼런스에 처음 참석하시는 건가요?
W 아니요, 지난 3년 동안 매년 부스를 예약했어요.
M 오, 그렇다면 등록이 매우 간단하겠네요. 작년에 어떤 이름으로 등록하셨어요? 올해의 신규 등록을 위해 작년 기록을 이용할 수 있어요.

남자가 요청한 정보는 무엇인가?
(A) 이메일 주소
(B) 이름
(C) 송장 정보
(D) 컨퍼런스 ID 번호

해설 남자는 등록을 위해 작년에 사용한 이름을 물어보았기(What name did you register under last year?) 때문에 (B)가 정답이 된다.

실전연습 p.104

정답
1 (B) 2 (A) 3 (D) 4 (C) 5 (D) 6 (A)

스크립트 및 해석
[1-3]

M Good afternoon. May I have your ID, please?
W Here you are.
M What is your final destination today? And will you be checking any bags?
W I'm going to Philadelphia, and, yes, I would like to check this bag, please.
M Okay. I see you are transferring in Tulsa. You have to get a new boarding pass when you get there, so please go to the airline counter as soon as you arrive.
W I see. Do I need to collect my baggage in Tulsa as well?
M No, your bag will go all the way to your final destination. You can pick it up at the baggage claim area there.

M 안녕하세요. 신분증을 보여주시겠어요?
W 여기 있어요.
M 오늘 최종 목적지가 어디인가요? 가방을 부치실 건가요?
W 필라델피아에 가고요, 네, 이 가방을 부치고 싶어요.
M 좋아요. 툴사에서 환승하시는군요. 거기에 도착해서 탑승권을 새로 받으셔야 하니, 도착하자마자 공항 카운터로 가세요.
W 알겠어요. 툴사에서 가방도 찾아야 하나요?
M 아니요, 가방은 최종 목적지로 갈 거예요. 그곳 수화물 찾는 곳에서 찾으시면 돼요.

어휘 final destination 최종 목적지 transfer 환승하다 boarding pass 탑승권 collect 찾다, 수집하다 pick up 찾다 baggage claim 수화물 찾는 곳

1
남자는 무엇을 요청하는가?
(A) 표
(B) 신분증
(C) 탑승권
(D) 예약 번호

해설 남자는 신분증을 보여줄 수 있는지(May I have your ID, please?) 묻고 있으므로 보기 (B)가 정답이다.

2
여자가 툴사에서 해야 할 일은 무엇인가?
(A) 새 탑승권 수령
(B) 가방 수령
(C) 좌석 교체 요청
(D) 여권 제출

해설 남자는 여자가 툴사에서 새 탑승권을 받아야 한다고(You have to get a new boarding pass when you get there) 했으므로 보기 (A)가 정답이 된다.

3
여자는 가방을 어디에서 찾을 수 있는가?
(A) 툴사 출국장에서

(B) 필라델피아 공항 카운터에서
(C) 툴사 수화물 찾는 곳에서
(D) 필라델피아 수화물 찾는 곳에서

해설 툴사에서 짐을 찾아야 하는지 묻는 여자의 질문에 남자가 가방은 최종 목적지로 가기 때문에 필라델피아의 수화물 찾는 곳에서 찾으라고(your bag will go all the way to your final destination. You can pick it up at the baggage claim there) 했으므로 정답은 (D)이다.

[4-6]

W1 What time do we have to check out tomorrow? Will we have time to come back to the hotel after our meeting with the partners at the Lakeview Law Firm?
M We should check out at 12:00 P.M., so I think we should bring our bags with us. I'm sure there is a place we can keep them at their office.
W2 Well, why don't we just ask the hotel if we can check out at a later time? It would be such a pain to bring our things all the way to the office.
W1 Good idea, Lisa. I don't mind paying a late checkout fee. It would be better to leave our bags at the hotel during the meeting.
M Hmm... let's check with the front desk. I think we can pay the fee by using the company card.

W1 내일 몇 시에 체크아웃해야 하나요? Lakeview 법률 회사에서 파트너와 회의를 한 다음에 호텔로 돌아올 시간이 있을까요?
M 오후 12시에 체크아웃해야 해서, 가방을 가지고 이동해야 할 것 같아요. 그들의 사무실에 가방을 보관할 장소가 있을 거예요.
W2 음, 우리가 체크아웃 시간을 미룰 수 있는지 호텔에 물어보는 게 어떨까요? 사무실까지 가방을 가지고 이동하는 것은 불편할 거예요.
W1 좋은 생각이에요, Lisa. 체크아웃을 미루는 요금을 지불해도 괜찮거든요. 회의하는 동안 호텔에 가방을 두는 것이 좋을 거예요.
M 흠... 안내 데스크에 확인해 볼게요. 회사 카드로 요금을 지불할 수 있을 거예요.

어휘 check out (호텔에서) 체크아웃하다 fee 요금 leave 남겨 두다

4
화자들은 누구일 것 같은가?
(A) 가족 회원
(B) 호텔 직원
(C) 직장 동료
(D) 친구

해설 화자들은 함께 회의에 참석하는 관계이므로 직장 동료라고 보는 것이 타당하다. 따라서 보기 (C)가 정답이 된다.

5
화자들은 내일 무엇을 할 것인가?
(A) 취업 원서 제출
(B) 이른 체크아웃
(C) 택시 탑승
(D) 회의 참석

해설 여자는 내일의 일정을 이야기하면서 회의를 마친 다음 호텔로 돌아올 시간이 되는지(Will we have time to come back to the hotel after our meeting with the partners at the Lakeview Law Firm?) 묻고 있다. 따라서 보기 (D)가 정답이 된다.

6
남자가 이어서 할 일은 무엇인가?
(A) 호텔 접수 담당자와 이야기하기
(B) 호텔에서 체크아웃하기
(C) 회의에 관해 법률 회사와 연락하기
(D) 일찍 아침을 배달해 달라고 요청하기

해설 남자가 호텔 안내 데스크에 확인해 보겠다고(let's check with the front desk) 하였으므로, 호텔 접수 담당자와 이야기한다는 의미의 보기 (A)가 정답이 된다.

토익 실전 어휘 | UNIT 01-04 p.106

A
1 (a) 2 (a) 3 (a) 4 (a) 5 (b)

B
1 get a hold of 2 a final number
3 the application 4 the details
5 under

C
1 hire more sales clerks
2 go over today's agenda
3 is fully booked on the day of
4 send them to you right away
5 approve your time off

05 시설 / 사무 기기 p.107

유형 연습

정답
1 (B) 2 (C)

해석
1
여자가 "It's time for an upgrade"라고 말했을 때 그녀가 의미하는 것은 무엇인가?
(A) 사무실이 개선될 필요가 있다.
(B) 새로운 복사기가 필요하다.
(C) 복사기는 수리되어야 한다.

해설 남자는 복사기가 이번 달에만 세 번 고장 났다고(The copy machine has broken down three times this month) 말한 것으로 보아, 여자의 말은 새로운 복사기가 필요하다는 의미임을 알 수 있다.

2
여자는 무엇을 하겠다고 말하는가?
(A) 이메일을 보낸다.

(B) 새로운 복사기를 구입한다.
(C) 예산에 대해 물어본다.

해설 여자는 매니저에게 새로운 복사기를 살 충분한 예산이 있는지 알아 보겠다고(I'll ask the manager if we have enough money in the budget for a new one) 하였으므로 정답은 (C)가 된다.

빈출 표현

1 office supply
2 put an order in for
3 use express delivery / urgent
4 call a repairman
5 parking structure / renovation / public parking area
6 on any of the premises

확인 학습

정답
1 (D) 2 (A)

스크립트 및 해석

1

M Do we have any more document envelopes? I need to send the new proposal to our team in Montreal, and I don't want to bend the documents.
W1 Hmm... it seems that we have run out. I'll put an order in for some more. If it's urgent, you can buy some at the office supply store down the road, and the company will pay you back.
W2 Actually, I picked some up on my way to work this morning. They are in the small supply closet on the first floor.
M Oh, that's great! You're a lifesaver, Beatrix.

M 서류 봉투가 남아 있나요? 몬트리올에 있는 우리 팀에 새로운 제안서를 보내야 하는데, 서류를 접고 싶지가 않아서요.
W1 흠... 서류 봉투가 다 떨어진 것 같아요. 주문을 더 할게요. 만일 급하다면, 사무용품점에서 약간 구입해도 되는데, 회사에서 비용을 처리해 줄 거예요.
W2 실은 제가 오늘 아침에 출근하는 길에 조금 사왔어요. 1층에 있는 작은 비품 보관함에 있어요.
M 오, 잘 됐네요. 덕분에 살았어요, Beatrix.

Beatrix는 이전에 무엇을 했는가?
(A) 일찍 출근했다.
(B) 문서를 인쇄했다.
(C) 비품 보관함을 정리했다.
(D) 새로운 봉투를 조금 구입했다.

해설 Beatrix는 자신이 오늘 아침 출근하는 길에 (봉투를) 조금 사왔다고(I picked some up on my way to work this morning) 하였으므로 정답은 (D)가 된다.

2

M Excuse me, ma'am, but I'm afraid you can't park here. We are going to do some construction here this afternoon.
W Construction? That isn't supposed to start until tomorrow.
M We just decided to start today because of the weather. You'll have to move your car to the south lot, unfortunately.
W Okay, well, thank you for the information. Do you know when the construction is expected to end?
M I'm not sure, but I don't expect it will take too long.

M 죄송하지만, 선생님, 여기에 주차하시면 안 됩니다. 오늘 오후에 공사가 예정되어 있거든요.
W 공사요? 내일 시작하기로 되어 있지 않나요?
M 날씨 때문에 오늘 시작하기로 결정이 되었습니다. 죄송하지만, 남측 주차장으로 차를 옮기셔야 해요.
W 네. 알려 주셔서 감사합니다. 공사가 언제 끝날 예정인지 알고 계신가요?
M 확실히는 모르겠지만, 그렇게 오래 걸리지는 않을 거예요.

남자에 따르면, 어떤 결정이 최근에 되었는가?
(A) 건설을 일찍 시작하는 것
(B) 남쪽 주차장을 폐쇄하는 것
(C) 새로운 계약을 체결하는 것
(D) 주차장의 명칭을 변경하는 것

해설 여자는 주차장 공사가 내일 시작하기로 되어 있다고(That isn't supposed to start until tomorrow) 말했는데, 남자는 오늘 시작하기로 결정했다(we just decided to start today)라고 했다. 그러므로 최근에 결정된 것은 예정보다 공사를 일찍 시작한다는 것이므로 정답은 (A)이다.

실전연습 p.110

정답
1 (C) 2 (B) 3 (D) 4 (C) 5 (A) 6 (B)

스크립트 및 해석

[1-3]

W Dan, I need a room with a projector for tomorrow's meeting. Are any of the conference rooms available?
M Hmm... it looks like all the rooms are booked. You could check out one of the portable projectors and set it up in a different room.
W That sounds kind of difficult. I've never used one of those projectors before, and I'm afraid that it might not work properly.
M Don't worry. You can ask someone from the IT Department to help. They can set up the projector for you. Just call them and request a specific time.
W Wow, that is exactly what I needed. Thank you so much.

W Dan, 내일 회의를 위해서 프로젝터가 비치되어 있는 회의실이 필요해요. 혹시 이용 가능한 회의실이 있나요?
M 흠... 모든 회의실이 다 예약이 된 것 같아요. 이동 가능한 프로젝터를 빌려서 다른 회의실에 설치를 해도 될 것 같아요.
W 그것은 어려울 것 같아요. 제가 그런 프로젝터를 사용해 본 적이 없어서, 그것이 제대로 작동되지 않을까봐 걱정돼요.
M 걱정 마세요. IT 부서 직원에게 도움을 요청하면 돼요. 그들이 프로젝터를 설치해 줄 거예요. 전화해서 특정한 시간을 요청하면 돼요.
W 와, 그것이 바로 제가 바라던 거예요. 정말 고마워요.

어휘 book 예약하다 set up 설치하다 work 작동하다 properly 적절하게 specific 특정한

1
대화는 주로 무엇에 관한 것인가?
(A) 새로운 직원
(B) 부서 이동
(C) 회의에 필요한 장비
(D) 시설물의 개선

해설 a room with a projector, portable projector 등이 언급되는 것으로 보아, 대화는 회의에 필요한 장비에 대한 것임을 알 수 있다. 정답은 (C)이다.

2
남자에 따르면, 여자는 무엇을 할 수 있는가?
(A) 회의를 위해 회의실을 예약하는 것
(B) IT 직원에게 장비의 준비를 요청하는 것
(C) 내일 휴가를 내는 것
(D) 회의를 다른 사람에게 맡기는 것

해설 남자는 여자에게 IT 부서의 직원에게 요청해서 설치를 부탁할 수 있다고(You can ask someone from the IT Department to help. They can set up the projector for you) 하였으므로 (B)가 정답이다.

3
여자의 걱정은 무엇인가?
(A) 그녀는 직장에 늦을 것이다.
(B) 그녀의 상사가 그녀에게 화를 낼 것이다.
(C) 그녀의 회의가 내일 취소될 것이다.
(D) 그녀는 기술 장비의 사용법을 잘 알지 못한다.

해설 여자는 그러한 프로젝터를 사용해 본 적이 없고 제대로 작동하지 않을까봐 걱정이 된다고(I've never used one of those projectors before, and I'm afraid that it might not work properly.) 하였으므로 (D)가 정답이 된다.

[4-6]

M Tomorrow, the bathrooms on this floor are going to be closed for repairs. Could you put together some signs to explain that we will need to use the second-floor bathrooms for the day?
W Of course. How long will they be closed?
M The repairs should only take a day, so just explain that the inconvenience will only be for tomorrow.
W Got it. Should we send an e-mail out as well to let everyone know?
M I already did that this morning, so all the employees should know about it. Let's just hang the signs to remind everyone.

M 내일, 우리 층의 모든 화장실이 수리를 위해 폐쇄될 거예요. 그날 하루 동안 우리가 2층에 있는 화장실을 써야 한다는 내용의 안내문을 만들어 주시겠어요?
W 물론이죠. 얼마나 오랫동안 폐쇄될까요?
M 수리는 하루밖에 걸리지 않을 거예요. 내일 하루만 불편하면 된다고 알려 주세요.
W 알겠어요. 모두 알 수 있도록 이메일도 보내야 할까요?
M 그것은 제가 오늘 아침에 했어요. 그러니 모든 직원들이 알고 있을 거예요. 다시 한 번 알려 주기 위해 안내문만 게시하도록 해요.

어휘 repair 수리 inconvenience 불편 remind 상기시키다

4
화자들은 무엇에 대해 이야기 하고 있는가?
(A) 이번 분기의 영업 수치
(B) 새로운 판촉 행사
(C) 임시 변경 사항
(D) 직장 내 의무 사항

해설 남자는 내일 이 층에 있는 화장실이 수리를 위해 폐쇄될 것이며, 이에 대한 안내문을 붙여 달라고(Tomorrow, the bathrooms on this floor are going to be closed for repairs. Could you put together some signs~) 하였다. 보기들 중에서 이를 적절하게 설명하고 있는 것은 (C)이다.

5
남자가 여자에게 요청한 것은 무엇인가?
(A) 안내문을 만드는 것
(B) 홍보지를 배포하는 것
(C) 수리공을 부르는 것
(D) 전화를 하는 것

해설 남자는 여자에게 하루 동안 2층 화장실을 사용해야 한다는 안내문을 만들어 달라고(Could you put together some signs to explain that we will need to use the second-floor bathrooms for the day?) 부탁하였다. 따라서 정답은 (A)가 된다.

6
남자가 이전에 한 일은 무엇인가?
(A) 어떤 문제에 대한 안내문을 만들었다.
(B) 직원들에게 변경 사항에 대해 알렸다.
(C) 정보를 반영하기 위해 웹사이트를 준비했다.
(D) 상사에게 추가 정보를 요청했다.

해설 여자의 이메일을 보내야 하느냐는(Should we send an e-mail out as well to let everyone know?)는 질문에 남자는 자신이 이미 아침에 했다고(I already did that this morning) 하였으므로 정답은 (B)가 된다.

06 제품 / 서비스

p.112

유형 연습

정답

1 (C) 2 (A)

해석

1

여자는 어떤 직종에 근무하는가?

(A) 제조업

(B) 금융업

(C) 출판업

해설 대화의 첫 부분에서 여자는 본인이 잡지사에서 근무하고 있음을 밝히고 있으므로 정답은 (C)이다.

2

여자가 전화한 이유는 무엇인가?

(A) 해지에 관해 문의하려고

(B) 체납에 대해 문의하려고

(C) 할인에 대해 문의하려고

해설 여자의 첫 번째 대화의 마지막 부분 'I wonder if I can ask you a few questions about why you did that'에서, 그녀가 전화를 건 목적은 남자가 잡지 구독을 해지한 이유를 묻기 위함임을 알 수 있다. 정답은 (A)이다.

빈출 표현

1 bring the original receipt / get a refund

2 pick up the tuxedo

3 sorry for the inconvenience

4 provide laundry service

5 carry home appliances

6 charged 70 dollars

확인 학습

정답

1 (B) 2 (D)

스크립트 및 해석

1

M Hi. My name is Abel Martin, and I'm calling about a product that I had refunded at your store last month. The shop assistant told me that I would receive the refund on my credit card within two weeks, but it has been over a month.

W I'm sorry to hear that. Do you have the receipt number with you?

M Yes, it's 554001.

W Let me see. It looks like your refund request wasn't approved. I'll approve it now. You should receive the refund by the end of the week. I'm very sorry for the delay.

M It's no problem.

M 안녕하세요 제 이름은 Abel Martin이고, 지난달에 매장에서 환불한 제품 때문에 전화했어요. 점원이 2주 안에 제 신용카드로 환불을 받을 수 있다고 말해 주었는데, 이미 한 달이 지났어요.

W 죄송합니다. 영수증 번호 갖고 계신가요?

M 네, 554001이에요.

W 잠시만요. 환불 요청 승인이 되지 않은 것 같습니다. 지금 승인할게요. 주말까지 환불 받으실 거예요. 지연되어서 정말 죄송해요.

M 괜찮아요.

남자가 전화한 이유는?

(A) 제품 교환을 원해서

(B) 환불을 받는 데 문제가 있어서

(C) 상점에서 그에게 제품을 보내지 않아서

(D) 분실된 문서가 있어서

해설 남자는 지난달에 환불 제품 때문에 전화했는데 한 달이 지났음에도 환불이 되지 않았다고 하였으므로 보기 (B)가 정답이 된다.

2

M Hello. This is Jake from Howser Communications. I have another document that I would like to add to our print order. Is that possible?

W Of course. If you e-mail me the document and let me know how many pages you need, I can take care of it. That is no problem. And please let me know if it is a color or black and white order.

M Okay, I'll send you all of the information right now. When do you think everything will be ready?

W If you send me the new document right now, I can probably have everything done by Thursday.

M 여보세요. Howser 커뮤니케이션즈의 Jake입니다. 저희 인쇄 발주서에 추가할 문서가 있어요. 가능할까요?

W 물론이죠. 그 문서를 이메일로 보내시고 필요하신 페이지 수를 알려주시면 제가 처리할게요. 문제 없어요. 칼라나 흑백 중 어떤 것을 원하시는지 알려주세요.

M 알겠습니다. 지금 바로 정보를 보낼게요. 언제쯤 모든 준비가 끝날까요?

W 새 문서를 지금 보내주시면, 아마도 목요일까지 모두 준비될 수 있을 것 같아요.

화자들은 무엇에 대해서 이야기하는가?

(A) 제품 수리

(B) 로고 디자인

(C) 구매 취소

(D) 주문 변경

해설 남자는 전화를 한 후 인쇄 발주서에 추가를 하고 싶다고(I have another document that I would like to add to our print order. Is that possible?) 하였으므로 정답은 (D)이다.

실전연습

p.115

정답

1 (A) 2 (C) 3 (D) 4 (C) 5 (D) 6 (A)

[1-3]

M Hi. I'm looking for a new phone plan. Can you show me what options are available for plans that include data?
W Certainly. As you can see on this chart, we have several data plans. The cost depends on how much data is provided. Our 2-gigabyte plan is the most popular one right now.
M Hmm... well... I need at least 3 gigabytes per month, so I don't think that would work for me.
W Well, you can see here that we have one plan with more than 3 gigabytes. How does that look to you?
M That sounds perfect. Can I sign up for this plan today?
W Absolutely. Let me get the paperwork for you to fill out, and we can set up your phone right away.

M 안녕하세요. 저는 새로운 전화 요금제를 찾고 있어요. 데이터가 포함된 종류의 이용 가능한 요금제들을 안내해 주실 수 있나요?
W 물론이죠. 이 표에서 보실 수 있는 것처럼, 여러 가지의 데이터 요금제가 있어요. 비용은 데이터 제공량에 따라 다르죠. 2기가바이트 요금제가 현재 가장 인기가 좋아요.
M 음... 한 달에 적어도 3기가바이트가 필요하니까, 이것은 제게 맞지 않는 것 같아요.
W 음, 3기가바이트 이상인 요금제가 하나 있어요. 어떤 것 같아요?
M 완벽해요. 오늘 신청해도 될까요?
W 물론이죠. 지금 바로 시작하실 수 있도록 작성할 등록 서류를 가져다 드릴게요.

어휘 option 선택 available 이용 가능한 include 포함하다 several 몇몇의 depend on ~에 달려있다 popular 인기 있는 at least 적어도 paperwork 서류 fill out 작성하다 set up 시작하다, 설치하다

요금제	데이터	월 요금
A	500메가	15달러
B	1기가	30달러
C	2기가	45달러
D	5기가	60달러

1
화자들은 어디에 있을 것 같은가?
(A) 통신사 매장에
(B) 회계사무소에
(C) 콜센터에
(D) IT 컨퍼런스에

해설 'phone plane, data' 등의 어휘가 언급되었고, 남자가 통신 요금을 알아 보고 있는 것으로 보아, 화자들은 통신사 매장에 있는 것으로 보인다. 따라서 보기 (A)가 정답이 된다.

2
남자가 원하는 것은 무엇인가?
(A) 데이터 서비스를 업그레이드
(B) 현재의 전화 서비스 취소
(C) 새로운 전화 서비스 등록
(D) 고객 서비스직 지원

해설 남자가 새로운 전화 요금제를 찾고 있다고(I'm looking for a new phone plan) 하였으므로 같은 내용의 보기 (C)가 정답이 된다.

3
시각정보를 보시오. 남자는 한달 간 새 플랜에 얼마를 지불할 것인가?
(A) 15달러
(B) 30달러
(C) 45달러
(D) 60달러

해설 여자는 3기가바이트 이상인 요금제가 하나 있다고(you can see here that we have one plan with more than 3 gigabytes) 설명했고, 남자는 해당 이에 등록하겠다고 했다. 따라서 남자는 D를 선택하게 될 것이고 그 비용은 60달러이다. 정답은 (D)이다.

[4-6]

W Hello. This is Adela from Davis Repairs. I am on my way to your office to repair your copy machine, but I think I'll be late because of the traffic jam.
M Oh, I'm sorry to hear that, but thank you for letting us know. What time should we expect you?
W Well, I was supposed to be there by 3:00 P.M., but I think I will arrive a little after 4:00 P.M. Is that all right?
M Yes, it's no problem. When you arrive, please come to the north entrance, and someone will let you in.
W All right. Thank you so much and sorry again for the inconvenience.

W 여보세요. Davis 수리점의 Adela입니다. 복사기를 수리하려고 고객님의 사무실로 가고 있습니다만, 교통 정체 때문에 늦어질 것 같습니다.
M 오, 안 됐군요. 알려줘서 고마워요. 몇 시쯤 오실 것 같아요?
W 음, 오후 3시에 도착하기로 되어 있었지만 4시 조금 지나서 도착할 것 같습니다. 괜찮으신가요?
M 네, 문제 없어요. 도착해서 북쪽 입구로 들어오시면, 누군가가 들여 보내 주실 거예요.
W 알겠습니다. 정말 감사 드리고 불편을 끼쳐 죄송합니다.

어휘 repair 수리; 수리하다 traffic jam 교통정체 be supposed to ~하기로 되어있다 north 북쪽 entrance 입구 inconvenience 불편

4
여자는 왜 전화하는가?
(A) 길을 잃었다.
(B) 복사기와 관련하여 도움이 필요하다.
(C) 늦을 것이다.
(D) 약속을 취소하고 싶다.

해설 여자는 사무실로 가고 있지만 교통 정체로 인해 늦을 것이라고 (I think I'll be late because of the traffic jam) 했으므로 보기 (C)

가 정답이 된다.

5
여자는 무슨 문제를 언급하는가?
(A) 장비가 고장 났다
(B) 약속을 잊었다
(C) 차가 고장 났다
(D) 도로에 차가 막힌다

해설 여자가 늦는 이유는 교통 정체 때문이라고 했으므로 보기 (D)의 'The road traffic is heavy'가 정답이 된다.

6
남자가 여자에게 말하는 것은 무엇인가?
(A) 어떻게 빌딩에 들어오는지
(B) 어디에 복사기가 있는지
(C) 복사기에 무슨 문제가 있는지
(D) 몇 시에 그가 도착하는지

해설 남자는 여자에게 북쪽 입구로 오면 누군가가 들여보내 줄 것이라고(When you arrive, please come to the north entrance, and someone will let you in) 했으므로 정답은 (A)이다.

07 쇼핑 / 휴가 p.117

유형 연습

정답
1 (A) 2 (B)

해석
1
여자의 문제는 무엇인가?
(A) 그녀의 방 상태가 좋지 않다.
(B) 그녀의 방이 시끄럽다.
(C) 그녀의 방에 공간이 충분하지 않다.

해설 여자는 자신의 방에서 냄새가 난다고(It smells terrible) 하였으므로 (A)가 정답이다.

2
남자는 누구일 것 같은가?
(A) 판매 직원
(B) 호텔 직원
(C) 영업 사원

해설 여자가 남자에게 자신의 방에 대해 불만을 제기하고(file a complaint about my room) 있는 것으로 보아 남자는 호텔 직원임을 알 수 있다. 정답은 (B)이다.

빈출 표현

1 offering a 10% discount / make an online purchase
2 return an item / bring your original receipt
3 was overcharged for
4 speak with a manager
5 get an additional discount
6 itinerary / do some sightseeing

확인 학습

정답
1 (C) 2 (B)

스크립트 및 해석
1

W Hello. Is your Memorial Day Sale still going on?
M It certainly is. All of our spring clothing lines are up to 50% off, and we have a buy-one-get-one-free deal on any pair of jeans.
W Oh, great. I have a coupon that I received in the mail. Can I use it on sale items as well?
M Unfortunately, sale prices cannot be combined with any other coupons or promotions. I'm sorry about that, but you can save that coupon and use it after the sale ends.
W Okay, well, I think I'll just take a look around for now. Thank you.

W 안녕하세요. Memorial Day 기념 세일은 계속 진행 중인가요?
M 네. 저희의 봄 의류 전 품목이 50퍼센트까지 할인 중이고, 청바지 한 벌을 구입하시면 한 벌 더 드리는 행사도 진행 중이에요.
W 오, 좋네요. 제가 메일로 받은 쿠폰을 갖고 있어요. 세일하는 품목에도 이를 사용할 수 있나요?
M 안타깝지만, 할인된 가격에는 다른 쿠폰이나 판촉 행사가 함께 적용되지 않아요. 죄송하지만, 나중에 세일이 끝나면 사용하실 수 있어요.
W 네, 알겠어요. 지금은 그냥 둘러 볼게요. 감사합니다.

남자는 여자에게 무엇을 권하는가?
(A) 할인 품목을 사기 위해 쿠폰을 사용하는 것
(B) 청바지 몇 벌을 사는 것
(C) 나중을 위해 쿠폰을 아껴 두는 것
(D) 할인 중인 신제품을 둘러보는 것

해설 남자는 여자에게 세일이 끝난 후에 사용하도록 쿠폰을 아껴두라고(you can save that coupon and use it after the sale ends) 권하였으므로 정답은 (C)가 된다.

2

M Hello. I'd like to return this item, please.
W All right, sir, I can certainly help you with that. Do you have the credit card that you purchased the item with?
M Oh, no, I don't have it with me right now, but I have the receipt. Can you just give me the refund in cash?
W Unfortunately, we have a policy against that. You will have to return with the card before I can give you a refund on the product.
M I see. Well, I'll have to come back another time then. Thank you anyway.

M 안녕하세요. 저는 이 제품을 반품하고 싶어요.
W 네. 도와 드릴게요. 이 제품을 구입하실 때 사용하신 신용 카드를 갖고 계신가요?
M 오, 아니요, 신용카드는 갖고 있지 않지만, 영수증은 있어요. 혹시 현금으로 환불해 주실 수 있나요?
W 죄송하지만, 정책 상 그것은 어렵습니다. 제품을 환불해 드리기 전에 카드를 가지고 다시 오셔야 해요.
M 알겠습니다. 그러면, 다음에 다시 와야겠네요. 어쨌든 고마워요.

무엇이 문제인가?
(A) 물건이 다 팔렸다.
(B) 남자가 신용 카드를 가져 오지 않았다.
(C) 제품이 고장 났다.
(D) 여자에게 현금이 없다.

해설 남자는 물건을 반품하려고 했지만 신용 카드를 가져오지 않아서 할 수 없었다. 따라서 정답은 (B)가 된다.

실전연습 p.120

정답
1 (A) **2** (A) **3** (C) **4** (D) **5** (B) **6** (C)

스크립트 및 해석

[1-3]

M Hello. I'm calling because I stayed there last night, and I think I left my wallet in the room when I checked out.
W You did? Okay, let me see what I can do. What room were you staying in?
M Room 505. I was there for three nights and checked out this morning.
W Yes, it seems that a member of the staff gave your wallet to the lost and found here. You can come by and pick it up whenever it's convenient for you.
M Oh, no. I've already flown back home, so there is no way I can physically pick it up. Can you have it shipped to my home?
W You'll have to speak with a manager about that. Please hold on one moment.

M 여보세요. 제가 어젯밤에 그곳에서 묵었는데, 체크아웃할 때 방에 지갑을 두고 온 것 같아서 전화를 드렸어요.
W 그러셨어요? 제가 어떻게 도와드릴 수 있는지 알아 볼게요. 어느 방에 머무르셨나요?
M 503호요. 3일 투숙했고 오늘 아침에 체크아웃했어요.
W 우리 직원 중 하나가 지갑을 분실물 센터에 주고 간 것 같아요. 편하실 때 오셔서 가져가시면 될 것 같습니다.
M 오, 안 돼요, 제가 이미 비행기를 타고 집으로 돌아 왔기 때문에, 직접 가서 찾을 수는 없어요. 혹시 집으로 배송해 줄 수 있나요?
W 그것에 대해서는 매니저님과 직접 이야기해 보셔야 할 거예요. 잠시만 기다려 주세요.

어휘 wallet 지갑 convenient 편한 physically 실제로; 신체적으로 ship 배송하다

1
여자는 어디에서 일할 것 같은가?
(A) 호텔에서
(B) 공항에서
(C) 택시 회사에서
(D) 식당에서

해설 남자는 자신이 투구했던 방에 지갑을 두고 왔다고(I think I left my wallet in the room when I checked out.) 말했고, 여자는 어느 방에 머물렀는지(What room were you staying in?) 물었으므로 그녀는 호텔에서 근무한다고 보는 것이 타당하다. 정답은 (A)이다.

2
남자가 언급한 문제는 무엇인가?
(A) 그는 지갑을 잃어버렸다.
(B) 그는 방을 예약하고 싶어 한다.
(C) 그는 매니저와 이야기하고 싶어 한다.
(D) 그는 예약 번호를 잊어버렸다.

해설 남자는 체크아웃하면서 방에 지갑을 두고 왔다고(I think I left my wallet in the room when I checked out) 하였으므로 (A)가 정답이 된다.

3
여자는 이어서 무엇을 할 것 같은가?
(A) 남자에게 지갑을 보낸다.
(B) 접수 데스크를 닫는다.
(C) 매니저에게 연락한다.
(D) 남자를 위해 방을 예약한다.

해설 대화의 마지막 부분에서 여자는 남자에게 매니저와 이야기 해야 한다고(You'll have to speak with a manager about that) 말한 다음 잠시 기다려달라고 하였으므로 (C)가 정답이 된다.

[4-6]

W Good morning. How may I help you?
M1 Hi. Do you have whole wheat flour? I'd like to make a large purchase for my bakery.
W Whole wheat flour? I think we do, but let me check. Hey, Leeroy, do we carry whole wheat flour?
M2 Yeah, but not at this location. You have to go to our downtown store for that. Or we can order it and have it delivered here.
M1 Okay, in that case I'll just head to the other location. Thanks so much for the help.

W 안녕하세요. 무엇을 도와드릴까요?
M1 혹시 통밀가루 있나요? 저희 제과점에서 사용할 많은 양이 필요한데요.
W 통밀가루요? 있는 것 같은데, 제가 확인 해 볼게요. Leeroy, 우리가 통 밀가루를 취급하나요?
M2 네, 하지만 이 지점에는 없어요. 그것을 구매하시려면 시내에 있는 상점에 가셔야 할 거예요. 아니면 여기서 주문 하시면 배달을 해 드릴게요.
M1 네, 그렇다면 제가 다른 지점으로 가 볼게요. 도와 주셔서 감사합니다.

어휘 wheat flour 밀가루 make a purchase 구매하다 deliver 배달하다

4
남자는 무엇을 사고 있는가?
(A) 미술 용품
(B) 오븐
(C) 꽃
(D) 밀가루

해설 남자는 통밀가루가 있는지(Do you have whole wheat flour?) 물었으므로 (D)가 정답이 된다.

5
Leeroy는 그 물건에 대해 뭐라고 말하는가?
(A) 해당 상점에서는 모두 판매되었다.
(B) 상점의 다른 지점에서 그 물건이 판매된다.
(C) 그는 오늘 아침에 마지막 제품을 팔았다.
(D) 그것은 할인된 가격에 세일 중이다.

해설 통밀가루를 취급하는지를(do we carry whole wheat flour?) 묻는 여자의 질문에 Leeroy는 이 지점에는 없다고(not at this location) 말하였으므로 (B)가 정답임을 알 수 있다. 해당 상점에 통밀가루가 없다고 말하고 있지만, 그것이 모두 판매되었기 때문이 아니라 해당 지점에서는 취급하지 않는다고 말하고 있으므로 (A)를 정답으로 골라서는 안 된다.

6
고객은 이어서 무엇을 할 것 같은가?
(A) 제품을 주문한다.
(B) 가격을 협상한다.
(C) 다른 지점으로 간다.
(D) 매니저와 이야기 한다.

해설 대화의 마지막 부분에서 남자는 다른 지점으로 가겠다고(I'll just head to the other location.) 하였으므로 (C)가 정답이 된다.

08 교통 / 공공장소

p.122

유형 연습

정답
1 (C) 2 (C)

해석
1
남자는 어떤 기차를 타고 버팔로에 갈 것인가?
(A) 고속 철도
(B) 지하철
(C) 완행 열차

해설 남자는 가장 빨리 출발하는 것에 탑승할 것이라고(I'll take whichever is departing sooner) 말했고, 이에 대해 여자는 그것이 완행 열차라고(That would be the local train) 대답했다. 따라서 정답은 (C)이다.

2
남자는 이어서 무엇을 할 것인가?
(A) 열차 시간표를 확인하기
(B) 기차표를 사기
(C) 승강장으로 가기

해설 여자는 남자에게 8번 승강장에서 열차에 탑승할 수 있다고(You can get the train at platform 8) 알려주고 있다. 정답은 (C)이다.

빈출 표현

1 have to get a medical checkup
2 a lot of pedestrians
3 got stuck in traffic
4 check out five books
5 to catch the 11 o'clock train
6 the most common symptoms

확인 학습

정답
1 (C) 2 (B)

스크립트 및 해석
1

M Excuse me. Can I use this ticket to transfer buses? I'm trying to get to Madrid.
W Let's see. I'm sorry, but bus tickets can only be used to transfer if your ticket is less than two hours old. You bought your ticket three hours ago, so you must buy a new ticket to get to your destination.
M Oh, I see. Do you know where the ticket office is?
W It's just right there next to the elevators.

M 실례합니다. 버스를 환승하려면 이 표를 사용해도 될까요? 마드리드로 가려고 해요.
W 잠시만요. 죄송하지만 구입하신 지 2시간 이내에만 환승하실 수 있어요. 3시간 전에 구입하셨기 때문에 목적지에 가시려면 새 표를 구입하셔야 해요.
M 오, 그렇군요. 매표소는 어디에 있나요?
W 엘리베이터 바로 옆에 있어요.

남자는 이어서 무엇을 할 것 같은가?
(A) 기차역으로 가기
(B) 엘리베이터 타기
(C) 마드리드로 가는 표 사기
(D) 승강장에서 버스를 기다리기

해설 남자는 마드리드로 가는 표를 새로 사기 위해서 매표소가 어딘지 물어보았기 때문에(Oh, I see. Do you know where the ticket office is?) 보기 (C)가 정답이 된다.

2

M Hello. My name is Keith Little. I have an appointment for an X-ray at 2:30 P.M. today.
W All right, I see this is your first time to visit our

office. Here, please fill out these documents while you wait. A nurse will call you when the doctor is ready to see you.

M Great. Do you need a copy of my insurance card? I have it right here.

W Oh, yes, thank you. I'll make a copy of it.

M 안녕하세요. 제 이름은 Keith Little입니다. 오늘 2시 30분에 엑스레이 약속이 되어 있어요.

W 알겠습니다. 저희 진료소에 첫 방문이시라고 알고 있습니다. 기다리시는 동안 이 문서들을 작성해 주세요. 의사선생님이 준비를 마치시면 간호사가 부르실 거예요.

M 좋아요. 제 의료보험증 사본이 필요하세요? 여기 있어요.

W 아, 네, 고마워요. 제가 복사할게요.

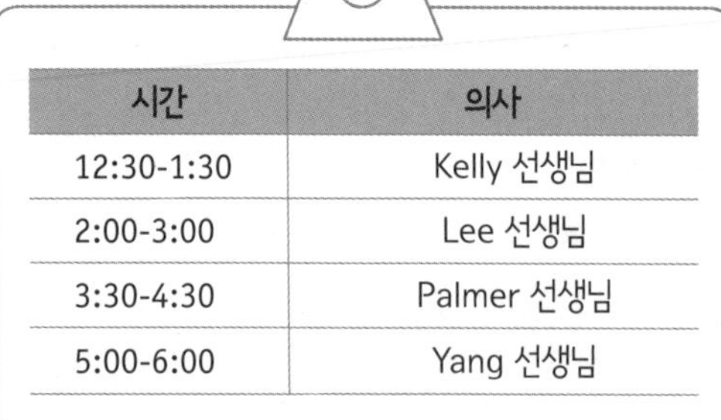

시간	의사
12:30-1:30	Kelly 선생님
2:00-3:00	Lee 선생님
3:30-4:30	Palmer 선생님
5:00-6:00	Yang 선생님

시각정보를 보시오. 남자는 엑스레이 촬영을 누구를 만날 것인가?
(A) Kelly 선생님
(B) Lee 선생님
(D) Palmer 선생님
(C) Yang 선생님

해설 남자는 2시 30분에 약속이 있다고(I have an appointment for an X-ray at 2:30 P.M. today.) 했는데, 시각정보에 따르면 2시와 3시 사이에 근무하는 의사는 Lee 선생님이므로 정답은 (B)이다.

실전연습 p.125

정답

1 (D) 2 (A) 3 (B) 4 (B) 5 (A) 6 (B)

스크립트 및 해석

[1-3]

W Hello. I'd like to return these books, please. Here is my library card.

M All right, let's take a look. Oh, it seems that one of these books is overdue by a week. You'll have to pay a $2.00 late fee.

W Oh, really? I didn't realize that it was late. Hmm... I don't have any cash on me. Is it possible to pay by card?

M I'm afraid not. But there is an ATM in the lobby that you can use. I suggest taking care of it today to avoid paying any additional charges.

W 안녕하세요. 이 책들을 반납하려고요. 여기 제 도서관 카드가 있습니다.

M 좋아요, 잠시만요. 오, 책들 중 한 권이 일주일 연체되었어요. 연체료 2달러를 내셔야 해요.

W 오, 그래요? 연체된 줄 몰랐어요. 흠... 제가 현금이 없어서요. 신용카드로 낼 수 있을까요?

M 죄송하지만 안 돼요. 하지만 로비에 현금인출기가 있어요. 추가 연체료를 내지 않으려면 지금 내시는 게 좋을 거예요.

어휘 return 반납하다 overdue 기한이 지난 late fee 연체료 ATM (Automated Teller Machine) 현금인출기 additional 추가적인 charge 비용

1
화자는 어디에 있는 것 같은가?
(A) 영화관에
(B) 쇼핑몰에
(C) 서점에
(D) 도서관에

해설 책 반납(return these books), 연체료(late fee) 등의 표현들이 있는 것으로 보아 정답은 도서관이다.

2
남자는 여자에게 무엇을 해야 한다고 제안했는가?
(A) 오늘 연체료를 낼 것
(B) 책을 구입할 것
(C) 다른 시간에 올 것
(D) 더 많은 책을 가져갈 것

해설 대화의 마지막에 남자가 추가 연체료를 내지 않으려면 오늘 처리하는 것이 좋다고(I suggest taking care of it today to avoid paying any additional charges) 하였으므로 오늘 연체료를 내라는 내용의 (A)가 정답이 된다.

3
남자가 "I'm afraid not"이라고 말할 때 그가 의미하는 것은 무엇인 것 같은가?
(A) 그는 벌금을 취소할 것이다.
(B) 여자는 신용카드를 사용할 수 없다.
(C) 연체료가 비싸다.
(D) 주변에 현금인출기가 없다.

해설 인용된 문장은 여자가 신용카드로 낼 수 있는지를(Is it possible to pay by card?) 묻는 질문에 대한 대답이다. 따라서 신용카드로 지불할 수 없다는 의미이므로 (B)가 정답이 된다.

[4-6]

M Hello, Rachel. I'm thinking of seeing a movie tomorrow. Do you want to go with me?

W Sure, that sounds fun. What do you have in mind?

M Well, I want to see the new action film *The Last Battle*, but I'm not sure what time would be good. What do you think?

W Hmm... Let's see a morning show because it's cheaper. How about the earliest one?

M Good idea. We could have lunch after the show, too. I know a good restaurant near the theater.

M 안녕, Rachel. 내일 영화를 볼까 하는데 저와 함께 갈래요?
W 물론이죠, 재미있을 것 같아요. 어떤 영화를 보고 싶어요?
M 음, 신작 액션 영화 *마지막 전투*를 보고 싶지만, 몇 시가 좋을지 모르겠어요. 어떻게 생각해요?
W 흠... 아침 시간의 영화가 더 싸니까 아침에 봐요. 가장 이른 회차의 영화를 보는 게 어때요?
M 좋아요. 영화가 끝나고 점심을 먹을 수도 있겠군요. 극장 근처에 있는 좋은 식당을 알고 있어요.

어휘 have something in mind ~를 염두에 두고 있다 cheaper 더 싼 earliest 가장 이른 theater 극장

제목	시간	가격
마지막 전투	오전 10시	6달러
	오전 11시	7달러
	오후 3시	8달러
	오후 7시	9달러

4
남자는 왜 전화하는가?
(A) 길을 물어보기 위하여
(B) 여자에게 데이트 신청하기 위하여
(C) 예약을 취소하기 위하여
(D) 비용에 대해 물어보기 위하여

해설 대화의 첫 부분에서 남자가 영화를 보러 같이 가자고(I'm thinking of seeing a movie tomorrow. Do you want to go with me?) 했으므로 '데이트 신청하기 위하여'라는 의미의 (B)가 정답이다.

5
시각정보를 보시오. 화자들은 표 한 장에 얼마를 지불할 것인가?
(A) 6달러
(B) 7달러
(C) 8달러
(D) 9달러

해설 화자들은 가장 이른 회차의 영화를 보기로 했으므로 오전 10시의 영화이다. 오전 10시의 티켓 가격은 6달러이므로 정답은 (A)이다.

6
남자는 식당에 대해 무엇을 이야기하는가?
(A) 최근에 열었다.
(B) 극장에서 가깝다
(C) 수리 중이다
(D) 평판이 좋다

해설 대화의 마지막에서 남자는 식당이 극장과 가깝다고(I know a good restaurant near the theater) 말했다. near를 close로 바꾼 보기 (B)가 정답이 된다.

토익 실전 어휘 | UNIT 05-08 p.127

A
1 (a) 2 (a) 3 (a) 4 (a) 5 (b)

B
1 hold 2 inconvenience 3 urgent
4 set up 5 itinerary

C
1 got stuck in traffic
2 are up to 50% off
3 isn't supposed to start until
4 get a medical checkup on a regular basis
5 fill out this form / fill this form out

PART 4 담화문 Short Talks

01 광고 p.130

유형 연습

정답
1 (A) 2 (C)

해석
1
무엇이 광고되고 있는가?
(A) 중고 책을 팔 수 있는 기회
(B) 중고 책을 살 수 있는 기회
(C) 대학 서점

해설 화자는 Barney's Books에서 책을 팔려고 하는 학생들에게 가장 좋은 가격을 제공해 드립니다(Here at Barney's Books, we offer the best prices to students selling their books)라고 말한 것으로 보아 (A)가 정답이 된다.

2
남자는 왜 "We guarantee that we will match its price"라고 말하는가?
(A) 서점이 최상의 책을 제공한다는 것을 보여주기 위해서
(B) 가격이 그렇게 높은 이유를 설명하기 위해서
(C) 상점이 최상의 가격을 제공한다는 것을 보여주기 위해서

해설 만일 학교 서점이 더 나은 가격을 제공한다면, 그 가격에 맞춰 드릴것을 보장합니다(if the university bookstore offers a better price, we guarantee that we will match its price)라고 하였는데, 이는 자신들이 최상의 가격을 제공한다는 의미이다. 정답은 (C)이다.

빈출 표현

1 celebrate our grand opening
2 stop by / find out more about this deal
3 only last until
4 conveniently located in the heart of
5 enter a contest / write down your name
6 convention center / spacious meeting rooms / accommodate

확인 학습

정답

1 (C) 2 (A)

스트립트 및 해석

1

M Nothing is worse than slow download speeds. That's why Next Edge Internet works hard to bring the fastest Internet speeds possible to our city. We offer a wide range of high-speed Internet packages that will fit the needs of every customer. Check out our Web site for details on our home and business Internet plans. Next Edge: it doesn't get any faster.

M 어떤 것도 느린 다운로드 속도보다 짜증나는 것은 없습니다. 그래서 Next Edge 인터넷이 우리 지역에 가장 빠른 인터넷 서비스를 제공하기 위해 노력하고 있습니다. 우리는 다양한 종류의 모든 고객들의 요구를 충족시키는 초고속 인터넷 상품을 제공하고 있습니다. 가정용과 회사용 인터넷 상품에 대한 자세한 정보를 원하시면 저희 웹사이트를 방문해 주세요. Next Edge: 더는 빨라질 수 없습니다.

어떤 서비스가 광고되고 있는가?
(A) 휴대폰 서비스
(B) 광고 서비스
(C) 인터넷 제공 서비스
(D) 컴퓨터 수리 서비스

해설 Next Edge Internet는 우리 지역에 가장 빠른 인터넷 서비스를 제공하기 위해 노력하고 있다고(Edge Internet works hard to bring the fastest Internet speeds possible to our city) 하였으므로 정답은 (C)가 된다.

2

W Do you spend hours and hours studying a foreign language but aren't satisfied with the results? Well, then Word Wise is just the app for you! We understand how difficult it can be to learn a new language, so that's why we have developed an easy way to learn new vocabulary every day right on your mobile phone anytime and anywhere! It is the simplest and most convenient way to improve your vocabulary. Signing up is fast and easy, so download Word Wise today!

W 여러분은 엄청나게 많은 시간 동안 외국어를 공부해도 결과에 만족하지 못하시나요? 그렇다면 Word Wise가 바로 여러분을 위한 어플입니다. 우리는 새로운 언어를 배우는 것이 얼마나 어려운지 알고 있습니다. 그래서 저희는 여러분이 휴대폰으로 언제 어디서나 새로운 어휘를 쉽게 학습할 수 있는 방법을 개발했습니다. 이것은 여러분의 어휘 실력을 향상 시킬 수 있는 가장 간편하고 편리한 방법입니다. 신청은 빠르고 쉬우니, 오늘 Word Wise를 다운로드 받으세요.

화자는 어플에 대해 무엇을 강조하고 있는가?
(A) 사용하기 간편하고 쉽다.
(B) 비싸지 않다.
(C) 고객 서비스가 잘 된다.
(D) 매우 현대적이다.

해설 화자는 어플이 어휘 실력을 향상 시킬 수 있는 가장 간편하고 편리한 방법이라고(It is the simplest and most convenient way to improve your vocabulary.) 설명하였다. 따라서 정답은 (A)이다.

실전연습 p.133

정답

1 (C) 2 (D) 3 (D) 4 (D) 5 (C) 6 (A)

스트립트 및 해석

[1-3]

M Are you looking for a way to lose weight this year? Here at Flying Jay Fitness, we can help! Our gyms have the most modern equipment available for every kind of exercise routine. For new gym members, we also provide one month of free personal training to help you get started. And for a limited time, we are offering a 20% discount on yearly memberships! Start the new year right with Flying Jay Fitness!

M 올해는 체중을 감량할 방법을 찾고 계신가요? 여기 Flying Jay Fitness에서 여러분을 도와 드릴 수 있습니다. 우리 헬스클럽은 모든 종류의 규칙적인 운동에 필요한 최신 운동 장비를 갖추고 있습니다. 신규 회원들을 위해서 1개월 간의 무료 개인 트레이닝을 제공해 드립니다. 그리고 제한된 기간 동안, 연간 회원권을 20퍼센트 할인된 가격에 제공해 드립니다. Flying Jay Fitness와 함께 새로운 1년을 시작하세요.

어휘 lose weight 체중을 감량하다 equipment 장비 routine 루틴(통상적인 순서와 방법)

1

어떤 업체가 광고 되고 있는가?
(A) 병원
(B) 정비소
(C) 헬스클럽
(D) 골프장

해설 체중을 감량할 방법을 찾고 있다면, Flying Jay Fitness에서 도와 드릴 수 있다고(Are you looking for a way to lose weight this year? Here at Flying Jay Fitness, we can help!) 말하는 것으로 보아 헬스클럽이 광고되고 있음을 알 수 있다. 따라서 정답은 (C)이다.

2
고객들이 무료로 받을 수 있는 것은 무엇인가?
(A) 회원권
(B) 교통 수단
(C) 훈련 장비
(D) 개인 지도

해설 신규 회원들은 1개월간의 무료 트레이닝을 받을 수 있다는(For new gym members, we also provide one month of free personal training) 내용이 언급되어 있으므로 (D)가 정답이 된다.

3
고객들은 어떤 회원권에 대해 특별 할인을 받을 수 있는가?
(A) 1개월
(B) 3개월
(C) 6개월
(D) 12개월

해설 연간 회원권에 대해서 20퍼센트의 할인을 제공한다고(we are offering a 20% discount on yearly memberships!) 하였으므로 (D)가 정답이 된다.

[4-6]

W In order to celebrate the grand opening of the Manoa location, Percy's Department Store is having its biggest sale of the year! You can get up to 30% off products, including fashion, cosmetics, and outdoor gear, at all of our stores. What is even better is that we are offering coupons for an additional 10% discount only at the newly opened store. Other stores, such as those in Pikoi and Windward, will offer only 30% discounts. This sale only lasts until Monday. And don't forget to visit our Web site to find coupons that will help you save even more!

W Monoa 지점의 개장을 축하하기 위해서, Percy's 백화점은 올해 최대 규모의 할인 행사를 실시합니다. 모든 지점에서 패션, 화장품, 레저 용품을 포함하여 많은 제품들을 30퍼센트까지 할인 받으실 수 있습니다. 더 좋은 소식은 새로 오픈한 지점에서는 10퍼센트의 추가 할인을 받으실 수 있습니다. Pikoi나 Windward 같은 다른 지점에서는 30퍼센트의 할인만 받으실 수 있습니다. 본 할인 행사는 월요일까지만 계속됩니다. 그리고 저희 웹사이트를 방문하셔서, 더 많은 절약을 위한 쿠폰을 찾아보세요.

어휘 cosmetics 화장품 gear 장비 additional 추가적인

Percy's 백화점 쿠폰
만료일: 6월 15일
추가 10% 할인
1인 한정
오프라인 행사와 결합 가능

4
무엇이 광고되고 있는가?
(A) 새로운 서비스
(B) 신제품
(C) 장소 이전
(D) 세일

해설 Percy's 백화점이 최대 세일을 실시한다고(Percy's Department Store is having its biggest sale of the year!) 하였으므로 정답은 (D)가 된다.

5
화자는 월요일에 무슨 일이 있을 것이라고 말하는가?
(A) 새로운 상점이 오픈 할 것이다.
(B) 제품이 출시될 것이다.
(C) 할인 행사가 끝날 것이다.
(D) 행사가 시작될 것이다.

해설 할인 행사는 목요일까지만 계속된다고(This sale only lasts until Monday.) 하였으므로 월요일에는 할인 행사가 끝날 것임을 알 수 있다. 따라서 정답은 (C)이다.

6
시각정보를 보시오. 어떤 지점에서 쿠폰이 사용될 수 있는가?
(A) Manoa
(B) Pikoi
(C) Windward
(D) 모든 Percy 백화점

해설 10퍼센트 추가 할인 쿠폰은 새로 오픈한 지점에서만 사용할 수 있다고(we are offering coupons for an additional 10% discount only at the newly opened store) 안내하고 있으므로 (A)가 정답이 된다.

 방송

p.136

유형 연습

정답
1 (C) 2 (C)

해석
1
청자가 권고 받는 것은 무엇인가?
(A) 실내에 머무르기
(B) 대중교통 이용하기
(C) 우회 도로 이용하기

해설 안내 방송의 내용에 따르면 14번 고속도로가 9월 말까지 폐쇄될(Highway 14 between Denver and Culver City will be closed until the end of September) 예정이며, 화자는 해당 기간 동안 36번 도로를 이용할 것을(Drivers should use Highway 36) 제안하고 있다. 따라서 정답은 (C)이다.

2

청자가 다음에 들을 것은 무엇인가?

(A) 인터뷰
(B) 비즈니스 뉴스
(C) 국제 뉴스

해설 담화의 마지막 부분에 국제 뉴스가 이어지므로 채널을 고정해 달라고(Stay tuned for international news coming up next.) 했으므로 정답은 (C)이다.

빈출 표현

1 after this commercial break / stay tuned
2 use public transportation / the expansion of the lanes
3 will be interviewing the mayor / construction project
4 continue to be extremely hot / humid
5 Commuters / will be closed in August
6 is expected to drop dramatically

확인 학습

정답

1 (A) 2 (C)

스크립트 및 해석

1

M Good morning and welcome back to KKL Radio. Today, we have a special guest, Dr. Alicia Gonzalez, a professor of economics and finance at the University of Colorado. For the next hour, Dr. Gonzalez is going to help us understand how the financial crisis is affecting small businesses in the area. She will also share some advice on how you can handle the crisis better. At the end of the show, we will take some time for Dr. Gonzalez to answer your questions, so I invite you listeners to call in at that time.

M 안녕하세요 KKL 라디오입니다. 오늘은, 콜로라도 대학원에서 경제와 금융을 가르치고 계시는 Alicia Gonzalez 교수님을 특별 손님으로 모셨습니다. 한 시간 동안, Gonzalez 박사님이 우리의 재무 위기가 지역의 소규모 업체들에 어떤 영향을 주는지 우리가 이해할 수 있도록 도와 주실 겁니다. 또한 위기를 더 잘 처리할 수 있는 방법에 대해서도 조언해 주실 것입니다. 프로그램의 마지막에, Gonzalez박사님이 여러분의 질문에 답하는 시간을 가질 것이므로, 그 시간에 청취자 분들께서 전화 주실 것을 부탁합니다.

청자들이 요청 받은 것은 무엇인가?

(A) 전화해서 질문하기
(B) 소규모 업체 창업하기
(C) 공개 회의에 참석하기
(D) 저축하려고 노력하기

해설 마지막 부분에서 화자는 청취자 분들께 전화하라고 요청한다고(I invite you listeners to call in at that time) 했으므로 보기 (A)가 정답이 된다.

2

W Thanks for listening to Radio MBB. Don't forget that the Douglas County Fair will be in town until this Sunday, October 21. You can enjoy the fair rides, the games, and, of course, the fair food! On Saturday, there will be a giant pumpkin competition. You can find out who grew the biggest pumpkin. It will be great fun for all the family, and you can get free pumpkin seeds. On Sunday, the fair will feature a special musical artist, the Jason Byer Band! Tickets are going fast, so check out the county fair Web site before it's too late.

W 라디오 MBB를 청취해 주셔서 감사합니다. Douglas 카운티 축제가 10월 21일 일요일까지 마을에서 열린다는 것을 잊지 마세요. 놀이기구와 게임 물론 축제 음식도 즐기실 수 있습니다. 토요일에는 거대 호박 경쟁 대회도 있습니다. 누가 가장 큰 호박을 재배했는지 알 수 있을 것입니다. 모든 가족들에게 큰 즐거움이 될 것입니다. 그리고 무료로 호박 씨앗도 받으실 수 있습니다. 일요일에는 특별 뮤지션, Jason Byer 밴드가 공연을 합니다. 표가 빠르게 판매되고 있으니 너무 늦기 전에 카운티 축제 웹사이트를 확인해 주세요.

화자가 "Tickets are going fast"라고 말할 때 그녀가 의미하는 것은 무엇인가?

(A) 표가 할인 중이다.
(B) 공연을 보는 데 표가 필요 없다.
(C) 공연이 매우 인기가 좋다.
(D) 가수가 좋은 평가를 받았다.

해설 밴드의 공연이 있다고 말한 뒤 표가 빠르게 판매되고 있다고 하였으므로 예매를 서두르라는 뜻으로 이해할 수 있다. 따라서 보기 (C)의 'A show is very popular'가 정답이다.

실전연습 p.138

정답

1 (D) 2 (B) 3 (C) 4 (A) 5 (B) 6 (C)

스크립트 및 해석

[1-3]

M Thanks for joining us on WTZ Radio for the local sports news. Tomorrow is finally the big game between our own Wildcats and their rival, the Bears. This is the last game of the season, so there will be several special events happening at the game. The first 100 people to arrive at the baseball stadium will receive a free Wildcats baseball cap, so you should get there early. In addition, if the Wildcats hit a homerun, Tony's Tacos will give away one free taco per customer after the game. If you can't make it to see the game live, you can always catch the game on the local TV channel.

M WTZ 라디오 스포츠 뉴스입니다. 내일은 마침내 Wildcats와 라이벌인 Bears의 중요한 게임이 있습니다. 이는 올시즌 마지막 경기여서, 게임 중에 몇몇 특별한 이벤트가 진행될 것입니다. 야구장에 도착하는 첫 100명은 Wildcats 야구 모자를 무료로 선물 받게 되니, 일찍 오시기 바랍니다. 또한, Wildcats가 홈런을 치면 Tony's 타코에서 경기 후에 고객 한 분당 타코 하나씩을 무료로 증정할 것입니다. 이번 경기를 보러 오실 수 없다면 지역 TV 채널에서 시청하시기 바랍니다.

어휘 local 지역의 rival 라이벌 several 몇몇의 cap 모자
in addition 게다가 give away 무료로 나누어 주다 make it 가다

1
보도는 주로 무엇에 관한 것인가?
(A) 취소된 경기
(B) 팀에 합류하는 새로운 선수
(C) 신축 경기장 개장식
(D) 개최될 중요한 경기

해설 담화는 두 팀 간의 중요한 경기가 있고 이와 관련된 행사가 있다는 내용이기 때문에 보기 (D)의 An important game taking place가 정답이 된다.

2
화자는 왜 "You should get there early"라고 말하는가?
(A) 날씨가 좋지 않을 것이다.
(B) 제한된 수량의 무료 선물이 있다.
(C) 주차가 제한될 것이다.
(D) 표가 매진될 것이다.

해설 첫 100명의 입장객에게만 모자 선물을 준다고(The first 100 people to arrive at the baseball stadium will receive a free Wildcats baseball cap) 했으므로 제한된 수량의 무료 선물이 있다는 내용의 (B)가 정답이 된다.

3
보도에 따르면, 팀이 홈런을 치면 무슨 일이 일어날 것인가?
(A) 팀이 트로피를 받을 것이다.
(B) 관람객이 공을 가져도 된다.
(C) 식당은 무료 음식을 줄 것이다.
(D) 경기가 끝날 것이다.

해설 홈런을 치면 경기 후에 무료 타코를 나누어 준다고(if the Wildcats hit a homerun, Tony's Tacos will give away one free taco per customer after the game) 했으므로 무료 음식을 나누어 준다는 내용의 (C)가 정답이 된다.

[4-6]

W And now for your local weather. Overall, temperatures will be warm, but it looks like we will be getting more rain this week. It is not a surprise during hurricane season here in Louisiana. But don't get too depressed. Fortunately, it is going to be sunny this coming Friday, so I suggest you take this chance to enjoy some time outdoors. It would be a great time to check out the newly constructed park on 5th Avenue.

W 지역 소식입니다. 전반적으로 날씨는 따뜻하지만, 이번 주에는 비가 더 많이 내리겠습니다. 이는 허리케인 시즌에는 놀라운 일이 아닙니다. 하지만 너무 우울해 하지 마세요. 다행히도, 이번 주 금요일에는 화창하겠습니다. 야외에서 시간 보내는 것을 추천합니다. 5번가에 새로 건설된 공원에 가 볼 수 있는 좋은 시간이 될 것입니다.

어휘 weather 날씨 temperature 온도 surprise 놀라움
depressed 우울한 outdoors 야외 constructed 건설된

4
화자가 이번 주에 일어날 것이라고 한 것은 무엇인가?
(A) 비가 계속 올 것이다.
(B) 행사가 날씨 때문에 취소될 것이다.
(C) 눈보라가 있을 것이다.
(D) 빌딩이 건설될 것이다.

해설 이번 주에 비가 더 많이 올 것으로 보인다(it looks like we will be getting more rain this week)라고 했으므로 보기 (A)의 'It will continue to rain'이 정답이 된다.

5
화자가 "It is not surprise during hurricane season"이라고 말할 때 그녀가 의미하는 것은 무엇인가?
(A) 아무도 허리케인을 예측할 수 없다.
(B) 이 기간 동안의 전형적인 날씨이다.
(C) 비는 멈출 것이다.
(D) 바람이 매우 많이 불 것이다.

해설 비가 계속 내릴 것이라는 소식 뒤에 '이는 허리케인 시즌 동안에는 놀랄 일이 아니다'라고 했으므로 (B)가 정답이 된다.

6
화자는 언제 밖으로 나가라고 제안하는가?
(A) 화요일에
(B) 수요일에
(C) 금요일에
(D) 일요일에

해설 이번 주 금요일에 날씨가 화창하기 때문에 야외에서 시간을 즐기라고(it is going to be sunny this coming Friday, so I suggest you take this chance to enjoy some time outdoors) 했으므로 보기 (C)가 정답이 된다.

03 전화 메시지

p.140

유형 연습

정답

1 (A) 2 (B)

해석

1

남자가 전달하려는 소식은 무엇인가?

(A) 누군가가 그의 집을 사려고 한다.

(B) 누군가가 그에게 집을 팔려고 한다.

(C) 한 부부가 그를 직접 만나고 싶어한다.

해설 담화의 초반부에 팔려고 내놓은 집을 한 부부에게 보여주었는데, 그들이 집을 사려고 거래 가격을 제시했다는(I showed a couple your house for sale, and they made an offer to buy it) 내용이 있으므로 (A)가 정답이 된다.

2

화자는 청자에게 무엇을 하라고 요청하는가?

(A) 제안을 한다

(B) 그에게 연락한다

(C) 마을을 떠난다

해설 담화의 마지막 부분에서 언제 시간이 되는지 알려달라고(Let me know when you are available) 하였으므로 정답은 (B)가 된다.

빈출 표현

1 I am calling about
2 I have an inquiry about
3 I will be out of town
4 You can reach me at
5 Feel free to contact me
6 am responding to the request

확인 학습

정답

1 (D) 2 (A)

스크립트 및 해석

1

W Hello. I'm calling from Lakeshore Telecommunications about your monthly phone bill. It seems that you still haven't paid last month's bill, so we have to charge you a late fee. Unfortunately, because your payment is more than 10 days late, the charge will be 10% of your total bill. Please pay your bill plus the late fee as soon as possible. As always, you can submit payments by phone, by mail, or online. If you have any questions, don't hesitate to contact us anytime. Thank you.

W 여보세요. 월별 전화 요금 청구서와 관련하여 Lakeshore 텔레콤에서 전화 드립니다. 지난달 전화 요금을 지불하지 않으셔서, 연체료가 청구될 것입니다. 안타깝게도, 지불이 10일 이상 늦었기 때문에, 요금 총액의 10퍼센트가 연체료로 청구될 것입니다. 청구된 요금과 연체료를 가능한 한 빨리 납부해 주시기 바랍니다. 늘 그렇듯이, 전화, 메일, 또는 온라인으로 납부하실 수 있습니다. 혹시 질문이 있으면 언제든지 연락해 주세요. 감사합니다.

여자는 어떤 문제를 언급하는가?

(A) 일부 고객들의 정보가 정확하지 않다.

(B) 행사가 취소되었다.

(C) 물건이 다 팔렸다.

(D) 지불 기한이 지났다.

해설 지난달 전화 요금을 지불하지 않아서 연체료가 청구된다(It seems that you still haven't paid last month's bill, so we have to charge you a late fee)고 안내하고 있으므로 지불 기한이 지난 문제를 언급하고 있음을 알 수 있다. 정답은 (D)이다.

2

M Hello. This is Feliciano Manetto, and I'm calling about an issue I am having with your Web site. I am trying to sign up for online banking, but I keep receiving the same error. It says that the customer information doesn't match the information on record. However, I just opened this account last week, so I am sure nothing has changed. I think maybe my name is misspelled in your system. Could you please call me back and let me know how you have my name in your records? Thanks.

M 여보세요. Feliciano Manetto입니다. 귀사의 웹사이트와 관련해서 문제가 있어서 전화 드립니다. 저는 온라인 뱅킹을 신청하려고 하는데, 계속해서 같은 오류 메시지가 나옵니다. 고객 정보가 일치하지 않는다는 내용입니다. 하지만, 저는 지난주에 이 계좌를 개설했고, 분명히 아무것도 바꾸지 않았습니다. 제 생각에는 시스템에 제 이름의 철자가 잘못 입력되어 있는 것 같습니다. 저에게 전화해서 제 이름이 어떻게 기록되어 있는지 알려 주실 수 있을까요? 감사합니다.

화자는 무엇을 하고 싶어 하는가?

(A) 개인 정보를 확인하는 것

(B) 계좌를 해약하는 것

(C) 주문을 하는 것

(D) 환불을 요청하는 것

해설 담화의 마지막 부분에서 자신에게 전화해서 기록 상에 자신의 이름이 어떻게 기록되어 있는지 알려달라고(Could you please call me back and let me know how you have my name in your records?) 말하고 있으므로 (A)가 정답이 된다.

실전연습 p.143

정답

1 (A) 2 (C) 3 (B) 4 (A) 5 (D) 6 (B)

스크립트 및 해석

[1-3]

M Hello. It's Alexander. I was looking over the sales report that you sent me earlier this week, but something seems off. One of the sales totals from the first quarter seems unusually high. Are you sure it isn't a typo? I mean, it's way higher than any of the other items, so I think you may have typed too many zeros. Anyway, double-check the numbers and call me back when you can. Thanks.

M 여보세요. 저는 Alexander입니다. 지난주에 저에게 보내 주신 영업 보고서를 살펴보던 중에, 뭔가 이상한 것 같아서요. 1분기 총 영업 실적 중 한 항목이 이상하게 높은 것 같아요. 이것이 오타가 아닌 것이 확실한가요? 제 말은, 다른 품목들보다 이것이 훨씬 높은 것 같아서요. 제 생각에는 0을 너무 많이 입력하신 것 같아요. 어쨌든, 수치들을 다시 한 번 확인 해 주시고 시간 될 때 연락주세요. 감사합니다.

어휘 look over 검토하다 something seems off 뭔가 이상하다 typo 오자 double-check 재확인하다

1분기	매장별 총 판매
남성복	2,450.00 달러
여성복	420,000.00 달러
신발	9,500.00 달러
액세서리	8,900.00 달러

1

이 메시지의 목적은 무엇인가?

(A) 오류에 대해 문의하기 위해

(B) 회의를 잡기 위해

(C) 구매를 확정하기 위해

(D) 일자리에 지원하기 위해

해설 담화의 목적을 묻는 문제의 경우 초반부를 집중해서 들어야 한다. 화자는 영업 보고서를 검토하다가 뭔가 이상한 것이 있었다고(I was looking over the sales report that you sent me earlier this week, but something seems off.) 말하고 있으므로 정답은 (A)이다.

2

화자는 청자에게 무엇을 하라고 요청하는가?

(A) 판매를 늘린다.

(B) 고객에게 연락한다.

(C) 어떤 정보를 다시 살펴 본다.

(D) 물건을 주문한다.

해설 화자는 숫자를 다시 한 번 확인하라고(double-check the numbers) 했으므로 (C)가 정답이 된다.

3

시각정보를 보시오. 화자는 어떤 매장에 대해 묻고 있는가?

(A) 남성복

(B) 여성복

(C) 신발

(D) 액세서리

해설 화자는 한 부서의 영업 수치가 다른 것들보다 훨씬 더 높다고(it's way higher than any of the other items) 구체적인 문제점을 언급하였다. 표에서 여성복의 영업 수치가 다른 매장들에 비해 월등히 높기 때문에 정답은 (B)일 것이다.

[4-6]

M Hi. It's Peter. I'm calling about the Christmas office party we are having next week. I called the Italian restaurant that you told me about, but they said that they're completely booked on the day of our party. We need to find another caterer as soon as possible. Do you know any other businesses that can cater a party of 200 people? Who knows if we can find one in time? Anyway, call me back, and we can figure it out together. Thanks.

M 여보세요. 저는 Peter에요. 다음주에 있을 사무실 크리스마스 파티와 관련해서 연락 드려요. 지난번에 말씀하셨던 이태리 음식점에 전화를 했는데, 그날의 식당 예약은 이미 끝났다고 하는군요. 가능한 한 빨리 다른 출장 뷔페를 찾아봐야 할 것 같아요. 혹시 200인분의 식사를 준비해 줄 업체를 알고 계신가요? 우리가 늦지 않게 한군데 찾을 수도 있지 않을까요? 어쨌든, 다시 연락주시고, 같이 방법을 찾아보도록 해요. 고마워요.

어휘 completely 완전히 caterer 음식 공급자 business 사업체 figure out 생각해 내다

4

행사는 왜 열리는가?

(A) 공휴일을 축하하기 위해서

(B) 제품을 홍보하기 위해서

(C) 은퇴를 축하하기 위해서

(D) 팀워크를 다지기 위해서

해설 메시지의 초반부에서 화자는 다음주에 있을 크리스마스 파티와 관련해서 연락한다고 말하였다. 그러므로 보기 중에서 행사의 목적을 가장 잘 설명하고 있는 것은 (A)이다.

5

화자가 이태리 음식점에 대해 말하는 것은 무엇인가?

(A) 매우 맛이 있다.

(B) 위치가 편리하다.

(C) 적절한 메뉴가 없다.

(D) 그곳에서는 행사를 할 수 없다.

해설 이태리 음식점은 파티가 열리기로 한 날 예약이 다 차 있다고(they said that they're completely booked on the day of our party) 언급되어 있으므로 정답은 (D)가 된다.

6
남자가 "Who knows if we can find one in time?"이라고 말했을 때 그가 의미하는 것은 무엇인가?
(A) 해당 분야를 이해하지 못한다.
(B) 행사 전에 출장 뷔페 업체를 찾을 수 있을지 확신하지 못한다.
(C) 누군가에게 파티를 도와달라고 요청하고 싶어 한다.
(D) 식당에 다시 전화를 해야 한다.

해설 'Who knows if ~'는 '~할지 누가 알아?'라는 의미의 표현으로 if 이하의 내용에 대한 확신을 할 수 없을 때 쓰는 표현이다.

04 회의 / 공지 p.146

유형 연습

정답
1 (A) 2 (C)

해석
1
화자에 따르면 변화의 이유는 무엇인가?
(A) 거래 내역을 더 잘 기록하기 위해서
(B) 은행 출납계 직원을 더 잘 평가하기 위해서
(C) 더 많은 은행 출납계 직원을 고용하기 위해서

해설 화자는 변화에 관하여 논의하기 위해 컴퓨터에 접속하라고 안내한 다음, 변화의 목적은 고객의 거래 내역을 더 잘 기록하기 위해서(The goal is to help us track our customer interactions better)라고 언급하였다. 따라서 정답은 (A)이다.

2
청자가 회의 후에 요청받은 것은 무엇인가?
(A) 고객에게 연락할 것
(B) 새 ID 코드를 만들 것
(C) 이메일을 확인할 것

해설 화자는 마지막에 이메일을 확인하면(Just check your e-mail) 새로운 ID를 확인할 수 있다고 말하고 있다. 따라서 정답은 (C)이다.

빈출 표현

1 am pleased to announce / open a new branch office
2 come up with plans to increase sales
3 The goal is to help employees communicate effectively
4 have their pros and cons
5 ready to make an announcement
6 considering a new payroll system

확인 학습

정답
1 (A) 2 (D)

스크립트 및 해석

1

M Before we start today's meeting, I'd like to make an announcement. Last week, our S-Series Furniture line won the Best Modern Design Award at the International Furniture Awards in Frankfurt, Germany. I'd like to congratulate the members of the design team on their achievement. This will really help us make a name for our company, and it is a great success for all of us here. In the future, I would like the design team to work closely with the marketing team to help promote this furniture line.

M 오늘의 회의를 시작하기 전에, 발표할 것이 있습니다. 지난주, 우리의 S-시리즈 가구가 독일 프랑크푸르트에서 열린 국제 가구 시상식에서 최고의 현대적인 디자인 상을 수상했습니다. 이러한 성과에 대해 디자인 팀의 직원들을 축하해 주고 싶습니다. 이는 우리 회사의 이름을 알리는 데 도움이 되고, 우리 모두에게 큰 성공입니다. 향후, 디자인 팀은 이 가구 제품의 판매 촉진을 돕기 위하여 마케팅 팀과 더욱 긴밀히 협력하기를 바랍니다.

화자가 디자인 팀에 대해 말하는 것은 무엇인가?
(A) 상을 받았다.
(B) 모두 신규 채용되었다.
(C) 회사 자금을 절약해주었다.
(D) 새 시스템을 개발했다.

해설 화자는 담화의 초반부에서 디자인 팀의 성과를 축하한다고 (I'd like to congratulate the members of the design team on their achievement) 했는데, 최고의 현대 디자인 상을 수상했다는 것이 구체적인 성과의 내용으로 설명되었다. 따라서 상을 수상했다는 내용의 (A)가 정답이다.

2

W Welcome, everybody, to the Youth Support Committee. As you know, we are in the process of selecting a new project to invest in for young people in our city. As of now, we have narrowed down our options to two choices: building a new community center and opening a public pool. Both options have pros and cons, which we have discussed in previous meetings. Today, I would like you all to cast a vote for your choice between the two.

W 청년 지원 위원회에 오신 것을 환영합니다. 아시다시피, 우리는 도시의 젊은이들에게 투자할 새로운 프로젝트를 선정하는 과정에 있습니다. 현재로서는 두 가지 안으로 좁혀진 상황인데: 이는 지역문화회관 신축과 공공 수영장 건설입니다. 두 가지 안 모두 장단점이 있는데, 이는 이전 회의에서 논의되었습니다. 오늘 저는 여러분들이 투표를 통해 이 두 가지 안 중 하나를 선택해 주시기 바랍니다.

화자가 청자에게 요청한 것은 무엇인가?
(A) 장단점에 대해 논의하기
(B) 문서를 검토하기
(C) 후보자를 추천하기
(D) 두 가지 안 중에서 결정하기

해설 담화의 마지막 부분에 두 안 중 하나에 투표하기를 원한다는(Today, I would like you all to cast a vote for your choice between the two) 내용이 있으므로 (D)가 정답이 된다.

실전연습 p.148

정답
1 (D) 2 (B) 3 (A) 4 (A) 5 (B) 6 (B)

[1-3]

W All right, everyone, we are here to discuss plans for this weekend's big sale. Now, I think that we should move our top-selling TV accessories to the front display during the sale so that customers can find them easily. It's across from the cashier and next to the latest smart TVs, too, so it will be easy to introduce them to customers. Remember that anyone who purchases a smart TV can get a 20% discount on any TV accessories they buy. In addition, all laptops and DVD players will be on sale, too. I want to see higher sales of them if possible.

W 좋습니다, 여러분, 우리는 이번 주 대규모 세일을 위한 계획을 논의하고자 여기에 모였습니다. 이제, 저는 세일 기간에 가장 잘 팔리는 TV 액세서리를 앞쪽 진열대로 옮겨서 고객들이 더 쉽게 찾을 수 있도록 해야 한다고 생각합니다. 이는 계산대 건너편에 있으며 최신 스마트 TV 바로 옆이기도 해서, 고객들에게 쉽게 소개될 수 있을 것입니다. 스마트 TV를 구입하시는 분들은 구매하시는 TV 액세서리에 한해 20퍼센트의 할인을 받을 수 있습니다. 더불어, 모든 노트북과 DVD 플레이어 또한 할인 중입니다. 높은 판매 실적을 기대합니다.

어휘 top-selling 가장 잘 팔리는 display 진열대, 전시 cashier 계산대 latest 가장 최근의 purchase 구매하다 on sale 할인 중인

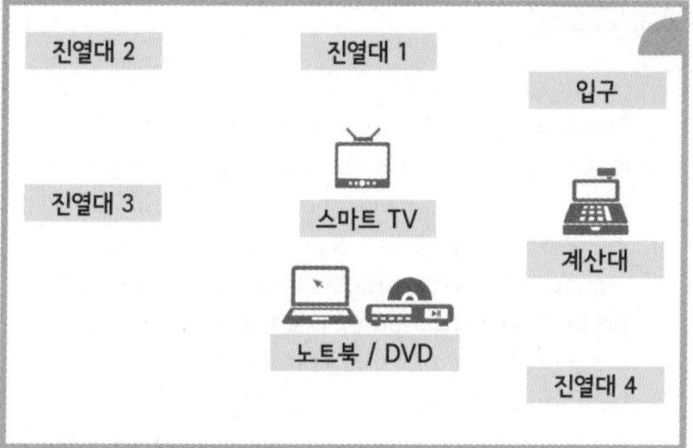

1
청자들은 누구인 것 같은가?
(A) 고객
(B) 공급 업체
(C) 수리 기사
(D) 매장 직원

해설 화자는 담화의 초반부에서 세일 기간 동안 필요한 계획을 논의하기 위해 모였다고(we are here to discuss plans for this weekend's big sale) 했고, 진열대의 위치 변경과 판매 실적에 대해 논의하고 있는 것으로 보아 청자들은 매장 직원이라고 볼 수 있다. 정답은 (D)이다.

2
고객은 어떻게 TV 액세서리의 할인을 받을 수 있는가?
(A) 쿠폰을 소지함으로써
(B) 스마트 TV를 구매함으로써
(C) 온라인으로 등록함으로써
(D) 친구 추천을 통해서

해설 스마트 TV를 구입하면 액세서리에 대해 20퍼센트 할인을 받을 수 있다고(Remember that anyone who purchases a smart TV can get a 20% discount on any TV accessories) 하였으므로 정답은 (B)가 된다.

3
시각정보를 보시오. TV 액세서리는 어디에 전시될 것인가?
(A) 진열대 1
(B) 진열대 2
(C) 진열대 3
(D) 진열대 4

해설 진열대의 위치는 계산대 맞은 편, 스마트 TV의 옆이라고 했으므로 진열대 1이 정답이 된다. 따라서 정답은 (A)이다.

[4-6]

M Okay, one last thing before we end today's meeting. I want to talk about the decrease in our number of international clients. Last year, we had 22% more orders from overseas than we have had so far this year. I'm really concerned about this, and I want your help with it. At our next meeting, I'd like everyone to bring some ideas about how to solve this problem. Here, I'll pass around a copy of the data for you.

M 좋습니다, 오늘의 회의를 끝내기 전에 마지막으로 해외 고객 수 감소에 대해 이야기하고 싶습니다. 작년의 경우, 지금까지 올해의 주문량보다 해외 주문이 22퍼센트나 더 많았습니다. 저는 이에 대해 매우 우려하고 있으며, 여러분들의 도움이 필요합니다. 다음 회의에서는 이 문제를 어떻게 해결할 것인지에 대해 여러분의 생각을 정리해 오시기 바랍니다. 자, 여러분께 데이터의 사본을 나누어 드리겠습니다.

어휘 decrease in ~의 감소 client 고객 concerned about ~에 대해 염려하다 pass around 나누어 주다

4
화자는 무엇을 논의하는가?
(A) 해외 고객의 감소
(B) 문제가 있는 직원
(C) 직장내의 다양성 부족
(D) 정리해고의 필요성

해설 마지막 부분에서 문제점이 언급되어 있는데, 이는 작년에 비해 올해 해외 주문이 감소했다는(Last year, we had 22% more orders from overseas than we have had so far this year) 내용이다. 따라서 해외 고객의 감소라는 내용의 보기 (A)가 정답이 된다.

5
화자가 청자에게 다음 회의 때 무엇을 하라고 요청하는가?
(A) 일찍 도착할 것
(B) 의견을 공유할 것
(C) 판매 보고서를 제출할 것
(D) 회사의 정책을 검토할 것

해설 다음 회의 때 문제의 해결책을 생각해 오라고(At our next meeting, I'd like everyone to bring some ideas about how to solve this problem) 했는데, 이와 가장 가까운 의미의 보기는 '의견을 공유한다'라는 내용의 (B)이다.

6
화자는 이어서 무엇을 할 것 같은가?
(A) 고객 주문 접수
(B) 유인물 배포
(C) 회의 시작
(D) 신입 직원 채용

해설 담화의 마지막 부분에서 화자는 데이터의 사본을 나누어 줄 것이라고(I'll pass around a copy of the data for you) 말하고 있다. 따라서 정답은 (B)이다.

토익 실전 어휘 | UNIT 01-04 p.150

A
1 (a) 2 (a) 3 (b) 4 (b) 5 (b)

B
1 celebrate
2 local
3 misspelled
4 looking over
5 affect

C
1 Nothing is worse than
2 how difficult it is to learn
3 enjoy this chance to take
4 when you are available
5 I am calling about

05 발표 / 인물 소개 p.151

유형 연습

정답
1 (A) 2 (B)

스크립트 및 해석
1
연설의 목적은 무엇인가?
(A) Armil 씨의 은퇴를 축하하기 위해서
(B) 연사를 소개하기 위해서
(C) 프로그램을 설명하기 위해서

해설 담화의 마지막 부분에서 Armil 씨에게 고마움을 표하며 그의 은퇴에 행복을 기원한다는(wish him happiness in his retirement) 내용이 언급된 것으로 보아, 연설의 목적은 그의 은퇴를 축하하기 위한 것임을 알 수 있다. 정답은 (A)이다.

2
Armil 씨는 무엇을 설립했는가
(A) 어려운 가정을 위한 은신처
(B) 도움이 필요한 가정을 지원하는 프로그램
(C) 글로벌 기업

해설 담화의 중반부에 Armil 씨는 법적 분쟁에 처한 도움이 필요한 가족들을 돕는 지역 Outreach 프로그램의 설립자였다고(he was the founder of our community outreach program that helps needy families who are facing legal troubles) 언급되어 있다. 그러므로 (B)가 정답이 된다.

빈출 표현

1 I am here to talk about
2 are delighted to present an award / Please join me
3 has been with our firm / contributed to
4 I am honored to introduce
5 began her position as the head
6 has had a great influence on

확인 학습

정답
1 (B) 2 (B)

스크립트 및 해석
1

M The next speaker I would like to introduce to you is Amy Spencer, who has been with the company for 10 years. Ever since she joined the company in 2008, she has been working as a regional manager. With her excellent leadership skills and professional knowledge, she made her branch the most profitable one this year. That's why she is here today to share her success stories and also to encourage us to perform better in our regions. I would like you to welcome her with a big hand.

M 다음으로 소개할 연사는 Amy Spencer인데, 그녀는 우리 회사와 10년간 함께 해왔습니다. 2008년에 회사에 입사한 이래, 그녀는 지역 총괄 매니저로 일해 왔습니다. 뛰어난 지도력과 전문 지식으로, 그녀는 올해 자신의 지점을 최고의 이익을 낸 지점으로 만들었습니다. 그래서 자신의 성공 스토리를 공유하고 우리에게도 더 나은 실적을 낼 수 있도록 도와주기 위해 그녀가 여기에 나왔습니다. 큰 박수로 환영해 주시기 바랍니다.

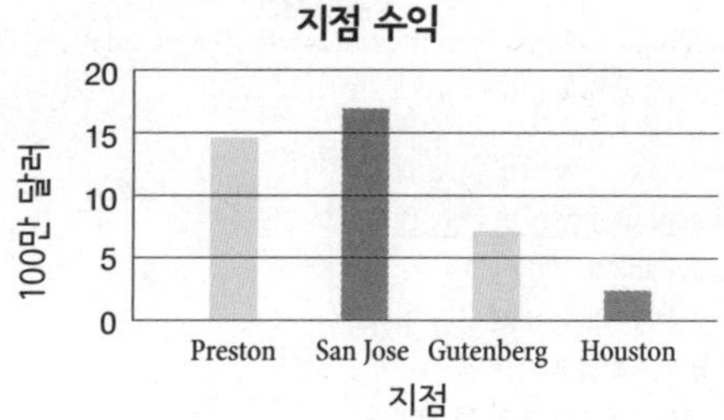

시각정보를 보시오. Spencer 씨는 어느 지점을 담당하고 있는가?
(A) Preston
(B) San Jose
(C) Gutenberg
(D) Houston

해설 Amy Spencer는 자신의 지점을 올해 최고의 이익을 낸 지점으로 만들었다고(she made her branch the most profitable one this year) 소개되고 있다. 그래프에서 실적이 가장 좋은 지점은 San Jose 지점이므로 정답은 (B)이다.

2

W Welcome to today's photography seminar. Please take a seat at any of the computers, and we will begin. Today, you are going to learn how to organize your photos online in a more manageable way. But before we begin, I want to explain one detail about the conference. As you may already know, lunch is included with the conference. I will be passing out free lunch coupons at the end of the seminar, so make sure you get one before you leave. You can use it at the hotel restaurant any time after 12:00 P.M.

W 오늘의 사진 세미나에 오신 것을 환영합니다. 아무 컴퓨터 앞에든 앉아 주시면, 바로 시작하도록 하겠습니다. 오늘은 먼저 여러분의 사진을 보다 관리하기 쉽게 정리하는 방법에 대해 배우게 될 것입니다. 하지만 시작하기 전에, 컨퍼런스와 관련된 한 가지 사항에 대해 말씀 드리겠습니다. 이미 알고 계실 수도 있지만, 이 컨퍼런스에는 점심 식사가 포함이 되어 있습니다. 세미나가 끝날 무렵에 점심 식사 쿠폰을 나눠 드릴 예정입니다. 떠나시기 전에 쿠폰을 꼭 받아 가시기 바랍니다. 호텔 식당에서 12시 이후에 언제든지 쿠폰을 이용하실 수 있습니다.

청자들은 12시 이후에 무엇을 하라는 말을 듣는가?
(A) 세미나를 신청한다.
(B) 식사를 한다.
(C) 사진을 찍는다.
(D) 자리를 찾는다.

해설 12시 이후에 호텔 식당에서 언제든 쿠폰을 이용할 수 있다고(You can use it at the hotel restaurant any time after 12:00 P.M.) 하였으므로, 정답은 (B)이다.

실전연습 p.154

정답
1 (B) 2 (C) 3 (C) 4 (A) 5 (C) 6 (D)

[1-3]

W Thank you all for joining us for the grand opening of our new location! As the store manager in charge of this branch of Derby's Music, let me be the first to welcome you all. This store is our first in Europe, and I hope to bring you the best products and provide the best service possible. To start, we are offering a free gift to everyone here today. All you have to do is subscribe to our e-mail newsletter. You can sign up on any of the tablet computers that we have set up in the store.

W 저희의 새로운 지점의 개점 행사에 참여해 주셔서 감사합니다. Derby's Music의 본 지점을 맡고 있는 매니저로서, 제가 먼저 여러분께 환영의 말씀을 전합니다. 이 지점은 저희의 유럽 내 첫 번째 지점이며, 여러분께 최고의 상품과 서비스를 제공해 드리게 되기를 바랍니다. 우선, 여기에 계신 모든 분들께 무료 선물을 제공해 드리고 있습니다. 여러분은 이메일 소식지만 구독해 주시면 됩니다. 저희가 상점에 설치해 놓은 테블릿 PC에서 신청하실 수 있습니다.

어휘 location 장소 in charge of ~을 담당하고 있는 subscribe 구독하다 newsletter 소식지, 회보 sign up 등록하다, 신청하다

1
화자는 누구인가?
(A) 상점 주인
(B) 상점 매니저
(C) 정치인
(D) 투자자

해설 담화의 초반부에서 화자는 Derby's Music 지점을 맡고 있는 매니저로서 자신이 먼저 환영의 말씀을 전한다(As the store manager in charge of this branch of Derby's Music, let me be the first to welcome you all.)라고 하며 자신의 신분을 밝히고 있다. 따라서 정답은 (B)이다.

2
상점은 어디에 위치해 있는가?
(A) 북미에
(B) 아시아에
(C) 유럽에
(D) 호주에

해설 이 지점은 자신들의 유럽 내 첫 번째 지점(This store is our first in Europe)이라고 하였으므로 상점은 유럽에 위치해 있음을 알 수 있다. 정답은 (C)이다.

3
방문객들은 어떻게 무료 선물을 받을 수 있는가?
(A) 핫라인에 전화를 함으로써
(B) 설문조사를 끝냄으로써
(C) 간행물을 구독함으로써
(D) 친구를 추천함으로써

해설 여기에 온 모든 이들에게 무료 선물을 제공할 것이며, e-mail 소식지만 구독하면 된다고(we are offering a free gift for everyone here today. All you have to do is subscribe to our e-mail newsletter) 하였으므로 (C)가 정답이 된다. 보기 (C)에서는 'e-mail news letter'가 publication으로 바뀌어 표현되었다.

[4-6]

M Good evening, everyone, and welcome to the 12th annual Architecture & Construction Achievements Awards Ceremony hosted by the Hong Kong Construction Initiative. Today, we will be announcing the winners of the following five awards: Best Design, Most Practical, Most Ecofriendly, Most Innovative, and Safest. Each category was chosen by a committee of professional designers, architects, and construction managers. The first category of the evening is Best Design, and to announce the winner, the president of the Hong Kong Construction Initiative will be here. Please join me in welcoming him on stage with a round of applause.

M 안녕하십니까, 여러분, Hong Kong Construction Initiative가 주관하는 제 12회 건축 및 건설 시상식에 참석해 주신 것을 감사 드립니다. 오늘 우리는 다음 다섯 분야의 수상자를 발표하도록 하겠습니다: Best Design, Most Practical, Most Ecofriendly, Most Innovative, 그리고 Safest 상입니다. 각 부문은 전문 디자이너, 건축가, 건설 관리자들로 구성된 위원회에 의해 선발되었습니다. 오늘 저녁 첫 번째 시상 부문은 Best Design이며, 수상자 발표를 위해서 Hong Kong Construction Initiative의 사장님께서 이곳으로 나와 주시겠습니다. 큰 박수로 환영하며 무대로 모시도록 하겠습니다.

어휘 annual 연례의, 해마다의 architecture 건축 construction 건설 committe 위원회 category 범주

4
청자들은 누구일 것 같은가?
(A) 건축가
(B) 변호사
(C) 배우
(D) 경찰

해설 화자가 제 12회 건축 및 건설 시상식에 온 것을 환영한다고(welcome to the 12th annual Architecture & Construction Achievements Awards Ceremony) 말한 것으로 보아 청자들은 건축가임을 짐작해 볼 수 있다. 정답은 (A)이다.

5
몇 개의 상이 발표될 것인가?
(A) 3
(B) 4
(C) 5
(D) 6

해설 모두 다섯 부문의 상을 발표할 것이라고(we will be announcing the winners of the following five awards) 언급되어 있으므로 정답은 (C)이다.

6
이어서 무슨 일이 있을 것 같은가?
(A) 식사가 제공될 것이다.
(B) 손님들이 건물을 빠져 나갈 것이다.
(C) 영화가 시작될 것이다.
(D) 누군가가 무대로 올라 올 것이다.

해설 수상자 발표를 위해서 Hong Kong Construction Initiative의 사장이 이곳으로 나올 것이라고(to announce the winner, the president of the Hong Kong Construction Initiative will be here) 하였으므로 (D)가 정답이 된다.

06 관광 / 관람 / 견학

p.156

유형 연습

정답
1 (B) 2 (C)

해석
1
청자는 누구인 것 같은가?
(A) 고객
(B) 관광객
(C) 군인

해설 화자는 자신이 시티 버스 투어 가이드라고(I'll be your guide on this city bus tour) 밝히고 있으므로 정답은 (B)이다.

2
화자가 허락되지 않는다고 말한 것은 무엇인가?
(A) 궁전에서 음식물 섭취하기
(B) 버스에서 질문하기
(C) 투어 중에 버스에서 내리기

해설 화자는 투어 도중에 버스에서 내릴 수 없다고(you cannot get off the bus anytime during the tour) 안내하였으므로 정답은 (C)이다.

빈출 표현

1 are not allowed to take photographs
2 restore this historic building / open it to the public
3 modern art exhibit features

4 a landmark in New York City
5 Let's head over to / destination
6 buy some souvenirs at the gift shop

확인 학습

정답

1 (B) 2 (A)

스크립트 및 해석

1

W All right, the next part of our forest tour is going to take us into Murphy Cave. This cave system is over 150 kilometers in length, which makes it the longest one in the region. It's really an amazing wonder of nature. We will only go in about 1 kilometer on today's tour. Now, there is a species of bat that lives here, and it is very sensitive to light. So flash photography is not permitted within the cave. Normal photos are fine, but you must turn off the flash.

W 자, 산림 투어에서 다음으로 가 볼 곳은 Murphy 동굴입니다. 이 동굴은 길이가 150킬로미터로서, 지역에 가장 긴 동굴입니다. 이는 자연의 놀라운 경이로움입니다. 오늘 투어에서는 약 1킬로미터만 들어 갈 것입니다. 지금, 이곳에는 박쥐가 서식하고 있는데, 이들은 빛에 매우 민감하기 때문에 동굴 안에서 플래시를 사용한 사진 촬영은 허락되지 않습니다. 일반적인 사진은 상관없지만, 플래시를 꺼야만 합니다.

화자가 허락되지 않는다고 말한 것은 무엇인가?
(A) 동물에게 먹이 주기
(B) 플래시를 사용해 사진 찍기
(C) 동굴에 들어가기
(D) 박쥐를 만지기

해설 대화의 마지막 부분에서 박쥐가 빛에 민감하기 때문에 플래시를 사용하지 말라고(So flash photography is not permitted within the cave) 요청하였다. 따라서 보기 (B)가 정답이 된다.

2

M Welcome to the Van Dijk Brewery tour. Let's start today with some information about the company. Did you know that Van Dijk beer is served in more than 30 different countries around the world? Well, today, you are going to see how we make our beers. You will see the major processes such as malting and fermenting. You will also see where we bottle and ship the beers. And at the end of the tour, we will even offer you the chance to taste three of our most popular beers for free. Follow me this way, please.

M Van Dijk 양조장 투어에 오신 걸 환영합니다. 회사에 대한 정보를 말씀 드리면서 시작하겠습니다. Van Dijk 맥주가 전 세계 30개국에 공급되고 있다는 것을 알고 계셨나요? 자, 오늘, 우리가 맥주를 어떻게 만드는지 보시게 될 것입니다. 맥아의 제조와 발효 등의 주요 과정을 살펴볼 것입니다. 맥주를 병에 담고, 배송하는 것도 보시게 될 것입니다. 투어 마지막에는 가장 유명한 맥주 세 종류를 무료로 맛 볼 수 있는 기회도 드립니다. 저를 따라 오세요.

Van Dijk 양조장 투어	
구역 1	무료 시음
구역 2	맥아 제조
구역 3	발효
구역 4	병에 담기 및 배송

시각정보에 따르면 청자들은 투어의 마지막에 어디에 가게 될 것인가?
(A) 구역 1
(B) 구역 2
(C) 구역 3
(D) 구역 4

해설 투어의 마지막에 무료로 맥주를 맛볼 수 있는 기회를 준다고 (at the end of the tour, we will even offer you the chance to taste three of our most popular beers for free) 하였는데, 도표에 따르면 구역 1에서 맥주 시음을 하게 되므로 정답은 (A)이다.

실전연습 p.159

정답

1 (B) 2 (A) 3 (D) 4 (C) 5 (D) 6 (A)

스크립트 및 해석

[1-3]

M And this completes our tour of the museum. Thank you all for joining us today, and I apologize again for your not being able to see the native history section because of construction. If you bring your ticket back after May 1, you can see the newly renovated native history exhibit free of charge. On your way out, I suggest stopping by the gift shop. It has a great selection of souvenirs and postcards. You can even mail a postcard directly from the shop for free.

M 이것으로 박물관 투어를 마치겠습니다. 오늘 참석해 주셔서 감사드리며, 공사 때문에 원주민 역사 구역을 볼 수 없었던 것에 대해 다시 한 번 사과의 말씀을 드립니다. 5월 1일 이후에 표를 보여주시면, 새롭게 보수된 원주민 역사 전시관을 무료로 보실 수 있습니다. 나가시는 길에, 기념품 상점에 방문하는 것을 추천합니다. 그곳에 다양한 기념품과 엽서가 있습니다. 상점에서 무료로 엽서를 직접 보내실 수도 있습니다.

어휘 complete 완성하다 apologize 사과하다 native 원주민의 construction 공사 renovated 수리된, 보수된 exhibit 전시회, 전시 free of charge 무료로 stop by ~에 들르다 souvenir 기념품

1
담화가 일어나는 장소는 어디인가?
(A) 버스에서
(B) 박물관에서
(C) 공장에서
(D) 극장에서

해설 담화의 첫 부분에서 박물관 투어를 마치겠다고(this completes our tour of the museum) 했으므로 (B)의 박물관이 정답이다.

2
원주민 역사 구역에 대해 암시되고 있는 것은 무엇인가?
(A) 수리 중이다.
(B) 박물관에서 없어졌다.
(C) 항상 무료이다.
(D) 개인 공간이다.

해설 5월 1일 이후에 오면 새롭게 수리된 원주민 역사 구역을 볼 수 있다고(If you bring your ticket back after May 1, you can see the newly renovated native history exhibit free of charge.) 하였으므로, 이곳은 현재 수리 중이라고 추측할 수 있다. 따라서 정답은 보기 (A)의 It is being renovated이다.

3
화자는 청자들에게 무엇을 하라고 추천하는가?
(A) 소셜미디어에 사진 올리기
(B) 뉴스레터 등록하기
(C) 정원길을 통해 나가기
(D) 기념품 상점에 방문하기

해설 화자는 청자들에게 기념품 상점에 들르라고(I suggest stopping by the gift shop) 제안했으므로 기념품 상점이 정답이다.

[4-6]

W If you all take a look to your left, you will see the Stanley Diner. Opened in 1909, this family restaurant is one of the most beloved establishments in our city. No trip to our city is complete without a visit, so we are going to have lunch there tomorrow. For now, let's continue our walking tour down to the docks. There, we can learn a bit about the history of the fishing industry here in Springfield and how it has grown into the nation's 3rd biggest seafood market. You will also have about an hour of free time to explore the market by yourself.

W 오른쪽을 보시면, Stanley Diner를 볼 수 있습니다. 1909년에 개점한 이 패밀리 레스토랑은 우리 시에서 가장 사랑 받는 시설들 중 하나입니다. 이곳을 방문하지 않고서는 여행을 마무리했다고 볼 수 없기 때문에, 우리는 내일 이곳에서 점심 식사를 할 것입니다. 일단, 부두를 따라 계속 걷도록 하겠습니다. 그곳에서, 우리는 이곳 스프링필드 어업의 역사와 그곳이 어떻게 국내에서 세 번째로 큰 수산 시장으로 성장했는지 배울 수 있습니다. 여러분은 또한 혼자서 시장을 둘러볼 수 있는 자유 시간을 한 시간 정도 가지게 될 것입니다.

어휘 take a look at ~을 보다 beloved 인기 많은 dock 부두 industry 산업

4
화자는 누구일 것 같은가?
(A) 웨이터
(B) 어부
(C) 여행 가이드
(D) 쇼 호스트

해설 담화의 내용이 전반적으로 여행 명소에 대한 안내이므로 정답은 (C)이다.

5
화자가 "No trip to our city is complete without a visit"라고 말할 때 그녀가 의미하는 것은 무엇인가?
(A) 장소에 대해 아는 사람이 많지 않다.
(B) 자리 경쟁이 치열하다.
(C) 몇몇 사람들은 시설의 폐쇄를 원한다.
(D) 그곳은 도시의 핵심적인 장소이다.

해설 인용된 문장을 직역하면 '(그곳에) 방문하지 않고서는 우리 시의 여행을 마쳤다고 볼 수 없다'라는 의미이다. 즉, 그곳은 시에서 반드시 방문해야 하는 중요한 장소라는 의미이므로 정답은 (D)이다.

6
화자는 내일 무슨 일이 있을 것이라고 말하는가?
(A) 청자들은 유명한 식당에서 식사를 하게 될 것이다.
(B) 청자들은 수산 시장에 방문하게 될 것이다.
(C) 보트 전시회가 부두에서 있을 것이다.
(D) 인기 있는 공원에서 공연이 있을 것이다.

해설 화자는 내일 그곳에서 점심 식사를 할 것이라고(we are going to have lunch there tomorrow) 했는데, 여기에서 말하는 식당은 앞서 언급된 Stanley Diner이므로 정답은 (A)이다.

07 공공장소 공지 / 안내

p.161

유형 연습

정답
1 (A) 2 (B)

해석
1
공지에 따르면 청자들은 수영장 이용이 중지될 때 무엇을 할 수 있는가?
(A) 스파를 이용한다
(B) 마사지를 받는다
(C) 수영 강습을 받는다

해설 수영장 이용이 중지될 때 온수 욕조와 스파를 즐길 수 있다고(You may still use the hot tub and spa as well as the lounge chairs) 하였으므로 (A)가 정답이 된다.

2
화자는 수영하는 사람들이 무엇을 할 것을 권하는가?
(A) 휴식을 취한다
(B) 간식을 먹는다
(C) 온수 욕조를 이용한다

해설 화자는 수영장 청소 시간을 이용하여 매점에서 가벼운 간식과 음료를 즐겨 달라고(We recommend taking this chance to visit the concession stand to have a snack or to enjoy a cool drink) 안내하고 있으므로 정답은 (B)이다. 'have a snack'이 'grab a bite to eat'으로 바뀌어 표현되었다.

빈출 표현

1 sorry for any inconvenience
2 will be closed for safety reasons
3 The train bound for / will be arriving
4 turn off your mobile phones / performance begins
5 celebrate our grand opening / special offers
6 will be temporarily closed due to regular cleaning

확인 학습

정답

1 (A) 2 (D)

스크립트 및 해석

1

M Good afternoon, passengers, and welcome aboard the commuter bus bound for Chicago. Our trip is scheduled to take 1 hour and 30 minutes. However, because of roadside construction, we expect that the roads will be more backed up than usual. Our arrival time will likely be delayed by about 30 minutes, so please keep that in mind. You can use the free Wi-Fi provided on our bus to e-mail or message anyone that needs to be updated about your schedule. We apologize for any inconvenience that this delay may cause. Thank you.

M 안녕하세요, 승객 여러분, 시카고 행 통근 버스에 탑승하신 것을 환영합니다. 오늘 주행 시간은 1시간 30분으로 예정되어 있었습니다. 하지만, 도로변 공사로 인하여 평소보다 교통이 더 막힐 것으로 예상됩니다. 도착 시간은 대략 30분 정도 지연될 것으로 보입니다. 차량 내에서 제공되는 무료 와이파이를 이용하여 일정 변경을 알려 할 곳에 이메일이나 메시지로 알려주시기 바랍니다. 지연으로 인해 불편을 드려 죄송합니다. 감사합니다.

화자에 따르면, 버스는 왜 지연될 것인가?
(A) 공사가 있기 때문에
(B) 버스가 늦게 떠났기 때문에
(C) 예상치 못한 정지가 있었기 때문에
(D) 휘발유를 더 넣어야 하기 때문에

해설 도로변 공사로 인하여 도로가 평소보다 더 막힐 것으로 예상된다고(because of roadside construction, we expect that the roads will be more backed up than usual.) 한 것으로 보아 (A)가 정답이다.

2

W Ladies and gentlemen, welcome to the Fox Theater. Tonight's show, *The Story of a Boy*, will begin shortly. We would like to remind you to turn off your mobile phones to prepare for the show. We would also like to ask you to refrain from taking any photos or videos during the show. After the show, the cast will be available for photos in the lobby free of charge. We appreciate your cooperation and hope you enjoy the show.

W 신사 숙녀 여러분, Fox 극장에 오신 것을 환영합니다. 오늘의 공연인 *한 소년의 이야기*가 잠시 후 시작되겠습니다. 공연 준비를 위해 여러분의 휴대폰 전원을 꺼 주시기 바랍니다. 또한 공연 중에는 사진이나 비디오 촬영을 삼가 주시기 바랍니다. 공연이 끝난 후에 출연진이 무료 사진 촬영을 위해 로비에서 기다릴 것입니다. 협조해 주셔서 감사 드리며 즐거운 공연 되시기를 바랍니다.

안내 방송은 어디서 이루어지고 있는가?
(A) 서점에서
(B) 쇼핑몰에서
(C) 박물관에서
(D) 극장에서

해설 화자가 Fox 극장에 오신 것을 환영한다고(welcome to the Fox Theater.) 말한 것으로 보아 공지는 극장에서 이루어지고 있음을 알 수 있다.

실전연습 p.164

정답

1 (D) 2 (C) 3 (C) 4 (B) 5 (B) 6 (D)

스크립트 및 해석

[1-3]

M Attention, travelers. Due to unsafe conditions caused by heavy snowfall, the 9:00 P.M. Bard Airline flight to Moscow has been delayed until tomorrow morning at 11:00 A.M. We regret any inconvenience this may cause you. Please find your way to the nearest Bard Airline counter to receive details about the newly rescheduled flight. As a token of our sincerest apologies, you can also receive a voucher for a free night at one of the airport hotels. Again, we are sorry for the delay and thank you for flying with Bard Airlines.

M 승객 여러분께 알려 드립니다. 폭설로 인한 안전 상의 문제로, 모스크바행 Bard 항공 9시 비행기는 내일 오전 11시까지 연착됩니다. 불편을 끼쳐드려서 죄송합니다. 가까운 Bard 항공 카운터로 가셔서 새롭게 변경된 항공 스케줄을 확인하시기 바랍니다. 진심 어린 사과의 표시로, 공항 호텔 중에 한 곳에서 무료로 머무실 수 있는 바우처를 제공해 드립니다. 다시 한 번 항공기 지연에 대해 사과 드리며 Bard 항공을 이용해 주셔서 감사합니다.

어휘 condition 상태 reschedule 일정을 재조정하다 sincere 진심 어린 voucher 상품권, 할인권, 쿠폰

1
공지에 따르면, 일정은 왜 변경되었는가?
(A) 승객이 너무 많았다.
(B) 다른 비행기가 더 일찍 출발해야 했다.
(C) 수하물 중 일부가 분실되었다.
(D) 기상 상황이 좋지 않다.

해설 폭우로 인한 안전 상의 문제로 항공기가 지연되었다고(Due to unsafe conditions caused by heavy snowfall, the 9:00 P.M. Bard Airline flight to Moscow has been delayed) 언급되어 있으므로 정답은 (D)이다. heavy snowfalls가 보기에서는 bad weather로 바꿔어 표현되었다.

2
화자에 따르면, 승객들은 무엇을 이용할 수 있는가?
(A) 좌석 업그레이드
(B) 무료 휴대 가방
(C) 호텔 쿠폰
(D) 식사

해설 공항 호텔에 머물 수 있는 바우처를 제공한다고(you can also receive a voucher for a free night at one of the airport hotels.) 하였으므로 정답은 (C)가 된다.

3
승객들은 언제 모스크바로 떠날 수 있는가?
(A) 오늘 오후 9시에
(B) 오늘 오후 11시에
(C) 내일 오전 11시에
(D) 내일 오후 9시에

해설 내일 아침 오전 11시까지 비행기가 지연될 것이라고(until tomorrow morning at 11:00 A.M) 안내하고 있으므로 정답은 (C)이다.

[4-6]

W Good evening, mall guests. I would like to remind you all that Pamela's Sporting Goods is opening its doors for the first time today, and it is having a special event to celebrate. Today only, all customers can receive a free tote bag with the purchase of a pair of tennis shoes. In addition, the store will be giving a free lesson on how to maintain your sports equipment during winter. You can find Pamela's Sporting Goods on the first floor in the east wing of the mall.

W 안녕하세요, 고객 여러분. Pamela's Sporting Goods가 오늘 개장을 하고, 이를 축하 하기 위해 특별 행사가 열리고 있다는 것을 알려 드립니다. 오늘 단 하루, 테니스화를 구매하시는 모든 고객 분들께 무료 토트백을 제공해 드립니다. 또한, 겨울철에 스포츠 장비를 관리하는 방법에 관한 수업도 무료로 제공합니다. Pamela's Sporting Goods는 쇼핑몰 동편 건물의 1층에 위치해 있습니다.

어휘 remind 상기시키다, 알려주다 celebrate 축하하다 purchase 구입, 구입하다 maintain 유지하다 equipment 장비 wing (건물 한쪽으로 돌출된) 동

4
화자가 Pamela's Sporting Goods에 대해 말한 것은 무엇인가?
(A) 중고 스포츠 용품을 판다.
(B) 오늘이 영업 첫날이다.
(C) 수리를 막 끝냈다.
(D) 소유권이 변경되었다.

해설 담화의 첫 부분에서 상점이 오늘 개장을 한다고(Pamela's Sporting Goods is opening its doors for the first time today) 하였으므로 오늘이 영업 첫날인 것을 알 수 있다. 정답은 (B)이다.

5
고객들이 테니스화를 구입할 경우, 그들은 무엇을 무료로 받을 수 있는가?
(A) 신발끈
(B) 가방
(C) 스포츠 타월
(D) 스포츠 장비

해설 테니스 신발을 구매하시는 모든 고객 분들께 무료 토트백을 제공한다고(all customers can receive a free tote bag with the purchase of a pair of tennis shoes) 하였으므로 (B)가 정답이다.

6
안내 방송에 따르면, 특별 행사에서 고객들은 무엇을 할 수 있는가?
(A) 희귀한 수집품을 구입한다
(B) 큰 폭의 할인을 받는다
(C) 회원권을 신청한다
(D) 무료 수업을 듣는다

해설 겨울철 스포츠 장비 관리법에 관한 무료 수업도 제공한다고(the store will be giving a free lesson on how to maintain your sports equipment during winter) 하였으므로 정답은 (D)가 된다.

토익 실전 어휘 | UNIT 05-07 p.166

A
1 (a) 2 (b) 3 (b) 4 (a) 5 (a)

B
1 honored
2 landmark
3 features
4 complimentary
5 influence

C
1 truly appreciate your cooperation
2 has been with the company
3 The train bound for Oxford
4 is scheduled to take
5 allowed to take photographs

Half Test p.167

정답

Part 1

1 (C)	2 (A)	3 (B)		

Part 2

4 (B)	5 (A)	6 (B)	7 (A)	8 (A)
9 (B)	10 (B)	11 (C)	12 (B)	13 (A)
14 (B)	15 (A)	16 (A)	17 (A)	

Part 3

18 (A)	19 (D)	20 (B)	21 (A)	22 (B)
23 (C)	24 (A)	25 (B)	26 (D)	27 (C)
28 (B)	29 (C)	30 (A)	31 (B)	32 (B)
33 (A)	34 (B)	35 (B)		

Part 4

36 (C)	37 (A)	38 (B)	39 (D)	40 (B)
41 (A)	42 (B)	43 (B)	44 (A)	45 (C)
46 (D)	47 (B)	48 (D)	49 (B)	50 (B)

Part 1

1

(A) A man is putting on a tie.
(B) A woman is using her laptop.
(C) A man is raising his hand.
(D) People are seated around a table.

(A) 한 남자가 넥타이를 매고 있는 중이다.
(B) 한 여자가 노트북을 사용하고 있다.
(C) 한 남자가 손을 들고 있다.
(D) 사람들이 테이블에 앉아 있다.

해설 한 남성이 손을 들고 있는 동작을 묘사하고 있는 (C)가 정답이다. (A)의 put on은 복장을 착용하고 있는 동작을 표현하는 것이므로 정답이 될 수 없고, 사진에서 노트북이나 테이블은 보이지 않으므로 (B)와 (C)도 정답이 아니다.

어휘 put on ~을 입어 보다 laptop 노트북 컴퓨터

2

(A) Cars have been parked.
(B) Vehicles are being towed away.
(C) The parking structure is being cleaned.
(D) Some cars are being washed.

(A) 자동차들이 주차되어 있다.
(B) 차량들이 견인되고 있다.
(C) 주차 건물이 청소되고 있다.
(D) 몇몇 자동차들이 세차되고 있다.

해설 골목길에 차가 주차되어 있는 것을 볼 수 있으므로 (A)가 정답이다. (B), (C), (D)는 현재진행형 수동태이므로 사진에 사람이 등장하지 않으면 정답이 될 수 없다.

어휘 tow 견인하다 parking structure 주차건물

3

(A) They are marching in a ceremony.
(B) They are coming down the stairs.
(C) The stairs are being polished.
(D) There is a fence at the top of the stairs.

(A) 그들은 기념식에서 행진하고 있다.
(B) 그들은 계단을 내려오고 있다.
(C) 계단이 닦이고 있다.
(D) 계단의 맨 위에 울타리가 있다.

해설 두 명의 남녀가 계단을 내려오고 있는 사진이다. 이를 가장 잘 묘사하고 있는 (B)가 정답이다. (A)의 marching도 '걸어 간다'는 의미가 있기는 하지만, 이들이 기념식(ceremony)에서 행진하고 있는 것은 아니므로 (A)는 정답이 될 수 없다. 계단은 청소되고 있지(are being polished) 않고, 사진에서 울타리는(fence) 보이지 않으므로 (C)와 (D) 또한 오답이다.

어휘 march 행진하다 ceremony 식, 기념식

Part 2

4
When is the deadline for the proposal?
(A) The project is not known.
(B) Sue has the schedule.
(C) It's about the construction.

제안서 제출 기한은 언제인가요?
(A) 그 프로젝트는 알려지지 않았어요.
(B) Sue가 일정표를 가지고 있어요.
(C) 그것은 건설에 대한 것이에요.

해설 제안서 제출 기한을 묻는 질문에 대해 Sue가 일정표를 갖고 있다고 답한 (B)가 정답이다. (A)와 (C)는 proposal에서 연상될 수 있는 답변들이지만 모두 질문과는 무관한 대답이다.

어휘 deadline 기한 proposal 제안서

5
Which conference would you like to participate in?
(A) The one about marketing.
(B) I don't want to give a speech.
(C) Seems like a long time ago.

당신은 어떤 컨퍼런스에 참가하고 싶은가요?
(A) 마케팅에 관련된 것요.
(B) 연설하는 것을 원하지 않아요.
(C) 오래 전이었던 것 같아요.

해설 어떤 컨퍼런스에 참가하고 싶은지를 묻는 질문에 대해 마케팅에 관련된 것이라고 답한 (A)가 정답이다. 연설을 부탁하지 않았으므로 (B)는 정답이 될 수 없고, 과거에 대해 언급하고 있는 (C) 또한 적절치 못한 대답이다.

어휘 participate 참가하다 give a speech 연설하다

6
Where can I put these new shelves?
(A) They are well organized.
(B) Why don't we put them in the corner?
(C) We need to get new ones.

이 새 선반들을 어디에 두어야 하나요?
(A) 그것들은 잘 정리되었어요.
(B) 구석에 놓는 것이 어떨까요?
(C) 새것들을 사야 해요.

해설 새 선반들을 어디에 두어야 하는지를 묻는 질문에 대해 자신의 의견을 말하고 있는 (B)가 정답이 된다. 잘 정리되어 있다는 내용의 (A)와 새것을 사야 한다는 내용의 (C) 모두 대답으로 적절하지 않다.

어휘 organize 정리하다

7
Did you contact the technical support team?
(A) Yes, they are on their way.
(B) I am not a technical expert.
(C) Of course, you do.

기술지원팀에 연락했나요?
(A) 네, 오는 중이에요.
(B) 저는 기술 전문가가 아니에요.
(C) 물론이죠, 그렇게 하세요.

해설 기술지원팀에 연락을 했느냐는 질문에 오고 있다고 답한 (A)가 정답이다. (B)는 technical을 반복한 오답이며, (C)는 의미상 자연스럽지 않은 대답이다.

어휘 be on one's way 오는 중이다

8
Who is in charge of the Promotions Department?
(A) It is probably Mr. Williams.
(B) I wasn't sure about it.
(C) He looked okay with me.

홍보부 책임자는 누구인가요?
(A) 아마 Williams 씨일 거예요.
(B) 그것에 대해 확신하지 않았어요.
(C) 제가 보기에 그는 괜찮았어요.

해설 홍보부 책임자가 누구인지를 묻는 질문에 대해 Williams 씨일 것이라고 담당자를 알려 주는 내용의 (A)가 정답이 된다. (B)와 (C) 모두 의미상 적절하지 않은 대답들이다.

어휘 in charge of ~을 담당하여

9
How can I get to the nearest airport?
(A) It is so hard to get tickets.
(B) There is an express train to it.
(C) You'd better leave early.

가장 가까이에 있는 공항까지 어떻게 갈 수 있나요?
(A) 티켓을 구하기가 매우 어려워요.
(B) 그곳으로 가는 급행열차가 있어요.
(C) 일찍 떠나는 것이 좋겠어요.

해설 가장 가까운 공항에 가는 방법을 묻는 질문에 대해 급행열차(express train)가 있다고 답한 (B)가 정답이다. 공항까지 가는 방법을 묻는 질문에 대해 티켓을 구하기 어렵다는 내용의 (A)와 일찍 떠나는 것이 좋겠다는 내용의 (C) 모두 정답으로 적절하지 않다.

어휘 express train 급행열차

10
Mr. Yang is pleased with the survey results, isn't he?
(A) No, we didn't do it.
(B) Yes, he found them satisfactory.
(C) I am afraid so.

Yang 씨는 설문 조사 결과에 만족하고 있어요, 그렇지 않나요?
(A) 아니요, 우리는 그것을 하지 않았어요.
(B) 네, 그는 그것들에 만족했어요.
(C) 유감스럽지만 그런 것 같아요.

해설 부가의문문으로서, 제3자인 Yang 씨가 설문 조사 결과에 만족했는지 여부를 묻고 있다. 이에 대해 긍정적으로 답한 (B)가 가장 자연스러운 응답이다. (C)는 긍정적인 답변이기는 하지만 'I'm afraid'로 시작한 답변이므로 의미상 적절하지 않다.

어휘 survey 설문 조사 satisfactory 만족스러운

11
Didn't we hit our sales targets this year?
(A) Yes, it's already full.
(B) They were from the team.
(C) Actually, they were higher than we had expected.

우리는 올해 판매 목표액을 달성하지 못했나요?
(A) 네, 벌써 가득 찼어요.
(B) 그들은 그 팀 소속이에요.
(C) 사실, 우리가 예상했던 것보다 더 높았어요.

해설 올해 판매 목표액을 달성하지 못했느냐는 질문에 대해 예상보다 더 높았다고 답한 (C)가 정답이다.

어휘 hit a target 목표액을 달성하다

12
Will you be free for a company dinner on Friday?
(A) A lot of delicious food.
(B) I won't miss it.
(C) No, I haven't seen it.

금요일에 회사 회식에 올 수 있나요?
(A) 많은 양의 맛있는 음식이요.
(B) 꼭 참석해야죠.
(C) 아니요, 보지 못했어요.

해설 금요일에 회사 회식에 올 수 있느냐는 질문에 꼭 참석하겠다고 한 (B)가 정답이다. 'I won't miss it'은 '그것을 놓칠 수 없다'라는 의미이므로 참석하겠다는 뜻으로 해석할 수 있다.

13
Do you happen to know where we keep the color paper?
(A) Ask Carol.
(B) We are out of time.
(C) It didn't happen.

혹시 컬러 용지를 어디에 보관하고 있는지 아시나요?
(A) Carol에게 물어보세요.
(B) 시간이 없어요.
(C) 그 일은 일어나지 않았어요.

해설 컬러 용지를 보관하고 있는 장소를 묻는 질문에 대해 Carol에게 물어보라고 간접적으로 답한 (A)가 정답이다. (B)의 'out of'는 '다 써버리다'라는 뜻의 'run out of'와 혼동을 유발한 오답이다.

어휘 Do you happen to know ~? 혹시 ~을 아시나요? out of time 시간이 없는

14
Why did they cancel the promotional event?
(A) They were not concerned about it.
(B) There were not enough funds in the budget.
(C) In order to boost sales.

그들은 왜 판촉 행사를 취소했나요?
(A) 그들은 그것에 대해 걱정하지 않았어요.
(B) 예산이 충분하지 않았어요.
(C) 판매를 신장시키기 위해서요.

해설 판촉 행사를 취소한 '이유'를 묻는 질문에 대해 '예산이 충분하지 않았다'고 답한 (B)가 정답이다. (A)는 cancel과 발음이 비슷한 concern을 이용한 오답이며, (C)는 'promotional sales'에서 연상되는 'boost sales'를 이용한 오답이다.

어휘 promotional event 판촉 행사 be concerned about ~에 관심을 가지다; 걱정하다 budget 예산 boost 신장시키다

15
Can I get you anything to drink?
(A) That would be great.
(B) All I had was a glass of water.
(C) They liked it, too.

마실 것이라도 드릴까요?
(A) 그거 좋군요.
(B) 물 한 잔밖에 없었어요.
(C) 그들도 그것을 좋아했어요.

해설 '마실 것을 드릴까요?'라는 질문에 긍정적으로 답한 (A)가 정답이다. (B)와 (C)는 모두 내용상 대답으로 적절하지 않다.

16
Would you like to take a guided tour or travel on your own?
(A) I prefer a packaged tour.
(B) I have my own car.
(C) Suit yourself.

가이드 여행을 가고 싶나요 혼자서 여행하고 싶나요?
(A) 저는 패키지 여행이 더 좋아요.
(B) 저는 제 차를 가지고 있어요.
(C) 좋을 대로 하세요.

해설 가이드 여행을 원하는지, 혼자 하는 여행을 원하는지를 선택해야 하는 질문에 패키지 여행이 좋다고 답한 (A)가 정답이 된다.

어휘 Suit yourself. 좋을 대로 하세요.

17
Are you going to rent a car while you are there?
(A) Public transportation would be better.
(B) I don't have a car.
(C) Well, it's the first time.

그곳에 있을 동안 자동차를 빌릴 건가요?
(A) 대중교통이 더 나을 것 같아요.
(B) 저는 차를 갖고 있지 않아요.
(C) 음, 이번이 처음이에요.

해설 자동차를 빌릴 것인가라는 질문에 대해 대중교통이 더 낫겠다고 답한 (A)가 정답이다. 차를 가지고 있지 않다는 내용의 (B)와 이번이 처음이라는 내용의 (C) 모두 질문과 무관한 대답들이다.

어휘 rent 빌리다 public transportation 대중교통

Part 3

[18-20]

W I am calling because I will be arriving in New York next Tuesday, and I would like to make an appointment to see you. I would like to talk to you about the new product that we launched last month.
M Good. What day would be good for you? Next week, I am kind of busy with other things.
W How about Wednesday or Thursday?
M Wednesday is no good for me, but on Thursday, I think I can squeeze you in late in the afternoon.
W Yeah, that would be great. What about 5 o'clock? Is that okay?
M Good. I will send my driver to pick you at around 4:30 then.

W 다음주 화요일에 뉴욕에 도착할 예정인데 당신과 만날 약속을 잡고 싶어서 전화했어요. 지난달에 우리가 출시한 신제품에 대해 당신과 이야기를 나누고 싶어요.
M 좋아요. 무슨 요일이 좋은가요? 다음주에, 제가 다른 일들로 바쁠 것 같아요.
W 수요일이나 목요일이 어떨까요?
M 수요일은 좋지 않지만, 목요일에는, 오후 늦은 일정에 당신을 끼워 넣을 수 있을 것 같아요.
W 예, 잘됐군요. 5시 정도에 어때요? 괜찮은가요?
M 좋아요. 그러면 4시 30분 정도에 당신을 제 운전기사를 보내서 당신을 모셔 오도록 할게요.

어휘 appointment 약속 launch 출시하다 squeeze 끼워 넣다

18
여자는 왜 남자를 만나고 싶어 하는가?
(A) 그들의 신제품을 논의하기 위해서
(B) 회의 시간을 정하기 위해서
(C) 신제품을 출시하기 위해서
(D) 출장을 준비하기 위해서

해설 여자는 남자를 만나서 지난달에 출시된 신제품에 대해 이야기하고 싶다고(I would like to talk to you about the new product that we launched last month) 하였으므로 (A)가 정답이 된다.

19
화자들은 언제 만날 것인가?
(A) 월요일에
(B) 화요일에
(C) 수요일에
(D) 목요일에

해설 남자가 여자와의 약속을 목요일 오후에 끼워 넣을 수 있을 것 같다고(I think I can squeeze you in late in the afternoon) 하였으므로 (D)가 정답이다.

20
남자는 무엇을 할 것이라고 말하는가?
(A) 항공권을 예매한다
(B) 여자에게 자동차를 보낸다
(C) 제조부장에게 전화한다
(D) 다음주의 일정을 수립한다

해설 남자는 자신의 운전 기사를 보내서 여자를 데려오겠다고(I will send my driver to pick you at around 4:30 then.) 하였으므로 (B)가 정답이 된다.

[21-23]

M I am calling from room 342. I haven't been getting any hot water in the shower all day today.
W Oh, I am so sorry for the inconvenience. Actually, we are already aware of that problem since some of the other guests on your floor are experiencing the same problem.
M When do you think it will be resolved?
W I think it will be fixed within a few hours. But if you need hot water right now, you can use the community shower by the swimming pool.

M 342호실에서 전화 드려요. 오늘 하루 종일 온수가 나오지 않는군요.
W 오, 불편을 드려 죄송합니다. 사실, 고객님께서 계신 층의 다른 손님들도 같은 문제를 겪고 있기 때문에 저희는 그 문제를 이미 알고 있습니다.
M 언제쯤 해결될 것 같나요?
W 몇 시간 내에 수리될 것 같습니다. 하지만 지금 바로 온수가 필요하시다면, 수영장에 있는 공용 샤워실을 이용하실 수 있습니다.

어휘 inconvenience 불편 aware 알고 있는 resolve 해결하다 community 공중, 공용

21
여자는 누구일 것 같은가?
(A) 호텔 직원
(B) 매장 관리인
(C) 기술자
(D) 호텔 투숙객

해설 남자가 여자에게 호텔에서 겪고 있는 불편(inconvenience)에 대해 호소하고 있는 것으로 보아 여자는 호텔 직원임을 알 수 있다.

22
어떤 문제가 논의되고 있는가?
(A) 샤워실이 고장 났다.
(B) 따뜻한 물이 없다.
(C) 객실에 상당한 소음이 있다.
(D) 층에 너무 많은 손님들이 있다.

해설 남자는 자신의 방에서 뜨거운 물이 나오지 않는다고(I haven't been getting any hot water in the shower all day today.) 말하고 있으므로 (B)가 정답이 된다.

23
남자는 무엇을 하라는 조언을 듣는가?
(A) 수영장을 사용한다
(B) 휴식을 취한다

(C) 수영장에 있는 샤워실을 이용한다
(D) 즉시 퇴실한다

해설 여자는 남자에게 뜨거운 물이 필요하면, 수영장 옆에 있는 공동 샤워실을 이용하라고(if you need hot water right now, you can use the community shower by the swimming pool.) 하였으므로 정답은 (C)가 된다.

[24-26]

W1 Okay, the next item on our agenda is the international technology convention that we will be hosting next year. We need to start planning, and I think we should find a location as soon as possible. Does anyone have any suggestions?
M We held it at the Terrace Hotel the last time. I think that worked out very well. Why don't we hold it there again this time?
W1 Well, that's not a bad idea. Janet, can you contact the manager at the Terrace Hotel to make a reservation?
W2 I already tried that, and the person there said that hotel management has decided to stop hosting conferences.
M Really? That's too bad. What should we do?
W1 I heard that the city convention center has just reopened after completing renovations.
M I will contact someone there right away and see if it is available.

W1 좋습니다, 우리 안건의 다음 항목은 내년에 개최되는 국제 기술 총회입니다. 우리는 계획 수립을 시작해야 하고 가능한 한 빨리 장소를 물색해야 해요. 제안할 것이 있는 분 있나요?
M 우리는 지난번에 테라스 호텔에서 행사를 개최했었어요. 그것은 매우 잘 되었다고 생각해요. 이번에도 그곳에서 다시 개최하는 것이 어떨까요?
W1 나쁘지 않은 생각이군요. Janet, 테라스 호텔의 매니저에게 전화를 해서 예약을 해줄 수 있나요?
W2 제가 이미 그 호텔에 연락해봤는데, 그곳의 직원은 호텔 경영진에서 이제 컨퍼런스 개최를 중단하기로 결정했다고 말했어요.
M 정말이에요? 그것 참 안 됐군요. 어떻게 해야 할까요?
W2 시티 컨벤션 센터가 보수 공사를 끝내고 다시 문을 열었다는 소식을 들었어요.
M 제가 즉시 전화해서 이용 가능한지 알아 볼게요.

어휘 item 항목 agenda 의제, 안건 work out 잘 되다, 잘 풀리다 renovation 개조, 수리

24
대화는 어디에서 이루어지는 것 같은가?
(A) 회의실에서
(B) 호텔에서
(C) 컨벤션 센터에서
(D) 강당에서

해설 대화에 참여하고 있는 사람들이 국제 기술 총회의 장소에 대해 논의하고 있는 것으로 보아, 대화가 이루어지는 곳은 (A)의 회의실임을 알 수 있다.

25
남자가 "I think it worked out very well"이라고 말할 때 그가 암시하는 것은 무엇인가?
(A) 그들의 계획은 막상 보니 전혀 힘들지 않았다.
(B) 그들의 이전 행사는 성공적이었다.
(C) 다가오는 행사를 위한 적절한 장소를 찾았다.
(D) 사무실 개조 공사가 일정보다 빨리 진행되었다.

해설 남자가 지난번에는 테라스 호텔에서 행사를 개최했고, 그것이 잘 되었다라고 한 것으로 보아(We held it at the Terrace Hotel the last time. I think that worked out very well), 인용된 문장의 의미는 '이전 행사가 성공적'이라는 것임을 알 수 있다. 정답은 (B)이다.

26
남자는 이어서 무엇을 할 것 같은가?
(A) 행사를 위해 다른 컨벤션 센터에 연락한다
(B) 시티 컨벤션 센터에서의 예약을 취소한다
(C) 테라스 호텔에서의 예약을 확정한다
(D) 행사를 논의하기 위한 회의를 요청한다

해설 여자는 테라스 호텔에서는 더 이상 컨퍼런스를 개최하지 않는다고 말하며, 대신 시티 컨벤션 센터가 공사를 마치고 재개장했다는 정보를 남자에게 제공했다. 이에 대해 남자는 그곳의 직원에게 연락을 해서 이용가능한지 알아보겠다고(I will contact someone there right away and see if it is available) 하였으므로 정답은 (A)이다.

[27-29]

M1 Lena has been working here for six months now, and she just finished her probationary period. Michael, how do you feel about offering her a full-time contract?
M2 Well, I am not sure about it. Here in this report, it says she was late for work several times.
W I don't think that is very important. As far as I know, she had good reasons for being late, and she has been doing a great job, and she also has some great ideas.
M2 If that's how you feel, I don't have a problem with hiring her full time. I think she is a great assistant, too.
M1 Well, then I think we can offer her a full-time position. I will call her right away and deliver the good news.

M1 Lena가 6개월 동안 여기에서 근무했으니, 그녀는 이제 수습 기간을 끝마쳤어요. Michael, 그녀에게 정규직 계약을 제안하는 것에 대해 어떻게 생각해요?
M2 글쎄요, 그에 대해 잘 모르겠어요. 여기에 보고서가 있는데, 그녀는 여러 번 지각을 했다고 나와 있어요.
W 저는 그것이 그렇게 중요하다고 생각하지 않아요. 제가 아는 한, 그녀가 지각했던 이유들이 있었을 뿐만 아니라, 그녀는 일을 잘 해왔고 좋은 아이디어도 갖고 있었어요.
M2 당신이 그렇게 느낀다면, 저에게는 그것이 문제가 되지 않겠네요. 저도 그녀가 또한 훌륭한 조수라고 생각해요.
M1 음, 그렇다면 우리가 그녀에게 정규직을 제안하는 것이 좋겠군요. 바로 그녀에게 전화해서 이 좋은 소식을 알려야겠어요.

어휘 probationary 시험적인, 가채용의 as long as ~이기만 하면

27
대화는 주로 무엇에 대한 것인가?
(A) 면접 진행
(B) 회사 정책 변경
(C) 정규직 제안
(D) 출장 준비

해설 대화는 Lena에게 정규직 계약을 제시하는 것에 대해 어떻게 생각하는지(how do you feel about offering her a full-time contract?) 의견을 묻는 것으로 시작하므로 정답은 (C)이다.

28
여자가 Lena에 대해 말한 것은 무엇인가?
(A) 그녀는 시간을 지키지 않는다.
(B) 그녀의 성과가 우수하다.
(C) 그녀는 동료들과 잘 지낸다.
(D) 그녀는 그 일에 관심이 없다.

해설 여자는 Lena가 일을 잘하고, 아이디어가 좋다고(she has been doing a great job, and she also has some great ideas.) 하였으므로, 그녀의 성과가 우수하다는 의미의 (B)가 정답이 된다.

29
남자는 Lena에게 어떻게 연락할 것인가?
(A) 이메일로
(B) 편지로
(C) 전화로
(D) 직접 만나서

해설 대화의 마지막 부분에서 남자는 전화해서 좋은 소식을 알리겠다고(I will call her right away and deliver the good news) 말했다. 따라서 정답은 (C)이다.

[30-32]

W Excuse me. What is the best way to get to the nearest shopping mall?
M You can either take a taxi or one of the free shuttles. I suggest you take one of them. It is rush hour now, so a taxi will cost you a lot.
W Good. Thanks. I will try that then. Where can I get some information about the shuttles?
M The schedule is over there near the counter. Oh, by the way, please note that the green shuttle is temporarily out of service at the moment.

W 실례합니다. 가장 가까운 쇼핑몰에 가는 가장 좋은 방법이 무엇인가요?
M 택시나 무료 셔틀버스를 타시면 돼요. 그것들 중 하나를 타시는 것을 추천해요. 지금은 교통 혼잡 시간대이니, 택시는 비용이 많이 나올 거예요.
W 좋아요. 고마워요. 그러면 그것을 이용해 볼게요. 셔틀버스에 대한 정보를 어디에서 얻을 수 있나요?
M 셔틀버스 운행시간표는 저쪽 카운터 근처에 있어요. 오, 그런데, 녹색 셔틀버스는 지금 일시적으로 운행되지 않는다는 것을 알아두세요.

어휘 shuttle 셔틀버스 rush hour 교통혼잡 시간대 temporarily 일시적으로

셔틀버스명	목적지	운행시간
파란색	놀이공원	매 30분마다
빨간색	Big C 쇼핑몰	매 60분마다
노란색	기차역	매 30분마다
녹색	Big C 쇼핑몰	매 20분마다

30
여자는 남자에게 무엇을 묻고 있는가?
(A) 쇼핑몰에 가기 위한 가장 좋은 방법
(B) 교통 혼잡을 피하기 위한 가장 좋은 방법
(C) 셔틀버스 서비스를 예약하는 방법
(D) 교통비를 절약하는 방법

해설 여자는 가까운 쇼핑몰에 가는 방법을 묻고 있으므로(What is the best way to get to the nearest shopping mall?) (A)가 정답이다.

31
남자는 왜 택시가 좋은 선택이 아니라고 말하는가?
(A) 일반적으로 비싸기 때문에
(B) 현재 교통량이 많기 때문에
(C) 여자가 있는 건물로 오지 않기 때문에
(D) 픽업 시간이 확실하지 않기 때문에

해설 남자는 지금 교통이 혼잡한 때라서 택시 요금이 많이 나올 것이라고(It is rush hour now, so a taxi will cost you a lot) 말하였다. 그러므로 (B)가 정답이 된다.

32
시각정보를 보시오. 여자는 어떤 셔틀버스를 탈 것인가?
(A) 파란색
(B) 빨간색
(C) 노란색
(D) 녹색

해설 시각정보에 따르면 쇼핑몰로 가는 노선은 빨간색과 녹색 셔틀 버스 인데, 대화에서 남자는 녹색 버스가 운행되지 않는다고(the green shuttle is temporarily out of service at the moment) 했다. 그러므로 정답은 (B)가 된다.

[33-35]

M Hi, Jess. I am making a reservation for our trip to Buenos Aires. Do you have a hotel to stay at in mind?
W This time, I would like to stay at a place where transportation is more convenient.
M I am so with you. The last time we went there, it was good that we stayed near the shopping mall and a nice park, but it was a little inconvenient to get around.
W Is there a hotel that suits our needs?
M There is one right next to the subway station.
W That one looks good. Yes, we should reserve rooms at that one.

M 안녕, Jess. 부에노스아이레스로 가는 우리의 여행을 예약하고 있어요. 머무르고 싶은 호텔이 있나요?
W 이번에는, 교통이 더 편리한 곳에 있는 장소에 머물렀으면 좋겠어요.
M 저도 그래요. 지난번에 그곳에 갔을 때, 쇼핑몰과 멋진 공원에서 가까운 곳에 머물러서 좋기는 했었지만, 돌아다니기에는 조금 불편했었어요.
W 우리가 만족할 만한 호텔이 있나요?
M 지하철역 바로 옆에 하나 있네요.
W 그것이 좋아 보이는군요. 좋아요, 우리는 그곳을 예약해야 해요.

어휘 make a reservation 예약하다 inconvenient 불편한 get around 돌아다니다

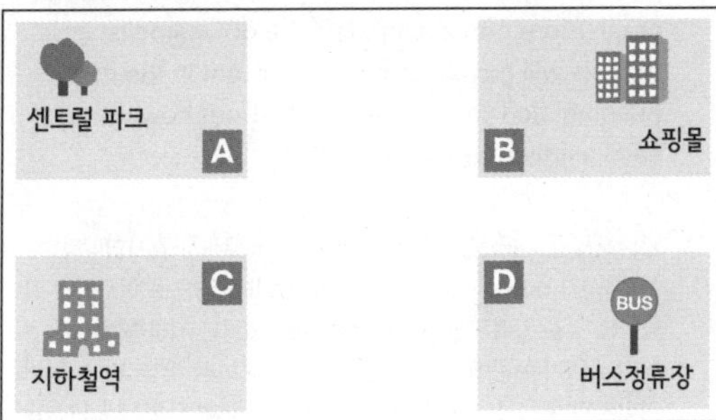

33
화자들은 주로 무엇을 논의하고 있는가?
(A) 여행하는 동안 어디에 머무를 것인지
(B) 어디로 휴가를 갈 것인지
(C) 휴가 기간 동안 무엇을 할 것인지
(D) 부에노스아이레스에 어떻게 갈 것인지

해설 남자는 부에노스 아이레스로 가는 여행을 예약하고 있는데, 여자가 마음에 두고 있는 호텔이 있는지를 물었으므로(I am making a reservation for our trip to Buenos Aires. Do you have a hotel to stay at in mind?) (A)가 정답이다.

34
남자가 이전 여행에 대해 말한 것은 무엇인가?
(A) 음식이 좋지 않았다.
(B) 돌아 다니기에 힘들었다.
(C) 사람이 너무 많았다.
(D) 쇼핑몰이 너무 멀리 떨어져 있었다.

해설 남자는 지난번 묵었던 호텔에 대해 돌아다니기가 약간 불편했다고(it was a little inconvenient to get around) 말했다. 따라서 정답은 (B)이다.

35
시각정보를 보시오. 화자들은 어디에 머무를 것 같은가?
(A) A
(B) B
(C) C
(D) D

해설 대화의 마지막 부분에서 지하철 역 바로 옆에 호텔이 하나 있고(There is one right next to the subway station.) 그것을 예약해야 한다고(we should reserve rooms at that one) 하였으므로, 지도 상 지하철 역과 가장 가까운 호텔인 (B)를 예약할 것임을 알 수 있다.

Part 4

[36-38]

M Hello and welcome to the Gaming and Digital Entertainment Expo here in Santa Fe. My name is Jarvis O'Brien, and I am a product designer at Good Beats, INC. I am here to talk about our newest product: a fully functional and completely waterproof Bluetooth headphone set. Now, I know that there are plenty of Bluetooth audio devices on the market, but our product is different because it is designed to be used while swimming. The patented ear strap is not only comfortable, but it also prevents the headphones from falling off even during intense swims. That way, you can listen to your favorite music in or out of the water.

M 안녕하세요, 이곳 산타페에서 열린 게임과 디지털 엔터테인먼트 박람회에 오신 것을 환영합니다. 제 이름은 Jarvis O'Brien이며 Good Beats 사의 제품 디자이너입니다. 저희의 최신 제품에 대해 이야기하려 합니다: 완전한 기능의 방수 블루투스 헤드폰 세트입니다. 자, 저는 시중의 많은 블루투스 음향 기기가 있다는 것을 알고 있지만, 저희의 제품은 수영하면서 사용될 수 있도록 설계되었기 때문에 차이점이 있습니다. 특허 받은 이어 스트랩은 편안할 뿐만 아니라, 격렬하게 수영하는 동안에도 헤드폰이 떨어지지 않도록 해 줍니다. 이렇게 해서, 여러분은 물 안과 물 바깥 모든 곳에서 좋아하는 음악을 들을 수 있습니다.

어휘 waterproof 방수의 device 장비, 기기 patented 특허 받은 fall off 떨어지다 intense 격렬한

36
화자는 누구인가?
(A) Good Beats의 소유주
(B) 본 행사의 주최자
(C) 제품 디자이너
(D) 제품 관리자

해설 화자는 자신이 Good Beats 사의 제품 디자이너라고(I am a product designer at Good Beats, INC) 소개하였다. 따라서 정답은 (C)이다.

37
어떤 제품이 논의되고 있는가?
(A) 헤드폰
(B) 핸드폰
(C) 컴퓨터 게임
(D) 운동 측정 기기

해설 화자는 최신 제품인 방수 블루투스 헤드폰 세트에 대해 이야기하고자 한다고(I am here to talk about our newest product: a fully functional and completely waterproof Bluetooth headphone set) 하였으므로 (A)가 정답이 된다.

38
이 제품에 대해 특별한 것은 무엇인가?
(A) 가격이 매우 적절하다.
(B) 방수가 된다.
(C) 새로운 추가 기능이 있다.
(D) 연장된 보증 기간을 무료로 제공한다.

해설 화자는 신제품이 수영 중에도 사용할 수 있도록 만들어졌다고(it is designed to be used while swimming) 말하였다. 따라서 정답은 (B)이다.

[39-41]

M Recently, we installed new software on all our computers. I hear some of you are having trouble since it has a lot of new features. So I asked Jeremy from the IT Department to help us. He will be giving several training sessions. Luckily, he will be available for us until we feel completely comfortable using the software. Please make sure to sign up for one of the training sessions.

M 최근에 우리는 모든 컴퓨터에 새 소프트웨어를 설치했습니다. 여러분 중 몇몇이 그것의 여러 가지 새로운 특징 때문에 어려움을 겪고 있다고 들었습니다. 그래서 제가 IT 부서의 Jeremy에게 도움을 요청했습니다. 그가 몇 차례의 교육을 제공할 것입니다. 다행히도, 우리가 새 소프트웨어에 완전히 익숙해 질 때까지 Jeremy가 우리를 도와 줄 것입니다. 교육 중 하나를 꼭 신청해 주세요.

어휘 install 설치하다 feature 특징 comfortable 편안한 sign up for ~에 등록하다, ~에 신청하다

39
화자에 따르면, 최근에 무슨 일이 있었는가?
(A) IT 학회가 열렸다.
(B) 몇몇 정책들이 바뀌었다.
(C) 새로운 기술자가 고용되었다.
(D) 소프트웨어가 설치되었다.

해설 초반부에 컴퓨터에 새 소프트웨어를 설치했다(Recently, we installed new software on all our computers)고 하였으므로 (D)가 정답이다.

40
Jeremy는 무엇을 하도록 요청 받았는가?
(A) 오래된 소프트웨어를 삭제하는 것
(B) 소프트웨어 교육을 제공하는 것
(C) 새로운 소프트웨어를 구매하는 것
(D) 잠시 사무실에 머무는 것

해설 화자는 Jeremy에게 도움을 요청했고, 그가 교육을 제공할 것이라고(I asked Jeremy from the IT Department to help us. He will be giving several training sessions.) 하였으므로 정답은 (B)가 된다.

41
청자들은 무엇을 하도록 권고 받는가?
(A) 교육 과정에 등록하는 것
(B) 개인적으로 Jeremy에게 도움을 요청하는 것
(C) 새로운 소프트웨어를 설치하는 것
(D) IT 세미나에 참석하는 것

해설 화자는 마지막 부분에서 교육 중 하나를 꼭 신청하라고(Please make sure to sign up for one of the training sessions) 안내하고 있다. 따라서 (A)가 정답이다.

[42-44]

W Hello, everyone. Thank you all for coming to the staff meeting. First, I would like to let you know that we will be moving to the Roosevelt Building on Lewis Street. I think this is the right decision since the Roosevelt Building is right across from the subway station. This will make your commutes much more convenient. But the downside is that we will have to pay a higher rent in the new building, so I would like to talk about how we can save a little more on other things.

W 안녕하세요, 여러분. 직원 회의에 참석해 주셔서 감사합니다. 우선, 우리가 Lewis 가에 있는 Roosevelt 빌딩으로 이사하게 되었다는 것을 알려드립니다. Roosevelt 빌딩은 지하철역 바로 건너편에 있기 때문에 이것이 좋은 결정이라고 생각합니다. 이로써 여러분의 출퇴근이 훨씬 더 편리해 질 것입니다. 하지만 단점은 우리가 새로운 건물에서 더 많은 임대료를 지불해야 한다는 것이어서, 다른 부분에서 어떻게 조금 비용을 줄 일수 있을지에 대해 이야기 해 보고 싶습니다.

어휘 across from ~의 건너편에 commute 통근, 통근하다 downside 단점

42
담화는 주로 무엇에 관한 것인가?
(A) 내년도 예산
(B) 곧 있을 이사
(C) 대중교통
(D) 회사의 새로운 정책

해설 화자는 자신들이 Roosevelt 빌딩으로 이사하게 될 것이라고(I would like to let you know that we will be moving to the Roosevelt Building on Lewis Street) 하였으므로 (B)가 정답이 된다.

43
여자가 "I think this is the right decision"라고 했을 때 그녀가 의미하는 것은 무엇인가?
(A) 새로운 홍보가 성공적이었다.
(B) 새로운 위치가 편리하다.
(C) 더 많은 직원을 고용하는 것이 좋은 선택이다.
(D) 회사가 사무실에 더 적은 돈을 지불 했다.

해설 여자는 Roosevelt 빌딩이 지하철역 바로 건너편에 위치해 있다고(the Roosevelt Building is right across from the subway station) 말한 다음, 이로써 출퇴근이 더 편해질 것이라고 했다. 따라서 정답은 (B)이다.

44
화자는 이어서 무엇을 할 것인가?
(A) 비용 절감 방안을 논의한다.
(B) 판매를 촉진시킬 방법을 나눈다.
(C) 새로운 위치에 대해 세부사항을 알려 준다.
(D) 예산안을 검토한다.

해설 마지막 부분에 다른 곳에서 비용을 줄 일 수 있는 방법을 논의하고 싶다고(I would like to talk about how we can save a little more on other things) 하였으므로 (A)가 정답이 된다.

[45-47]

W Attention, customers. Welcome to our store. Currently, we are having a big sale in celebration of our 10th anniversary. This sale will last until January 15. You can save on almost every item in the store since we are offering 30 to 50% discounts. You can also enter our lucky drawing with every purchase of more than 100 dollars. You may win two plane tickets to Miami or a $200 gift certificate. Don't miss this chance. We hope you enjoy shopping here.

W 안녕하세요, 고객 여러분. 저희 상점에 오신 것을 환영합니다. 현재 저희는 10주년 기념 행사로 세일을 진행하고 있습니다. 이 세일은 1월 15일까지 진행됩니다. 저희가 30 ~ 50퍼센트의 할인 행사를 진행하고 있기 때문에 여러분은 거의 모든 제품을 할인된 가격에 구매하실 수 있습니다. 또한 100달러 이상 구매하실 때마다 행운권 추첨에 도전하실 수 있습니다. 마이애미행 비행기 표 두 장이나 200달러 상당의 상품권을 받으실 수 있습니다. 이 기회를 놓치지 마세요. 즐거운 쇼핑 되시길 바랍니다.

어휘 currently 현재 in celebration of ~을 기념하여, 축하하여 last 지속되다 lucky draw 행운권 추첨 gift certificate 상품권

45
이 안내는 어디에서 일어날 것 같은가?
(A) 도서관
(B) 체육관
(C) 상점
(D) 복권 가게

해설 화자는 초반부에서 고객들에게 상점에 오신 것을 환영한다고(…customers. Welcome to our store) 한 것으로 보아 이 안내는 상점에서 이루어 지고 있음을 알 수 있다.

46
화자는 무엇을 안내하고 있는가?
(A) 개점
(B) 앞으로 있을 개보수 작업
(C) 재고 정리 세일
(D) 축하 행사

해설 화자는 10주년을 기념하여 세일을 진행하고 있다고(we are having a big sale in celebration of our 10th anniversary) 안내하고 있으므로 정답은 (D)이다.

47
행운권 추첨에서 무엇을 받을 수 있는가?
(A) 50퍼센트 할인
(B) 비행기 표
(C) 현금
(D) 무료 간식

해설 행운권 추첨에 참여하면 마이애미행 비행기 표나 상품권을 받을 수 있다는(You may win two plane tickets to Miami or a $200 gift certificate) 내용이 있으므로 정답은 (B)이다.

[48-50]

W Hello, Mr. Parker. This is Billy's Office Furniture. I am calling about your order. I was reviewing your order and noticed that there was a small mistake when we issued your receipt. I realized that we charged you for an office table which you didn't actually order. In order to fix this problem, we would like you to call our customer service center with your credit card number. We are so sorry for the inconvenience, and we hope to do business with you again.

W 여보세요, Parker 씨. Billy's 사무용 가구입니다. 주문과 관련하여 전화를 드립니다. 귀하의 주문을 다시 살펴보던 중 영수증을 발행할 때 작은 실수가 있었다는 것을 발견했습니다. 귀하가 실제로 주문하지 않은 사무용 테이블에 대해 비용이 청구된 것을 발견하였습니다. 이 문제를 해결하기 위하여, 저희의 고객 서비스 센터로 전화하셔서 신용카드번호를 알려 주시기 바랍니다. 불편을 드려 죄송하며, 귀하와 다시 거래하게 되기를 바랍니다.

어휘 issue 발행하다 receipt 영수증 apply 적용하다 purchase 구매 charge 청구하다

Billy's 사무용 가구
브로드웨이 179번지

5월 10일

품목	수량	개당 가격
의자	2개	45달러
테이블	1개	70달러
캐비닛	1개	120달러

총액: 280달러

48
전화의 목적은 무엇인가?
(A) 주문한 물품의 재고가 없다는 정보를 전달하기 위해서
(B) 의자를 추가로 주문하기 위해서
(C) 할인 판매가 실시되는 것에 대한 정보를 제공하기 위해서
(D) 영수증에 문제가 있었다는 것을 알리기 위해서

해설 화자는 주문에 문제가 있는 것을 발견하고 전화를 한다고(I am calling about your order. I was reviewing your order and noticed that there was a small mistake) 하였으므로 (D)가 정답이 된다.

49

Parker 씨가 제공해야 하는 정보는 무엇인가?

(A) 주문번호

(B) 신용카드 정보

(C) 구입증명서

(D) 상세 연락처

해설 화자는 Parker 씨에게 전화해서 신용 카드 번호를 알려 달라고 (we would like you to call our customer service center with your credit card number) 하였으므로 (B)가 정답이 된다.

50

시각정보를 보시오. Parker 씨에게 환불될 금액은 얼마인가?

(A) 45달러

(B) 70달러

(C) 90달러

(D) 120달러

해설 실제로 Parker 씨가 주문하지 않은 사무용 테이블에 대해 청구가 되었다는(I realized that we charged you for an office table which you didn't actually order) 문제가 언급되었는데, 시각정보에 따르면 테이블 하나의 가격은 70달러이다. 따라서 정답은 (B)이다.

MEMO